시편 강해 I

그 아들에게 입맞추라

크리스천
르네상스

시편 강해 I
그 아들에게 입맞추라

신혁 지음

크리스천
르네상스

일러두기

1. 이 책에서 성경 말씀을 인용할 때에는 "개역한글판 성경전서"를 사용하였습니다.
2. 부록의 시편찬송가 악보는 크리스천르네상스에서 발행한 "시편찬송가"에서 가져왔습니다.
3. QR코드 속 시편찬송 음원에 대한 모든 권리는 크리스천르네상스에게 있습니다.

서문

필자는 시무하는 교회에서 2005년 1월부터 2019년 12월까지 시편 1편부터 150편까지 전체를 설교할 수 있는 특권을 받았습니다. 스승이신 김성수 교수님의 시편 강의가 계기가 되었습니다. 오래전부터 시편에 대한 여러 주석과 강해를 보며 큰 은혜와 도움을 받으면서도 한편으로는 성도의 사랑을 많이 받는 시편이 각자 선호하는 구절 위주로 기억되고 나머지 구절에는 관심을 두지 않거나, 유사한 내용의 시편들을 한데 묶어 같은 의미로 이해하면서 각 편의 서로 다른 의미에 관해서는 언급하지 않는 점 등이 아쉬움으로 남아 있었습니다.

 그러던 차에 시편에도 문맥이 있다는 김성수 교수님의 강의를 접하게 되었고 그 가르침은 가뭄에 단비같이 내 영혼을 적셨습니다. 시편을 치밀하게 구성된 한 권의 문맥을 가진 책으로 이해하고 살펴나갈 수 있게 하는 이정표와 같았기 때문입니다. 그 후로 출간된 교수님의 시편 설교집을 안내자 삼아 끝까지 뒤따라가려 했으나 시편 8편까지 설교한 1권 이후에 후속편이 오랜 기간 출간되지 않음으로 9편부터 150편을 마칠 때까지 독자적으로 본문을 살피며 문맥을 확인할 수밖에 없었습니다. 돌아보면 그 일은 필자의 능력 밖의 일이라 험난했으나 또한 그 자체가 무한히 복된 일이기도 하였습니다. 보석 같은 여러 주석과 해설집의 도움을 받으며 한 편 한 편의 뜻을 찾으려는 시도와 동시에 문맥의 흐름을 통해 파악한 주제를 확인하는 것은 절대 쉬운 일이 아니어서 피치 못하게 중간중간 몇 주 혹은 몇 개월씩 설교를 중단하고 깨달음을 구하며 묵상해야 했습니다. 시편을 설교하는 내내 마치 길이 없는 밀림속 나뭇가지를 헤치고 돌을 치워가며 오솔길을 내는 것 같은 느낌들이었습니다. 그만큼 진행은 느렸으며 거칠고 투박한 설교일 수밖에 없었습니다. 그런 점에서 이 시편 설교집은 그저 미미한 작업에 지나지 않습니다. 그러나 지나고 보니 시편 한 편이 앞뒤의 시편과 어떻게 이어지며 어떻게 마무리하고 다음 주제로 넘어가는지를 알기 위해 묵상하며 기다리다 확신할 만한 깨달음을 얻고 기뻐하던 시간은 무엇과도 바꿀 수 없는 복된 시간이었기에 하나님께 무한한 감사를 드립니다.

시편 설교집을 내놓는 것은 무언가 특별한 내용이 있어서가 아닙니다. 오랜 기독교 역사 안에 복된 믿음의 선조들이 시편 한 구절 한 구절을 묵상하며 남겨 놓은 심오한 깨달음과 은혜가 이미 우리에게 주어졌습니다. 그것이 마치 세상에서 가장 귀한 진주를 손에 넣는 것처럼 큰 힘과 즐거움을 허락해 준다는 사실을 너무도 잘 압니다. 그럼에도 필자의 설교를 정리해서 책으로 내놓는 것은 그 진주알 같은 시편 한 구절 한 구절이 보이지 않는 끈으로 연결되어 거대하고 영광스러운 하나님 나라를 그려주고 있음을 확인하고 거기서 주어지는 깨달음과 은혜를 함께 누렸으면 하는 바람에서입니다. 한 알의 진주도 소중하지만, 그것이 한 줄로 꿰어 아름다운 목걸이로 만들어졌다면 그 가치는 비교할 수 없이 상승하기 마련입니다. 시편도 마찬가지임을 어렴풋이 확인하였고, 그렇게 시편을 살필 때 받았던 깨달음과 무한히 큰 은혜를 그전에 받았던 은혜에 조금이나마 더해지기를 원하는 마음에서 설교를 최대한 요점만 간결하게 정리하여 보았습니다. 최근에 시편을 문맥으로 봐야 한다는 주장이 적지 않게 발표되고 있다는 소식은 이 일을 계속할 힘을 북돋아 줍니다.

우둔한 필자를, 시편을 비롯하여 성경의 하나님께로 나아가게 인도하신 스승 김성수 목사님께 이 자리를 빌려 감사 인사드립니다. 아울러 시편 강해 설교집 출간을 전적으로 후원해 주시는 정인상 집사님, 복음

전파를 위해 전심전력하는 크리스천르네상스 출판사의 정영오 장로님, 부족한 글을 시인의 감성으로 다듬어 교정해 준 이종섭 목사님께 감사드립니다. 그리고 가정을 위해 모든 수고를 감당하는 동시에 성도의 시각으로 설교문을 살피며 조언을 아끼지 않은 사랑하는 아내에게도 깊이 감사합니다. 오랜 기간 긴 호흡으로 가야 하는 시편 설교를 묵묵히 들으며 함께 말씀을 따라 하나님 나라를 이루어가는 제자교회 교인들에게도 고마움의 인사를 전합니다. 무엇보다 이 모든 과정을 있게 하사 우리 모두에게 시편이라는 귀한 선물을 누리게 하신 하나님께 온 마음으로 머리 숙여 감사와 찬송을 올려드립니다. 어두운 골짜기를 지나는 여러 시절을 만났을 때도 절망이나 포기가 아니라 오히려 힘을 내어 진리 되신 예수 그리스도를 붙들고 의지함으로 은혜를 받아 누릴 수 있도록 인도하셨습니다.

2024년 9월

신혁

목차

서문 —— 5

본문 이해에 앞서 —— 11

시편 1편
1 복이여 · 시 1:1 —— 21
2 하나님 나라의 형성 원리 · 시 1:2 —— 27
3 나무와 겨 · 시 1:3~4 —— 36
4 두 길 · 시 1:5~6 —— 44
〈부록〉 말씀 묵상하며 시편찬송 부르기 · 1편 —— 52

시편 2편
1 어찌하여 · 시 2:1~3 —— 57
2 너는 내 아들이라 · 시 2:4~9 —— 64
3 그 아들에게 입맞추라 · 시 2:10~12 —— 72
〈부록〉 말씀 묵상하며 시편찬송 부르기 · 2편 —— 82

시편 3편
1 압살롬을 피할 때에 · 시 3:1 —— 85
2 나의 대적이 · 시 3:2 —— 93
3 주의 복을 주의 백성에게 · 시 3:3~8 —— 100
〈부록〉 말씀 묵상하며 시편찬송 부르기 · 3편 —— 110

Psalms

시편 강해 I
그 아들에게 입맞추라

시편 4편
1 의의 제사를 드리고 · 시 4:1~5 —— 113
2 내 마음에 두신 기쁨 · 시 4:6~8 —— 121
〈부록〉 말씀 묵상하며 시편찬송 부르기 · 4편 —— 130

시편 5편
1 메시아의 확신 · 시 5:1~3 —— 135
2 오직 나는 · 시 5:4~7 —— 142
3 나의 원수들을 위하여 · 시 5:8~9 —— 148
4 원수 사랑의 범위 · 시 5:10~12 —— 156
〈부록〉 말씀 묵상하며 시편찬송 부르기 · 5편 —— 166

시편 6편
1 진노로 마옵소서 · 시 6:1~3 —— 171
2 주의 인자하심을 위하여 · 시 6:4~7 —— 181
3 행악하는 너희는 · 시 6:8~10 —— 190
〈부록〉 말씀 묵상하며 시편찬송 부르기 · 6편 —— 198

시편 7편
1 흠 없는 제물 · 시 7:1~5 —— 201
2 심판을 청원하심 · 시 7:6~10 —— 209
3 새 통치원리의 확정 · 시 7:11~17 —— 216
〈부록〉 말씀 묵상하며 시편찬송 부르기 · 7편 —— 224

시편 8편
1 여호와 우리 주여 · 시 8:1 —— 229
2 어린아이와 젖먹이의 입으로 · 시 8:2 —— 237
3 인자가 무엇이관대 · 시 8:3~6 —— 243
4 주님과 우리 · 시 8:7~9 —— 250
〈부록〉 말씀 묵상하며 시편찬송 부르기 · 8편 —— 258

본문 이해에 앞서

> 이는 다윗의 마지막 말이라 이새의 아들 다윗이 말함이여 높이 올리운 자,
> 야곱의 하나님에게 기름 부음 받은 자, 이스라엘의 노래 잘하는 자가 말
> 하도다 (삼하 23:1)

시편을 살펴보기에 앞서 어떤 관점에서 시편을 보려고 하는지 알아보려고 합니다. 적지 않은 사람들이 시편에 대해 '하나님께서 베푸신 은혜에 대한 성도 개인의 반응을 모아놓은 책' 정도로 규정합니다. 저자의 이름으로 가장 많이 언급된 다윗을 비롯하여 저자가 언급되지 않은 시까지 포함하면 족히 수십 명이 될 많은 저자들의 시라는 점과, 모세부터 시작하여 포로 후기의 에단에 이르기까지 천 년 정도의 오랜 기간에 걸쳐 저작되었다는 점이 일관된 흐름을 가진 책으로 보기 어렵다는 견해가 다수입니다. 그에 따라 각 시편을 독립적으로 취급하여 묵상하거나, 또는 유사한 주제별로 묶어서 이해하려고 합니다. 어떤 경우는 앞뒤 내용과 상관없이 마음에 드는 한 구절만 붙들고 암송하기도 합니다. 물론 어떻게든 시편 말씀을 가까이하는 자체가 귀하고 복된 일이지만 그렇게만 하는 것은 더 크고 풍성한 복을 놓치는 일입니다. 그런 점에서 시편에 관해 반드시 기억하고 있어야 할 특징을 이야기하려고 합니다. 이러한 내용을 알고 시편을 대할 때 믿음을 더욱 깊고 풍성하게 다질 수 있기 때문입니다.

    시편을 볼 때 염두에 두어야 할 첫째 특징은, 시편은 개별적으로 지어진 시이지만 흐름을 따라 구성되었다는 점입니다. 초두에 밝힌 대로 시편

을 이해하는 일반적인 관점 두 가지가 있습니다. 하나는 각 시편이 독립적으로 구성되었다고 이해하는 관점입니다. 따로따로 만들어진 것이며 서로 연관성이 없이 단지 지어진 시들을 모아놓았을 뿐이라는 시각입니다. 다른 하나는 주제별로 보는 것입니다. 메시아시, 찬송시, 저주시, 예언시, 탄식시 등 공통된 주제로 구분해서 이해하는 방식입니다. 이 두 가지 방식 중에서 어떤 방식이든 시편을 연구하고 묵상한다는 사실 자체로 큰 유익을 얻을 수 있습니다. 하지만 시편도 한 권의 책처럼 흐름이 있다는 관점으로 볼 때 시편을 더 깊고 풍성하게 이해할 수 있다는 것 또한 사실입니다.

물론 시편이 처음부터 흐름을 따라 지어진 책은 아닙니다. 그러나 시편이 성경으로 확정되게 하시는 하나님의 섭리는 각 시편을 배열하는 일에도 임하였다는 사실을 충분히 믿을 수 있습니다. 간단한 예를 들자면 시편 25편에서는 **"여호와여 나의 죄악이 중대하오니 주의 이름을 인하여 사하소서"**(시 25:11)라는 말로 자신이 큰 죄인임을 고백하였으나 곧바로 이어지는 26편에서는 **"내가 나의 완전함에 행하였사오며"**, **"여호와여 내가 무죄하므로"**(시 26:1,6)라고 고백합니다. 완전히 상반된 주장이 연이은 장에 나타나 있습니다. 이는 두 가지 가능성을 가집니다. 하나는 편집자들이 아무렇게나 배치하다 보니 상반된 내용이 붙어서 나왔다고 이해하는 것이고, 다른 하나는 편집자들이 어떤 의도와 목적을 가지고 이렇게 배치했다고 보는 것입니다. 여기서는 당연히 후자의 경우입니다. 후에 해당 본문을 살피면서 그 점에 관해 더욱 자세히 논하겠지만, 시편은 어떤 목적하에 의도를 가지고 배열했다는 사실을 염두에 두어야 합니다. 그렇지 않으면 상반된 의미의 내용을 연달아 붙여 놓은 합당한 이유를 찾을 수 없는 동시에 시편의 풍성한 의미를 상당 부분 놓치게 됩니다. 시편 32, 33편도 그렇게 봐야 합니다. 32편의 마지막 절은 이렇게 끝납니다.

"너희 의인들아 여호와를 기뻐하며 즐거워 할찌어다 마음이 정직한 너희들아 다 즐거이 외칠찌어다"(시 32:11). 이 구절을 33편이 그대로 받아 반복합니다. "너희 의인들아 여호와를 즐거워하라 찬송은 정직한 자의 마땅히 할바로다"(시 33:1). 이와 같은 구조는 시편이 단순히 무작위로 배열한 시집이 아니라 어떤 목적을 가지고 의도적으로 편집했음을 알게 합니다. 각각의 시편을 수집하여 편집할 때 그 순서까지 하나님께서 영감하셨다는 사실을 부인할 수 없습니다.

주석가들은 시편도 잠언처럼 히스기야의 신하들이 수집하고 편집했다는 점에 무게를 싣습니다. "이것도 솔로몬의 잠언이요 유다 왕 히스기야의 신하들의 편집한 것이니"(잠 25:1). 히스기야는 아버지 아하스가 변질시키고 무너뜨린 유다의 신앙, 곧 다윗이 세운 거룩한 전통을 회복한 왕입니다. 율법과 계명과 제사와 찬양 등 여호와 하나님을 경배하는 일 전반에 걸쳐 개혁을 시행하였습니다. 신앙 회복의 일환으로 신하들을 통해 솔로몬의 잠언을 편집했습니다. 그때 시편도 그리했을 가능성이 충분합니다. "히스기야 왕이 귀인들로 더불어 레위 사람을 명하여 다윗과 선견자 아삽의 시로 여호와를 찬송하게 하매 저희가 즐거움으로 찬송하고 몸을 굽혀 경배하니라"(대하 29:30)는 말씀이 그 점을 암시합니다. 선대의 악행과 변질된 신앙을 대대적으로 회복시키려는 목적으로 특별히 잠언과 시편을 편집했다고 할 수 있습니다. 이런 편집의 과정이 성경에 기록되어 있다는 것은 단순히 사람의 능력과 수고만이 아니라 하나님의 감동이 임하여서, 곧 영감받은 자들에 의해 정경으로 확정될 수 있도록 편집되었다는 뜻입니다.

'편집했다'는 말은 주의하여 사용해야 합니다. 자유주의자들은 '편집했다'는 말을 주로 '사람의 온갖 생각이 개입되어있으므로 성경은 오류가 있다'는 방향으로 해석하는 데 사용하기 때문입니다. 하지만 개혁주의는

'편집하는 일에 하나님의 특별한 능력이 임하여 오류가 없다'라고 말합니다. 사람의 손을 통해 성경을 기록하게 하실 때 하나님의 감동하심을 따라 이루어지게 하사 하나님의 계시를 온전하게 드러내셨다고 믿는 것입니다. 그 일이 시편이나 잠언에도 똑같이 일어났다고 믿는 것은 어려운 일이 아닙니다. 히스기야의 개혁을 기뻐하사 이적을 비롯한 특별한 복을 주신 하나님께서 시편이나 잠언을 당대에 편집하게 하실 때 신하들의 재주에만 맡겨 놓지 않으시고 수집이나 배열에 이르기까지 성령으로 함께 하사 오류 없는 계시가 되게 섭리하셨음을 충분히 믿을 수 있습니다. 사람을 통해 지어졌을 찬송시에 관해 "여호와의 시"라고 명명한 말씀은 그 점을 더욱 분명히 합니다. **"히스기야가 명하여 번제를 단에 드릴째 번제 드리기를 시작하는 동시에 여호와의 시로 노래하고 나팔을 불며 이스라엘 왕 다윗의 악기를 울리고"**(대하 29:27). "여호와의 시"라는 묘사가 단지 '여호와께서 직접 지은 시'라는 의미는 아닙니다. 이는 '여호와에 의해 계시된, 또는 여호와의 섭리로 전해져 사람들이 지은 시'라는 정도로 말할 수 있습니다. 여호와 하나님께서 계시하셔서 백성들이 부르는 찬송시라는 것입니다.

이에 따라 우리는 시편이 개별적으로 지어졌지만 수집되는 과정뿐만 아니라 그 배열까지 하나님의 영감에 의하여 이루어졌으며 그렇게 배치된 의도와 목적이 있다는 점을 기본적인 원리로 삼아 그 의미를 이해해야 합니다. 어려운 일이지만 본문을 살피는 동안 우리 모두에게 그 점을 확인하게 되는 은혜를 주시기 원합니다.

둘째로, 우리가 시편을 살필 때 염두에 두어야 할 특징은 첫째 요점과 밀접한 관계가 있는 것으로, 시편은 하나님의 계시라는 점입니다. 찬송이나 탄식이나 저주 등이 포함된 많은 시편은 하나님을 향하는 성도의 반응으로만 규정하기가 쉽습니다. 그러나 시편은 성도의 반응만으로 규정할 수 없습니다. 다른 성경과 마찬가지로 하나님께서 이스라엘에 주신 계시입니다. 레위인의 사역을 가리켜 하신 말씀에서 그 점을 알 수 있습니다. **"다윗이 군대 장관들로 더불어 아삽과 헤만과 여두둔의 자손 중에서 구별하여 섬기게 하되 수금과 비파와 제금을 잡아 신령한 노래를 하게 하였으니 그 직무대로 일하는 자의 수효가 이러하니라"**(대상 25:1). 여기서 "신령한 노래"(개역성경)라 번역된 말의 히브리어는 원래 '예언하다'라는 뜻의 분사형입니다. '악기를 잡고 예언하는 자들로 섬기게 하였다'라고 번역됩니다.¹ 이는 찬양이 이스라엘 백성이 하나님을 섬기는 형식만이 아니라 하나님의 계시가 이스라엘에 임할 때도 사용되었다는 것을 알게 합니다. 이스라엘에서 불린 찬양은 독특하게도 계시의 요소를 내포하고 있는 것입니다.

이처럼 예언이 음악을 수반한 경우는 성경 다른 곳에서도 발견됩니다. 우선 선지자의 전형이라 할 수 있는 모세나 아론과 미리암의 예언에서도 음악의 형태로 예언이 이루어집니다(시 90편; 출 15장). 다윗은 찬송 중 과거에 여호와께서 자기에게 행하신 일뿐만 아니라 장차 이스라엘에 행하실 일에 관해서 계시받은 것을 근거로 노래합니다(삼하 22장). 또 엘리사는 여호사밧 앞에서 거문고를 타면서 예언하기도 했습니다. 물론 이것이 그들이 받은 계시가 예술적 감흥에 의해 초래되었다는 뜻은 아닙니다. 이방 종교나 우상을 섬기는 자들도 의식을 펼칠 때 그들 나름의 특이한 음악을 동반하나 그런 비정상적인 상태와는 다릅니다. 왜냐하면 성경은 엘리사에게 임하는 계시의 주체를 분명히 언급하고 있기 때문입니다. **"거문고 타는 자가 거문고를 탈 때에 여호와께서 엘리사를 감동하시니"**(왕하

---

1 같은 구절을 킹흠정역 성경은 **"그들이 하프와 비파와 심벌즈로 연주하며 대언을 하였는데"**로, 바른성경은 **"수금과 비파와 심벌즈를 가지고 예언하는 자들로"**(대상 25:1)라고 번역하였다.

3:15). 음악이 계시받는 일에 어떻게 쓰였는가는 잘 모르나 성경은 분명히 계시의 주체가 하나님이심을 밝히고 있습니다.

이와 같은 내용이 시편을 단지 성도의 반응으로만 보기 어렵게 합니다. 그 요소도 분명히 있으나 그렇게만 이해하는 것은 시편을 너무 편협하게 보는 것입니다. 시편은 찬송이나 탄식이나 간구 같은 성도의 반응만이 아니라 하나님의 계시가 이스라엘에 주어지는 형식이기도 합니다. 표면적으로 드러나는 성도들의 반응에 하나님의 계시가 내포된 복합적이고 정교한 계시의 정수입니다. 이후에 시편을 살피면서 이와 같은 내용을 분명히 확인할 수 있을 것입니다.

이러한 사실은 우리가 시편을 이해하려는 방향과 관련해 지대한 영향을 미칩니다. 단순히 성도들의 반응이라고만 생각할 때와 이것이 하나님께서 그의 백성들에게 주시는 계시라고 볼 때의 차이점은 대단히 큽니다. 그런 점을 염두에 두고 시편을 살펴보겠습니다.

셋째로, 우리가 시편을 살피기 위해 염두에 두고 있어야 할 특징은, 시편은 찬송을 예언만큼 귀중한 은혜의 방편으로 여긴다는 점입니다. 다윗에게서 그 점을 찾아볼 수 있습니다. 시편을 말할 때 다윗을 빼놓을 수 없습니다. 시편 저자로 다윗의 위치는 확고부동합니다.[2] 성경은 다윗을 이렇게 평가합니다. **"이는 다윗의 마지막 말이라 이새의 아들 다윗이 말함이여 높이 올리운 자, 야곱의 하나님에게 기름 부음 받은 자 이스라엘의 노래 잘하는 자가 말하도다"** (삼하 23:1). 용사요 왕인 다윗과 찬송하

---

[2] 저자를 밝힌 시편 중 아삽이 12편, 고라 자손들이 11편, 솔로몬이 2편, 모세와 헤만과 에단이 각 1편인데 반해 다윗이 73편이요 그 외 저자를 밝히지 않은 시편에 대해서도 다윗의 저작이라고 밝힌 예도 있음을(예: 행 4:25) 고려하면 시편에서 다윗의 비중이 얼마나 큰지를 확인할 수 있다.

는 자인 다윗을 동급에 놓고 있습니다. 다윗이 기름 부음 받음으로 맡은 메시아 역할에는 이스라엘을 대적의 손에서 구해내는 용사의 모습만 아니고 이같은 신령한 노래자의 역할도 포함된다는 말입니다. 다윗은 대적을 패배시키고 자기 백성을 구원하여 하나님 나라를 이루게 한 용사이자 왕인 동시에 성령의 감동하심과 역사하심 가운데 여호와를 찬송하는 특별한 노래자였습니다. 젊었을 때 악신들에게 괴로움을 당하는 사울 앞에 수금 타는 자로 등장하여 악신을 물러가게 했습니다. 나중에 왕이 되어 성전 사역을 정리할 때도 찬송에 대한 열심은 특별했습니다. 장차 솔로몬에 의해 지어질 성전과 관련된 모든 것을 준비하면서 성전에서 이루어질 레위인들의 사역을 제사장 24반차, 찬양하는 레위인 24반차로 제정하여 제사와 찬송의 사역을 동등한 비중이 되게 했습니다. 제사만큼 찬양도 중요하게 여겼다는 것입니다.

히스기야가 선대에 무너진 신앙 전통을 다시 세울 때도 마찬가지였습니다. "**레위 사람은 다윗의 악기를 잡고 제사장은 나팔을 잡고 서매 히스기야가 명하여 번제를 단에 드릴쌔 번제 드리기를 시작하는 동시에 여호와의 시로 노래하고 나팔을 불며 이스라엘 왕 다윗의 악기를 울리고 온 회중이 경배하며 노래하는 자들은 노래하고 나팔 부는 자들은 나팔을 불어 번제를 마치기까지 이르니라 제사 드리기를 마치매 왕과 그 함께 있는 자가 다 엎드려 경배하니라 히스기야왕이 귀인들로 더불어 레위 사람을 명하여 다윗과 선견자 아삽의 시로 여호와를 찬송하게 하매 저희가 즐거움으로 찬송하고 몸을 굽혀 경배하니라**"(대하 29:26~30). 예배와 제사와 경건의 회복은 찬양의 회복과 같았습니다. 히스기야 왕과 회중이 드리는 제사는 다윗과 아삽의 시, 곧 시편을 노래와 나팔로 부르는 것과 함께였습니다.

이처럼 성경은 제사와 찬송, 이 두 가지를 분리하지 않습니다. 찬송을 제사만큼 중요하게 여깁니다. 그러므로 우리는 계시의 말씀에 대한 신중함만큼이나 찬송에 대해서도 신중해야 합니다. 언뜻 보면 찬송으로 합당치 않아 보이는 저주시와 같은 내용이 포함된 시편이 어떤 의미에서 찬송이 될 수 있는지를 먼저 묵상하여 확인하고 그 의미를 마음에 담아 제사와 함께 올려드려야 마땅합니다. 하나님을 섬김에 합당한 것을 드린다는 두렵고 떨리는 겸손한 자세로 예배하며 찬송하는 것은 성도된 자 모두의 의무입니다.

시편을 살필 때 최소한 이와 같은 점을 염두에 두고 살펴야 하겠습니다. 시편은 개별적으로 지어졌지만 하나님의 영감이 임한 자들의 편집에 의해 동일한 흐름이 있는 책입니다. 시편은 성도들의 반응만이 아니라 하나님의 계시입니다. 찬송은 계시와 동등한 비중을 가진 제물입니다. 이 세 가지 사실을 기본적인 원리로 삼아 시편을 묵상하도록 하겠습니다. 그렇게 할 때 시편을 허락하신 하나님의 뜻이 우리 가운데서 빛을 잃지 않을 것입니다.

시편 1편

복이여
하나님 나라의 형성 원리
나무와 겨
두 길

Psalms

Chapter 1

복이여

복 있는 사람은 악인의 꾀를 좇지 아니하며 죄인의 길에 서지 아니하며 오만한 자의 자리에 앉지 아니하고 (시 1:1)

히브리어 성경에서 시편의 첫 단어는 "복"입니다. "복"에 해당하는 히브리어는 '애쉐르'(אשׁרי)로 '복, 행복'을 의미하는 명사형입니다. 우리말 번역의 '복 있는 사람은'이라고 시작하는 것과 유사하나 문자적인 구조로 보면 '이러이러한 사람의 복이여', 혹은 '이러이러한 사람은 복 있도다'라고 할 수 있습니다. 시편 전체의 주제를 암시하면서 어떤 사람이 복 있는 사람인지를 밝히고 있습니다.

'무엇이 복인가?'에 대해서는 사람마다 자기에게 필요한 것이 무엇인지 또는 살면서 형성된 가치관이 무엇인지에 따라 생각이 다를 것입니다. 그런 점에서 이 "복"에 대한 바른 이해는 너무도 중요합니다. 그 의미를 어떻게 알고 있느냐에 따라 시편을 이해하는 방향이 달라지게 되어 있고, 더 나아가 신앙의 본질에 대한 이해를 결정하며 궁극적으로 구원과 멸망까지도 나뉘게 하기 때문입니다. 첫 단추를 잘못 끼우면 그 뒤의 단추를 다 채워도 소용없는 것과 같습니다. 그런 신앙은 진행할수록 잘못된 길로 갈 수밖에 없습니다. 그러므로 시편이 말하는 "복"의 의미에 대해 올바른 개념을 갖는 것은 시편을 묵상하는 일에 매우 중요합니다.

성경에서 이 단어는 독특하게도 '하나님 나라에 소속되었다는 사실에서 나오는 특별한 즐거움이나 만족'을 나타내는 경우에만 사용되었습니다. 그것이 사람에게 가장 큰 기쁨이요 가장 큰 복이라는 의미입니다. 구약성경에서 '애쉐르'라는 단어가 사용된 구절을 보면 알 수 있습니다.

신명기 33장에서는 이렇게 말씀합니다. **"이스라엘이여 너는 행복자로다 여호와의 구원을 너같이 얻은 백성이 누구뇨 그는 너를 돕는 방패시요 너의 영광의 칼이시로다 네 대적이 네게 복종하리니 네가 그들의 높은 곳을 밟으리로다"**(신 33:29). 하나님의 구원하심을 입어 그 나라에 함께하고 있다는 사실이 이스라엘의 복이라는 말입니다. 시편에서는 이 "복"이라는 뜻의 '애쉐르'가 성경 어느 곳보다 많이 사용되었습니다.

> 주께서 택하시고 가까이 오게 하사 주의 뜰에 거하게 하신 사람은 복이 있나이다 우리가 주의 집 곧 주의 성전의 아름다움으로 만족하리이다(시 65:4)
> 주의 집에 거하는 자가 복이 있나이다 저희가 항상 주를 찬송하리이다(시 84:4)
> 이러한 백성은 복이 있나니 여호와를 자기 하나님으로 삼는 백성은 복이 있도다 (시 144:15)

모든 구절이 하나님의 영광에 참여하게 된 것을 복이라고 밝힙니다. 주의 뜰에 거하는 사람, 하나님의 다스림을 받는 백성, 여호와를 자기 하나님으로 삼은 백성이 된 상태가 바로 복이라는 것입니다. 거기서 오는 유익이나 즐거움, 그리고 만족이 다른 어느 것과 비교할 수 없다는 의미입니다. 다른 구절에서도 이 복이 확인됩니다.

허물의 사함을 받은 자는 복이 있도다(시 32:1)

할렐루야, 여호와를 경외하며 그 계명을 크게 즐거워하는 자는 복이 있도다(시 112:1)

여호와를 경외하며 그 도에 행하는 자마다 복이 있도다(시 128:1)

　　죄와 허물을 용서받아 하나님 백성이 된 후 계명을 즐겨 행하며 여호와를 자원하여 섬기는 존재가 된 그 자체가 가장 복되고 만족스러운 상태임을 증언하고 있습니다. 이처럼 성경에서 복이라고 할 때는 하나님 나라에 소속된 것과 그 백성답게 산다는 사실 자체를 가리킵니다. 그것처럼 큰 만족과 행복이 달리 없다는 뜻입니다.

　　신약성경에도 같은 의미로 나타납니다. 산상수훈에서 예수님이 천국 백성의 시작을 알리실 때도 "복 있는 사람은"(마 5:3)이라는 말로 시작합니다. 여기서 "복"으로 번역된 헬라어는 '마카리오스'(μακάριος)입니다. 이 말의 어원을 찾아보면 처음에는 '신들의 행복'을 가리키는 말이었다가, '신들의 행복한 실존을 함께 나누는 자들의 상태'를 나타내었고, 거기서 '복된, 행복한'이라는 의미로 발전되었다고 합니다. 신약성경은 그런 의미의 단어를 차용해서 "복"을 설명합니다. 예수님께서 팔복을 말씀하실 때 첫 번째와 마지막 여덟 번째 복을 설명하시면서 "천국이 저희 것임이라"(마 5:3,10)고 밝히신 것은 그 사실을 분명히 보여줍니다. 천국 백성이 된 것처럼 크고 만족스러운 복은 달리 없다는 뜻입니다. 그리고 그 안에 있는 두 번째부터 일곱 번째까지 여섯 개의 복에 대한 설명은 천국을 소유한 백성이 되어 누리는 다양한 복을 구체적으로 설명하는 것입니다. '위로를 얻고, 땅을 기업으로 받으며, 배부르게 되며, 긍휼히 여김 받으며, 하나님을 뵈며, 하나님의 아들이라 칭함 받는 것'이 최고의 복임을 선포하셨습니다. 이처럼 성경은 하나님 나라의 백성이 되어 살아간다는 사실 자체가 지극히 복된 일이며 그 이상 가는 다른 만족과 기쁨이 없음을 분명히 합니다.

시편이 이와 같은 뜻의 "복"이라는 말로 시작하는 것은 시사하는 바가 큽니다. 이 시편에는 하나님의 백성이 되는 것과 그 백성답게 사는 것이 구체적으로 어떻게 이루어지는지를 밝히는 계시이자 그 자체가 찬송이 될 수밖에 없는 복에 관해 알려주는 말씀이 담겨 있기 때문입니다. 그것을 문맥 안에서 더욱 구체적으로 확인해 나가게끔 시편을 구성하게 하시고 우리에게 전달하게 하셨습니다.

그 점에 관해 구체적으로 살펴나가겠지만 당장 1편에서도 그와 같은 주제로 진행되는 것을 확인할 수 있습니다. 어떤 사람이 복이 있는 의인인지를 이야기한 후에 **"그러므로 악인이 심판을 견디지 못하며 죄인이 의인의 회중에 들지 못하리로다"**(시 1:5)라고 함으로, 복 있는 사람은 죄인이 받는 심판을 면하고 구원받아 의인의 회중에 들어간 자임을 말합니다. 의인이 되어 의인들의 회중, 곧 하나님 백성의 무리에 함께 소속되는 것이야말로 참된 복임을 밝히는 것입니다.

성경은 바로 그 복을 이야기하고 있습니다. 성도는 이 복을 가진 사람들이자 동시에 그것을 복으로 생각할 줄 아는 자들입니다. 이제는 자기에게 가치 있는 것이 세상 사람들이 가치 있다고 생각하는 것과 달라졌습니다. 최고의 만족과 행복을 느끼는 대상이 이전의 것과 달라졌다는 것입니다. 이제 그에게 있어서 모든 세속적 가치는 하나님 나라의 백성이 되었다는 이 최고의 선에 비하면 아무것도 아닙니다. 앞에서 인용한 성경구절이 모두 그 점을 분명히 하고 있습니다.

그것을 너무도 잘 알아 **"허물의 사함을 받은 자는 복이 있도다"**(시 32:1)라고 노래한 다윗은 어떤 사람입니까? 인간적인 측면에서 보자면 그는 모든 것을 다 가져본 사람이라고 할 수 있습니다. 그에게는 황금과 재물이 가득가득 쌓여 있었습니다. 황금으로 거대한 성전을 짓고도 남을 만큼 갖고 있었습니다. 솔로몬 시대에는 길거리에 은이 돌처럼 흔했다고 했는데 그것은 다윗 시대에 마련해 놓은 것입니다. 또 아름다운 자녀들이 있었습니다. 세상에 비교할 수 없는 지혜자 솔로몬이라는 아들이 있었습니다. 넓은 제국과 절대 권력도 있었습니다. 양 치는 목동으로 태어나 거대한 왕국을 마음대로 통치하는 왕의 자리에 올랐습니다. 그뿐만 아니라 마음속에 떠오르는 아름다운 영감을 하프로, 또는 시로 표현하는 예술적인 달란트를 갖고 있었습니다. 어느 것 하나 부족함이 없어 보이는 사람이 있다면 그야말로 다윗이라고 할 수 있을 것입니다.

그런데도 다윗은 '나는 이 많은 것들을 소유하고 있으므로 복이 있다'고 하지 않았습니다. 인생의 복이 물질의 소유에 달려 있다고 하지 않았습니다. 지위나 권력, 아름다운 인간관계에 있다고도 하지 않았습니다. 우리는 그것들을 가지면 기뻐했다가도 빼앗기고 놓치면 실망하고 슬퍼합니다. 그러나 다윗은 언젠가는 깨지거나 사라지는 것은 성도에게 주어진 참된 복이 아니라고 말합니다. 나에게 가장 큰 복은 여호와께서 내가 지은 반역의 죄를 멀리 던져 버리시고, 내가 열심히 수고하고 노력하였어도 온전한 거룩에 이르지 못하게 하는 가증한 허물을 독생자의 보배로운 피로 갚아주시고, 내 속에 있는 부패한 형질들을 주께서 죄로 여기지 아니하심으로 의인의 회중에 들어가게 하여 주신 이 일이야말로 우리에게 가장 큰 복이라고 말하고 있습니다. 왜냐하면 죄와 허물을 가진 사람은 아무리 많은 재물이나 수고, 아무리 큰 권세와 힘을 갖고 있어도 하나님의 뜻에 들어갈 수 없기 때문입니다. 거룩하게 된 사람들만 받아들이는 하나님 나라에 소속될 수 없기 때문입니다. 그 일의 중함과 또 그 일이 어떻게 놀라운 섭리를 통해서 이루어지는 줄 알게 된 다윗에게 있어서 가장 큰 만족, 가장 큰 기쁨은 바로 하나님 나라의 백성이 된다는 사실 그 자체임을 이렇게 고백하고 있는 것입니다. 그리고 그 은혜를 소유한 모든 성도의 상태야말로 '애쉐르'라, 곧 지극한 복이라고 하는 것입니다.

세상 사람들은 재물이나 권세, 명예나 성공 같은 눈에 보이는 소유를 남들보다 더 많이 가졌을 때 복 받았다고 이야기하며 늘 그렇게 되기를 동경합니다. 그러나 예수 그리스도 안에 사는 사람들에게는 세상의 소유나 여건이나 환경이 자신의 만족과 행복에 결정적인 요소가 되지 못합니다. 진정한 복은 오직 하나님과의 관계에 있기 때문입니다. 그리스도인은 하나님께 속하는 것이 나의 가장 큰 즐거움이라고 말하는 사람입니다. 우리의 복은 하나님과 한집에 거하는 것입니다. 하나님의 백성으로 사는 것 자체입니다. 그에 비하면 나머지는 사소한 것일 뿐입니다. 세상을 등진 사람의 말이 아닙니다. 우리가 확인한 대로 성경이 이야기하는 복의 성격은 분명히 그렇습니다. 복의 개념이 세상의 다양한 정의와 분명히 구별됩니다. 한 나라의 왕이 되느냐 마느냐 하는 것도, 세상에서 제일가는 부자냐 아니냐 하는 것도 다 사소한 일입니다. 그것들은 적어도 시편 기자의 눈에는 복이라는 차원에 감히 들어오지 못하는 것입니다. 있어도 그만, 없어도 그만인 사소한 것일 뿐입니다. 하나님의 백성에게는 하나님의 영광에 속하느냐 마느냐 하는 것이 가장 중대한 일이고, 그것을 소유한 것만큼 큰 만족과 즐거움이 없습니다.

이와 같은 복을 어떤 사람이 무슨 원리로 누리게 되며, 그들은 어떠한 특징을 갖게 되는가를 낱낱이 밝혀 하나님 백성답게 든든히 서 가도록 돕는 말씀이 시편입니다. 그것과 다른 복을 기대하는 사람은 시편에서, 더 나아가 성경에서 기대할 것이 없다는 의미이기도 합니다.

Chapter 2

하나님 나라의 형성 원리

오직 여호와의 율법을 즐거워하여 그 율법을 주야로 묵상하는 자로다
(시 1:2)

본문을 살피기에 앞서 알아둘 내용이 더 있습니다. 히브리 시의 형식에 관한 것입니다. 시편은 매우 독특한 문학적 형식을 기반으로 하고 있습니다. 시편의 형식이 내용을 이해하는 데 별 영향을 주지 못한다면 그 형식을 생각할 필요가 없을 것입니다. 그러나 내용을 더 깊이 이해할 수 있도록 돕는 형식이라면 알아둘 필요가 있습니다.

성경의 시에는 일관되게 발견되는 독특한 형식이 있습니다. '평행법'이라 부릅니다. 한 행이나 두 행, 혹은 여러 행이 두 부분으로 나누어져서 서로 뜻을 보완하거나 대조를 이루는 형식입니다. 같은 내용을 다른 말로 반복하여 보완하는 것을 '동의적 평행법'이라고 하고, 반대되거나 대조되는 문구로 상응하는 것을 '반의적 평행법'이라고 합니다.

시편 27:1은 동의적 평행법입니다.

여호와는 나의 빛이요 나의 구원이시니 내가 누구를 두려워하리요

두 행이 같은 의미인데 서로 보충하는 다른 말로 반복하는 것입니다. 반면 시편 20:7~8은 반의적 평행법입니다.

혹은 병거 혹은 말을 의지하나
우리는 여호와 우리 하나님의 이름을 자랑하리로다
저희는 굽어 엎드러지고
우리는 일어나 바로 서도다

저들이 병거나 말을 의지하는 것과 우리가 하나님의 이름을 자랑하는 것을 서로 대조합니다. 동시에 '의지하는 것'과 "자랑"이 대조되어 병거나 말을 의지한다는 것은 그것을 자랑한다는 의미를 포함하고, 하나님의 이름을 자랑한다는 것은 하나님을 의지한다는 의미를 포함하고 있습니다. 결과도 대조됩니다. 이처럼 서로 반대되는 의미를 대조하여 표현하는 것이 반의적 평행법입니다.

이 외에도 '종합적 평행법'이 있는데 비교적 쉽게 구분되는 동의적, 반의적 평행법과 달리 좀 더 복잡한 형태로 대조를 이루는 형식입니다. 방금 살핀 구절들은 한 행, 혹은 두 행 안에서 그 형식을 발견하기 쉽게 되어 있으나 종합적 평행법은 얼른 파악하기가 쉽지 않습니다. 몇 행이 같은 뜻을 나타내거나 많은 행 중에서 끝부분만 살짝 다르거나 하는 형식으로 계시의 의미를 드러내는 방식이기 때문입니다. 이에 대해서는 기회 되면 자세히 살펴보기로 하겠습니다. 중요한 사실은 이 평행법이 시편의 깊고 방대한 내용을 묘사하는 가장 기본적인 틀이라는 점입니다. 이 형식을 기억할 때 시편의 내용을 더욱 깊이 이해하는 데 큰 도움을 얻을 수 있습니다.

　시편은 처음 두 절부터 평행법으로 이루어져 있습니다. 먼저 복 있는 사람에 해당하지 않는 자를 설명한 후 이에 해당하는 자를 적극적으로 설명합니다. 반의적 평행법이 두 절 사이에 적용되었습니다.

　1절은 복 있는 사람에 대해 부정적인 차원에서 말합니다. 달리 말하면 복이 없는 사람이 가진 특징입니다. 그 점을 세 가지로 나눠 설명합니다. **"악인의 꾀를 좇지 아니하며 죄인의 길에 서지 아니하며 오만한 자의 자리에 앉지 아니하고"**(1). "악인"은 누구입니까? 세상의 일반적인 개념과 달리 성경은 악인을 이렇게 규정합니다.

> 악인이 음부로 돌아감이여 하나님을 잊어버린 모든 열방이 그리하리로다(시 9:17)
> 악인은 그 교만한 얼굴로 말하기를 여호와께서 이를 감찰치 아니하신다 하며 그 모든 사상에 하나님이 없다 하나이다(시 10:4)

　하나님을 잊어버린 사람, 하나님이 없다고 하는 사람을 악인이라 정의합니다. 사람들 수준에서 범죄한 나쁜 사람이 아니라 죄로 말미암아 이성과 정서와 의지의 영역이 부패하여 하나님을 망각한 채 사는 사람, 하나님이 없다고 말하는 자들을 가리킵니다. "꾀"는 '충고, 조언, 결의'라는 뜻입니다. 그렇다면 "악인의 꾀를 좇지 아니하며"는 그 사상에 하나님이 없는 사람의 충고와 하나님을 잊어버린 사람의 조언을 따라가지 않는다는 것입니다.

　또 "죄인의 길에 서지 아니하며"라고 합니다. "죄"라는 말의 기본 뜻은 '과녁을 빗맞히다, 길을 잃다, 목표에 미치지 못했다'입니다. 따라서 죄인은 온전히 거룩하신 하나님의 기준에 미치지 못한 사람을 가리킵니다.

"길"은 자주 다녀 굳어져서 생기는 법입니다. 그러므로 "죄인의 길"이란 악인의 꾀, 악인의 조언이 굳어진 형태를 말합니다. 하나님을 잊어버렸거나 하나님의 기준에 미치지 못하는 자들의 삶의 철학이나 가치관이라고 할 수 있습니다. 복 있는 사람은 그런 길에 서지 않는다고 합니다. 곧 하나님 없이 사는 경건치 않은 사람들의 인생철학, 가치관에 기초해서 살지 않으며 그들의 삶의 방식에 발을 들여놓지 않는다는 것입니다.

그런 다음 "오만한 자의 자리에 앉지 아니하며"라고 합니다. 오만한 자란 으스대면서 자랑하는 사람이요, 조롱하고 비웃고 무시하는 태도를 가진 사람을 가리킵니다. 이것이 악인과 죄인에 이어서 사용된 이유는 특별히 하나님에 대한 교만과 오만한 자세까지 포함하기 때문입니다. 곧 신앙을 비웃고 하나님과 하나님의 법과 율례에 대해서 조롱하는 자들을 말합니다. '자리에 앉는다'는 것은 눌러앉아 살 만큼 그 일에 익숙한 선생과 같은 자라는 말입니다. "서기관들과 바리새인들이 모세의 자리에 앉았으니"(마 23:2)라는 말씀과 같습니다. 다른 사람을 가르치는 지도자와 선생이 될 정도라는 것입니다. 그들은 교회 안에서 선생의 자리에 앉아 사람의 전승과 철학에서 나온 권면들을 늘어놓고, 하나님의 말씀과 양심에 따라 살고자 하는 성도들을 조롱하고 비웃으며 하나님 앞에서 오만한 자로 살았습니다. 오만한 자가 꼭 교회 밖에만 있지 않다는 점을 알 수 있는 대목입니다.

여기서 죄와 관련하여서 점점 더 깊숙이 관여하는 모습을 주목해야 합니다. 꾀를 따라가고, 길에 서고, 그 후엔 자리에 앉습니다. 작은 죄를 방치하면 그것은 점점 더 나아가 죄의 길에 단단히 서게 되고 더 나아가 스스로 다른 이들을 시험하고 유혹하는 오만한 자의 자리에까지 눌러앉게 되는 죄의 특성을 가리킵니다.

복 있는 사람은 이런 특징을 갖지 않습니다. 하나님이 없다고 하는 사람들의 조언이나 권면을 따라가지 않고, 하나님의 기준에 미치지 못한 사람들의 삶의 방식으로 살지 않으며, 더 나아가 하나님을 조롱하는 자의 자리에 앉아 위세를 부리지도 않습니다. 늪처럼 점점 깊이 빠져들게 하는 그런 삶의 방식을 따라가거나 눌러앉아 살지 않습니다.

대신에 복 있는 사람은 이런 모습을 가집니다. **"오직 여호와의 율법을 즐거워하여 그 율법을 주야로 묵상하는 자로다"**(2). 율법은 '계명, 가르침, 법령' 등의 의미로 이해되는 하나님의 뜻입니다. 그 율법에 기쁨이 있고, 그 율법을 주야로 묵상하는 자가 복 있는 사람이라고 합니다. 이 말씀의 의미는 1절과 2절이 반의적 평행법으로 쓰였다는 데서 더 분명해집니다. 서로 대조되면서 다른 쪽의 반대되는 의미를 포함하는 것입니다. 악인의 꾀를 따라가고 죄인에 길에 서고, 오만한 자리에 앉는 것은 저들이 그 일을 즐거움으로 행한다는 의미가 내포되어 있으며, 또 복 있는 자가 율법을 주야로 묵상하는 열정을 보이는 것과 반대로 죄의 길에 깊이 빠져들어 가는 일에 열정을 갖는다는 것입니다. 반면 율법에 기쁨을 두고 율법을 주야로 묵상한다는 것은 악인의 꾀 대신 율법의 조언을 따라가고, 죄인의 길에 서는 대신 율법의 길을 따라 살아가며, 오만한 자의 자리에 앉는 것과 반대로 하나님을 경외하고 겸손히 순종하는 자리에 앉는다는 뜻입니다.

그것은 묵상한다는 말의 원래 의미를 생각해보면 더욱 분명합니다. "묵상"에 대해 우리는 성경을 읽고 깊이 생각하는 정도로 이해하여 이 구절을 '밤낮 가리지 않고 매일 성경 보는 사람이 복이 있다'는 정도로 해석하곤 합니다. 하지만 "묵상"이라는 말은 짐승이 '으르렁거리다', 혹은 '낮은 소리로 중얼거리다'라는 뜻입니다. 이것은 무얼 외우려고 할 때 자기만 들리는 소리로 집중하여 중얼거리는 것과 같습니다. 율법을 중얼거린다는 것은 그 의미를 내 안에 들이기 위하여 부단히 노력하는 모습을 보여쭙니다. 1절과 대조적으로 쓰였습니다. 곧 묵상은 율법을 따라가고, 율법 위에 서고, 율법에 거주한다는 의미가 함축된 것입니다.

그렇게 볼 때 묵상한다는 말은 단순히 성경을 자주 본다는 이야기에 그치지 않습니다. 복 없는 자가 악인의 조언과 유혹을 따르듯이 복 있는 자는 하나님의 가르침을 따르고, 복 없는 자가 하나님의 기준에 미달한 자들의 인생철학대로 살 듯이 복 있는 자는 율법에 자기 삶의 가치를 두는 것이 습관화되어서 율법에 길을 내어 율법의 인생철학대로 삽니다. 더 나아가 복 없는 자가 오만한 자의 자리에 앉아 남들을 지도하는 지경까지 된 것처럼 복 있는 자는 하나님의 뜻에 정통하여 스스로 하나님의 뜻 안에서 살면서 다른 이에게 권하기까지 한다는 말입니다. 묵상한다는 말은 그것을 부단히 추구한다는 뜻입니다. 하나님의 가르침을 반드시 따라야 할 생활원칙으로 삼고, 그 안에서 살기 위하여 날마다 주야로 부단히 애쓴다는 것입니다. 단순히 성경 본다는 것을 넘어 매일의 삶에서 그 가르침을 떠나지 않으며 하나님의 말씀이 자기 인생의 유일한 안내자가 되는 그 길을 떠나지 않는 것입니다.

2편 1절은 이러한 이해에 도움을 줍니다. **"어찌하여 열방이 분노하며 민족들이 허사를 경영하는고"**(시 2:1)에서 "경영하는고"는 본문의 "묵상하는"과 같은 단어입니다. 악인들이 하나님을 대적하기 위해서 목숨이 걸린 전쟁도 불사하는 열심을 내며 추구하는 것에 대해 '묵상한다'는 말과 똑같은 단어를 사용했습니다. 율법을 묵상한다는 말은 그 정도의 열심으로 율법을 도모하는 것이며 하나님의 가르침을 온몸과 온 마음으로 따른다는 의미입니다. "주야로"는 '매일'이라는 뜻보다 '항상'이라는 의미에 가깝습니다. 언제나 하나님의 말씀이 가리키는 길을 벗어나지 않는다는 것입니다. 이러한 사람이 복 있는 사람임을 밝힙니다. 이런 특징을 가진 사람이 '하나님 나라에 속함으로 받는 만족과 혜택'을 누리는 자라는 의미입니다.

이렇게 볼 때 사람은 두 부류로 나뉩니다. 악인은 하나님 없는 사상, 원리, 가치관을 안내자로 삼고 부단히 그 방식대로 사는 사람이요, 의인은 하나님의 가르침을 절대적인 안내자로 삼고 그 인도대로 살아가는 사람입니다.

많은 그리스도인이 시편 1편에 대해 주님의 말씀을 더욱 깊이 묵상해야 한다는 권면으로 이해합니다. 물론 그것은 성도의 당연한 특징입니다. 하나님의 교훈을 즐거워하며 삶의 원칙과 목표로 삼아 부단히 사모하고 추구하는 사람이 되려고 애쓰는 것은 성도의 본분이자 반드시 있어야 할 모습입니다. 본문을 그 일을 위한 권면의 말씀으로 받는 것도 아무 문제가 되지 않습니다.

하지만 본문은 그보다 더 본질적으로 중요한 의미를 지니고 있습니다. 곧 복을 받는 사람이 누구냐를 정의하고 있다는 점입니다. 지난 과에서 "복"이 하나님 나라에 속하게 된다는 사실 자체를 가리키며 그것이 가장 큰 기쁨과 만족이라는 의미임을 나타낸다고 하였습니다. "의인의 회중"에 드는 것 자체가 최고의 복이고 만족이라는 뜻이었습니다. 그런 점에서 본문은 그 나라에 들어갈 사람이 누구인지를 정의하는 것입니다.

이후에 자세히 드러나겠지만 시편 1편은 하나님 나라의 형성 원리가 무엇인지, 하나님 나라는 어떤 사람을 그 백성으로 받는지 그 규범을 밝히는 시입니다. 하나님 나라는 하나님을 망각한 사람들의 가치관을 떠나 오직 하나님의 말씀을 신뢰하여 항상 순종하는 자들을 그 백성으로 삼는 나라라는 것입니다. 그것을 제 1원리로 가진 신령한 나라임을 밝히고 있습니다. 오직 그런 사람들만 의인의 회중에 들어갈 수 있습니다. 다시 말하자면 하나님 나라는 오직 율법을 온전히 지킨 사람들만 백성으로 받아들이는 특별하고 신령한 나라라는 것입니다.

문제는 누구도 이 원리에 적합한 사람이 없다는 점입니다. 제임스 M. 보이스의 시편 해설을 보면, 유대인 랍비들 회의에서 **"오직 여호와의 율법을 즐거워하여 그 율법을 주야로 묵상하는 자로다"**에 해당하는 사람을 찾을 수 있는가에 대해 진지한 논의가 있었다고 합니다. 결론은 당연히 '아무도 없다'였습니다. 그 누구도 스스로 의인의 회중에 들 만큼 율법을 지켜낼 수가 없다는 것입니다. 랍비들의 결론이 아니더라도 시편이 자체적으로 그 점에 관해 이야기합니다. 2편에서 '열방과 민족들이 허사를 경영하며 군왕들과 관원들이 여호와와 그의 메시아를 향해 반역을 일으켰다'는 구절은 온 세상이 하나님 나라의 형성 원칙인 율법을 대적한다는 의미이며(시 2:1~3), **"선을 행하는 자가 없으니 하나도 없도다"**(시 14:3)는 말씀도 이같은 배경에서 등장합니다. 모든 사람이 죄인임을 바울 사도가 입증하려 할 때 인용한(롬 3:10~12,23) 것처럼 율법을 올바로 지킨 사람은 하나도 없으며 다 심판의 대상일 뿐입니다. 그러므로 본문도 단순히 복 받기 위해 율법을 지켜야 한다는 권면을 이야기한다기보다 하나님 나라가 형성되는 근본적인 원리를 선언하는 구절이라고 할 수 있습니다.

시편 1편은 곧 하나님 나라는 율법을 올바로 지킨 사람들만 백성으로 받아들이는 나라요 의인의 회중이라는 신령한 복을 허락하는 원리원칙을 가진 나라라는 것입니다. 그 헌법을 선포하고 있습니다. 이후 시편에서는 그 법을 아무도 제대로 지키지 못해서 아무도 자기 힘으로 이 나라 백성이 될 수 없는 문제를 하나님께서 어떻게 해결해 가시는지를 자세히 보여줍니다.

그리스도인들이 시편 1편을 통해 다양한 방식으로 생명의 양식되는 유익을 얻을 수 있겠으나 본문에서 먼저 기억해야 할 중요한 요지는 하나님의 나라는 오직 율법을 온전히 지키는 자들만 의인의 회중에 드는 복을 허락하시는 신령한 나라라는 점입니다. 하나님은 이 땅에서 그와 같은 자들을 백성으로 삼아 나라를 이루기로 하셨습니다. 하나님 나라 헌법 제1항이라 할 수 있습니다.

Chapter 3

나무와 겨

> 저는 시냇가에 심은 나무가 시절을 좇아 과실을 맺으며 그 잎사귀가 마르지 아니함 같으니 그 행사가 다 형통하리로다 악인은 그렇지 않음이여 오직 바람에 나는 겨와 같도다 (시 1:3~4)

1, 2절의 요점은 하나님 나라의 백성이 되는 근본 원리가 율법에 있다는 점이었습니다. 하나님을 믿지 않고 조롱하는 자들의 가치관이 아니라 오직 율법을 인도자 삼아 율법이 지시하는 길을 가며 율법을 삶의 의미와 가치로 삼고 그 안에 항상 거하는 자들이 의인의 회중에 들 수 있음을 선언하는 것입니다.

본문은 그처럼 율법을 대하는 자세와 관련하여 사람들에게 나타나는 과정을 이야기합니다. 먼저 율법을 묵상하는 사람에게 일어날 일에 대해 언급합니다. **"저는 시냇가에 심은 나무가 시절을 좇아 과실을 맺으며 그 잎사귀가 마르지 아니함 같으니 그 행사가 다 형통하리로다"**(3). 율법을 삶의 안내자로 삼아 부단히 묵상하는 사람은 이런 특징이 나타난다는 것입니다.

우선, 시냇가에 심긴 것과 같다고 합니다. "심은"이라는 말은 하나님에 의해서 옮겨 심어졌다는 뜻의 수동태형입니다. "시냇가"는 여러 개의

지류를 가리키는 복수 형태로, 시들지 않고 생명력이 왕성하여 좋은 열매를 맺을 수 있을 만큼 생수의 공급을 풍성히 받는다는 뜻입니다. 나무가 자라고 결실하려면 물이 절대적으로 필요한 것처럼 사람이 생명을 지탱하며 자라고 결실하게 되는 것은 율법을 주야로 묵상할 때임을 알려줍니다. 율법만이 그 일을 합니다. 그런 점에서 율법을 즐거워하며 주야로 묵상하는 사람은 시냇가에 심긴 나무와 같다고 한 것입니다.

또, 그는 '시절을 좇아 과실을 맺는다'라고 합니다. "시절을 좇아"라는 말은 '제때', '정상적으로'라는 말로 농부가 기대한 대로, 농부가 예측한 대로 이루어져 간다는 것입니다. 나무가 제철에 열매를 맺듯이 율법을 인도자로 삼는 사람도 자연스럽게, 정상적으로 그에 따른 열매를 맺게 되어 있다는 것입니다. 열매를 맺는다는 말은 그 나무를 시냇가에 옮겨 심은 농부가 거둘 것이 있다는 뜻입니다. 농부의 목적과 기대를 저버리지 않는 것입니다. 율법을 자기 인생의 유일한 인도자로 삼는 사람에게는 율법으로 말미암은 열매가 나타나기 때문입니다. 그 열매는 하나님의 백성들에게 기대하는 의와 거룩에 속한 영적 열매입니다. 나중에 시편이 진행되면서 자세히 나타날 것입니다. 하나님은 사람에게 그와 같은 열매가 맺혀지길 바라시고 황량한 사막에서 생명수가 쉬지 않고 공급되는 시냇가로 옮겨 심으셨습니다. 그로 인해 하나님께 의미 있는 존재가 됩니다. 잎사귀만 있는 자가 아니고 열매를 내놓기 때문입니다. 율법을 인도자로 삼는 사람은 바로 열매 때문에 하나님께 의미 있는 존재가 되는 것입니다.

그러나 그 나무는 농부되신 하나님께만 의미 있는 존재가 아닙니다. 한편으로 자기 자신이 왕성한 생명을 누리는 존재이기도 합니다. 시인은 그 점에 대해 "그 잎사귀가 마르지 아니함 같으니"라고 말합니다. 열매를 맺는 것이 농부를 위한 결실이라면 잎사귀가 마르지 않는다는 것은 자신의 생명을 왕성하게 누린다는 의미입니다. 율법을 인도자로 삼는 사람은 하나님께만 의미 있는 존재로 그치지 않고 자기 자신도 가장 빛나고 가치 있는 존재가 된다는 것입니다.

성경에서 푸른 잎사귀는 왕성한 생명력을 상징합니다. "**자기의 재물을 의지하는 자는 패망하려니와 의인은 푸른 잎사귀같아서 번성하리라**"(잠 11:28)는 말씀과 같습니다. "패망"은 '떨어진다, 엎어진다'는 뜻입니다. 나무가 죽어 그 잎사귀가 다 떨어져 나간 모습입니다. 자기의 재물을 의지하는 자의 결국이 그렇게 된다는 뜻입니다. 그러나 의인은 "푸른 잎사귀" 같다고 합니다. 떨어지는 잎사귀가 아닙니다. 그 생명력이 왕성하여 번성하리라고 합니다. '번성한다'는 말은 '싹트다, 봉오리를 맺는다'는 뜻으로 열매 맺을 준비를 하는 것입니다. 이처럼 잎사귀는 나무 자체의 왕성한 생명력을 상징하기 때문에 의인이 복을 얻는다고 하였습니다. 다른 구절도 잎사귀가 그런 의미임을 알게 합니다. "**그러나 무릇 여호와를 의지하며 여호와를 의뢰하는 그 사람은 복을 받을 것이라 그는 물가에 심기운 나무가 그 뿌리를 강변에 뻗치고 더위가 올지라도 두려워 아니하며 그 잎이 청청하며 가무는 해에도 걱정이 없고 결실이 그치지 아니함 같으리라**"(렘 17:7,8). 복된 사람의 삶을 묘사하는 구절입니다. 더위를 겪을 수도 있고 가뭄을 당할 수도 있습니다. 고통과 슬픔을 당할 수 있는 환경입니다. 세상 사람들이 당하는 어려움을 똑같이 겪을 수 있습니다. 그렇게 볼 때 잎이 마르지 않는다는 것은 환경이 편안하게 유지된다는 의미가 아닙니다. 모든 것을 녹여버리고 그 마음을 말라 죽게 할 것 같은 가뭄이 찾아올 수 있습니다. 그런데 여호와를 의지하는 사람은 복을 받아 그 잎이 청청하다고 합니다. '더위가 올지라도 두려워 아니하며 가무는 해에도 걱정이 없다'는 말씀은 어떤 경우에도 시들지 않는다는 것입니다. 어렵고 무서운 일이 일어나도 두려워하지 않습니다. 자기가 실력이 있어서가 아니라 율법을 인도자로 삼은 사람을 하나님께서 책임져 주심을 알고 의지하기 때문입니다. 따라서 여호와를 의지하는 자에게는 이와 같은 영적 생명의 왕성함이 나타난다고 합니다. 어려움이 생기지 않는다는 의미가 아니라 더위가 오든, 추위가 오든, 가뭄이 오든 폭풍우가 닥치든 그 존재의 의미가 사라지지 않고 두려움 없이 생명력을 넉넉히 유지하게 되는 것입니다. 그 복이 율법을 묵상하는 사람에게 임하는 복과 같습니다. 이처럼 율법을 의지하는 삶은 하나님께만 의미 있지 않습니다. 자신이 가장 잘되는 길이기도 합니다. 자신에게도 가장 행복한 길이요, 인간 존재의 궁극적 목적이 이루어지는 길입니다.

그와 같은 사람은 하나님께서 끝까지 책임지실 것입니다. **"그 행사가 다 형통하리로다"**(3). 얼핏 보면 율법을 묵상하는 자는 하는 일마다 잘 될 것이라는 뜻으로 해석되지만 단순하지 않습니다. "형통"이라는 말 자체는 '의도했던 바를 만족스럽게 성취하는 것'이어서 유사한 뜻으로 보여도 본질적인 의미는 좀 다릅니다. 성경에서 '형통하다'는 말은, 어떤 난관에도 불구하고 하나님께서 기뻐하시는 방향으로 만들어가신다는 뜻입니다. 하나님께서 크신 능력과 자비와 은혜로 자기 백성을 끝까지 책임지고 구원에 이르게 하십니다. 마치 요셉이 극심한 고난을 당하여 무너질 수밖에 없을 때도, 계시하신 대로(창 37:4~11) 그를 높이 세우시기 위해 그와 함께 하사 모든 일을 주관하신 것을 두고 '형통케 하셨다'라고 말한 것과 같습니다. **"여호와께서 요셉과 함께하심이라 여호와께서 그의 범사에 형통케 하셨더라"**(창 39:23).

율법을 항상 묵상하는 자들을 향한 하나님의 뜻은 그들이 의인의 회중에 들어가는 것입니다. **"악인이 심판을 견디지 못하며 죄인이 의인의 회중에 들지 못하리로다"**(5)는 말씀에 암시되어 있습니다. 그러나 죄나 연약함이나, 또는 심한 고난은 사람이 구원 얻는 믿음에 견고히 서 있지 못하게 합니다. 쉬이 무너질 수밖에 없습니다. 그러나 하나님은 어떤 방해 요소에도 불구하고 반드시 그 목적을 이루십니다. 크신 능력과 자비와 은혜로 의인이 반드시 의인의 회중에 들어가게 하십니다. 심판을 면하고 의인의 회중에 들어가게 해주시는 것입니다. 그것이 형통하게 하는 것입니다. **"자기의 죄를 숨기는 자는 형통치 못하나 죄를 자복하고 버리는 자는 불쌍히 여김을 받으리라"**(잠 28:13)는 구절이 그 점을 잘 설명합니다. "형통"과 "불쌍히 여김을 받으리라"가 대조됩니다. 하나님께서 죄를 자복하는 자기 백성들을 깊이 사랑하시며 긍휼히 여기사 구원 얻게 하신다는 뜻입니다. **"여호와여 구하옵나니 이제 구원하소서 여호와여 우리가 구하옵나니 이제 형통케 하소서"**(시 118:25)라는 말씀도 마찬가지입니다. 시인은 구원 얻는 것과 형통하게 되는 것을 같은 의미로 사용하고 있습니다. 시인은 자기가 어떤 어려운 상황에 놓여 있더라도 하나님께서 긍휼을 베풀어 주시면 반드시 구원얻을 수 있음을 알고 형통케 하여 주시기를 구하는 것입니다.

율법을 자기 삶의 유일한 인도자로 삼고 부단히 그 율법을 찾고 순종하는 사람은 형통을 얻습니다. 시냇가에 심긴 나무처럼 생명수를 풍족하게 얻어 맺혀지는 열매로 하나님께 의미 있는 존재가 되고, 그 자신 또한 가뭄과 더위에도 마르지 않는 왕성한 생명력을 소유하게 되며 결국 의인의 회중에 드는 그 형통을 얻습니다. 그래서 그가 복 있는 사람입니다. 하나님 백성이 된 자들이 누리는 혜택이 이러하기에 복이 되는 것입니다.

악인은 정반대입니다. **"악인은 그렇지 않음이여 오직 바람에 나는 겨와 같도다"**(4). '그렇지 않다'라는 말은 복 있는 사람이 가진 모습과 모든 점에서 반대된다는 것입니다. 우선 율법을 대하는 자세에서 복 있는 사람과 반대입니다. 의인이 가지 않는 길을 따르며 의인이 도모하는 일을 추구하지 않습니다. 겪는 일에서도 의인과 반대입니다. 그것을 '겨와 같다'

고 묘사했습니다. 시냇가에 심긴 나무와 같다고 한 의인과 반대되는 것입니다. 겨는 알맹이 없는 껍데기를 가리킵니다.

악인은 뿌리나 알맹이가 없습니다. 바람 불면 금방 날아가 버리거나 아니면 땔감으로 쓰일 뿐입니다. 율법을 묵상하지 않고 악인의 길에 서는 사람이 겨와 같다고 하였습니다. 이는 겨와 같은 인생에는 술주정뱅이나 방탕한 자뿐만 아니라 세상이 인정하는 건전하고 성실한 사람도 포함될 수 있음을 보여줍니다. 아무리 그 힘을 다하여 열심히 살고, 자기 나름의 뜻을 이루고 성공한 자로 인정받는다고 해도 율법을 따르지 않으면 끝내 "형통"을 얻지 못하고 날아가 버리거나 불태워질 것이기 때문입니다. 당장은 풍성하게 보일지 몰라도 알맹이가 없어 불안하고 덧없는 인생일 뿐입니다.

악인은 또 잎사귀가 마를 것입니다. 잎사귀가 청청하다는 것은 자신의 왕성한 삶을 의미한다고 했습니다. 온갖 어려움이 닥쳐도, 여름 가뭄 같은 곤란한 일이 생겨도 그 생명력을 잃지 않는다는 것입니다. 그러나 악인은 그렇지 못합니다. 육신적으로는 누구보다 부유하고 편하게 살 수 있습니다. 하지만 생명의 본질인 영혼을 위한 영양분이나 든든한 버팀목을 공급받지 못하기 때문에 그 영혼이 든든히 서 있을 힘이 없습니다. 이 세상에서 잠시 잠깐 든든한 것처럼 살다가 꺼지는 인생일 뿐입니다.

또 악인에게는 농부가 기대하는 열매가 없습니다. 하나님께서 찾으시는 열매가 없는 것입니다. 그런 사람에게는 성령의 열매도 없습니다. 의와 거룩과 공평을 이루려는 모습을 볼 수 없습니다. 그들에게는 그것이 자기 인생에 전혀 중요하지 않기 때문입니다. 그들은 육신의 열매를 조금이라도 더 얻으려고 이리저리 바쁘게 날아다닐 뿐입니다(갈 5:19~21).

궁극적으로 악인들은 "형통"을 얻지 못합니다. 심판을 피할 수 없으며 의인의 회중에 들 수 없습니다. 땅의 삶이 아무리 부유하고 편하게 보여도 허망하게 사라지고 말 것입니다. 하나님께서 그를 위해 움직이지 않기 때문입니다.

이와 같은 특징을 함축하여 시편 기자는 특별히 '겨는 바람에 날리는 것'이라 하였습니다. 율법을 절대적인 안내자로 삼지 않고 대신에 사람과 세상 지혜를 안내자로 삼는 사람의 삶은 이럴 수밖에 없는 것이라는 뜻입니다. 땅에서 아무리 찬란한 상을 받고 사람들에게 동경의 대상이 되며 아무리 많은 것을 이루었다고 해도 의인의 범주에 들지 못하면 그것들은 모두 바람에 날리는 겨와 같을 뿐입니다. 본문은 이처럼 이 땅에는 누구를 인도자요 안내자로 삼느냐에 따라 서로 다른 과정을 걷는 두 부류의 사람이 있음을 보여줍니다. 시냇가에 심긴 나무와 같은 삶을 살다 형통하게 되는 사람과 바람에 나는 겨와 같이 살다가 허망하게 되는 사람입니다. 그리고 그중에 한쪽만 복이 있는 사람이라고 말씀하십니다. 오직 율법을 도모하는 사람만이 의미 있는 삶과 복된 결말을 얻을 것입니다.

지난 과에서도 밝힌 것처럼 율법을 지킨 대가로 형통하는 복을 완전히 얻어 누릴 수 있는 사람은 없습니다. 물론 하나님의 백성은 그 형통을 얻기 위해 하나님의 말씀을 부단히 묵상하는 특징을 보이게 되어 있으나 그래도 마찬가지입니다. 그런데도 율법을 지키는 자가 심판을 면하고 형통을 얻는다고 말하는 것은 시편 1편의 주제가 과연 어떤 사람이 하나님 백성으로 허입되어 궁극적인 구원에 이르는지 그 기준을 제시하는 내용임을 알 수 있습니다.

하나님은 처음부터 **"보시기에 심히 좋았던"**(창 1:31) 완전히 의로운 사람을 창조하시어 만물을 주관하게 하셨으나 인간의 범죄로 말미암아 하나님과 함께 거하는 그 거룩한 동산에서 쫓겨났었습니다. 그로 인해 온 인류는 범죄하여 심판밖에 받을 것이 없었습니다. 그러나 하나님은 첫 창조의 목적을 포기하지 않으시고 그들 중에서 다시 자신의 나라를 일으켜 세워 그 안에 자기 백성을 두기로 하셨습니다. 그들은 율법을 인도자로 삼아 절대적으로 따르는 사람입니다. 오직 율법을 주야로 묵상하는 사람만이 시냇가에 심긴 나무처럼 열매를 맺으며 잎사귀가 마르지 않으며 끝내 형통을 얻을 수 있습니다. 원래는 율법을 온전히 지킨 사람만 그 나라에 거할 수 있다는 그 절대적인 기준을 밝히는 것입니다.

당장은 그 기준을 통과한 사람이 없어서 실망스럽고 두려울 수 있으나 앞으로 시편이 진행되면서 그 기준에 들지 못했던 자들을 어떻게 해서 의인의 회중에 들게 하시는지를 자세히 설명할 것입니다. 우선은 나무와 겨로 상징되는 두 부류의 인생과 그중에 누구를 하나님께서 형통케 하시는지를 기억하며 찬송의 내용으로 삼아야 하겠습니다. 그런 의미에서 계시이기도 하고 찬송이기도 한 이 말씀을 주셨습니다.

Chapter 4

두 길

> 그러므로 악인이 심판을 견디지 못하며 죄인이 의인의 회중에 들지 못하리로다 대저 의인의 길은 여호와께서 인정하시나 악인의 길은 망하리로다 (시 1:5-6)

본문은 시편 1편의 결론입니다. 5절은 의인에 대한 묘사 중 3절 끝의 **"그 행사가 다 형통하리로다"** 라는 말씀과 평행되고 있습니다. 그 행사가 형통하게 될 의인과 달리 악인은 결론적으로 어떻게 될 것인가를 밝히고 있는 것입니다. "그러므로 악인이 심판을 견디지 못하며 죄인이 의인의 회중에 들지 못하리로다"(5). "그러므로"는 본문이 3, 4절에서 긴밀하게 이어지는 내용임을 알게 합니다. 시냇가에 심긴 나무와 같은 의인과 바람에 날리는 겨 같은 악인의 특징이 그와 같으므로 결말이 이러하다는 것입니다. 율법에 대한 자세가 어떠한지로 나눠지는 의인과 악인의 최종 상태를 이야기하고 있습니다.

이 구절은 원문의 구조를 살펴볼 필요가 있습니다. 우선, "심판을"로 번역된 단어는 단순히 "심판을"이라는 목적어로 번역할 수 없습니다. 시간이나 장소를 나타내는 전치사(in, with, by)와 함께 쓰였기 때문입니다. "회중에"라고 표현한 것처럼 '심판 때에'나 '심판 날에'라는 뜻으로 이해할 수 있습니다.

또 하나 눈여겨볼 점은, 한글 성경은 심판을 '견딘다', 의인의 회중에 '든다'라는 서로 다른 두 동사가 있는 것처럼 번역했으나 원문은 '서다'라는 의미의 동사 하나로 두 가지 내용을 다 받는 형식이라는 점입니다. 직역하면, '그러므로 악인은 심판 때에 그리고 죄인은 의인의 회중에 서지 못하리로다'라고 할 수 있습니다. 원문이 갖는 이같은 형식은 마지막 심판 날에 의인의 회중에 들지 못한다는 사실을 강조하는 것으로 보입니다. 악인은 의인들만의 회중인 하나님 나라에 들어가지 못합니다. 하지만 심판 때까지는 엄밀하게 의인과 악인이 분리되지 않을 것입니다. 즉 악인도 한때는 의인의 회중에 있는 것처럼 보이기도 한다는 것입니다. 심지어 악인도 천국에 들어가고 싶어 하며, 들어갈 것이라 확신하기도 합니다. 악인이 천국에 들어가고 싶어 한다는 것에 의문이 들지 모르지만 실은 그렇지 않습니다. 여기서 말하는 악인은 단순히 세상의 관점에서 말하는 나쁜 사람들이 아닙니다. 천국에 들어가고 싶어 하면서도 그 인생의 안내자를 율법이 아닌 다른 것으로, 세상 지혜나 인간적 욕심을 삼은 자들을 말합니다. 그들은 자신이 원하는 바를 이루지 못하는 것입니다. 이런 사람들에 대해서 주님께서 이렇게 말씀하셨습니다. **"그날에 많은 사람이 나더러 이르되 주여 주여 우리가 주의 이름으로 선지자 노릇하며 주의 이름으로 귀신을 쫓아 내며 주의 이름으로 많은 권능을 행치 아니하였나이까 하리니 그 때에 내가 저희에게 밝히 말하되 내가 너희를 도무지 알지 못하니 불법을 행하는 자들아 내게서 떠나가라 하리라"**(마 7:22,23). 많은 사람이 천국에 들어가기를 원했으며 마지막 시간까지도 자기들이 천국에 들어가지 못할 것을 예상하지 못했습니다. 그런데 막상 마지막 순간에 주님께서 그들을 쫓아내십니다. 그들은 '우리가 이러저러한 일을 했는데 왜 못 들어간다고 하는 것입니까?' 이렇게 반문해보지만 소용없습니다. 이 땅에서는 의인의 회중에 들어간 사람처럼 여겨졌더라도 마지막 심판 때는 쫓겨난 사람으로 판정될 사람이 많다는 말씀입니다. 아예 천국은 관심도 없고 애써 천국을 조롱하는 다른 사람들은 두말할 것도 없이 천국에 들어갈 것을 기대하는 악인들도 있으며, 그들 역시 천국에 들어가지 못합니다. 오직 의인들만 마지막 심판 날에 의인의 회중에 견고히 서 있을 것입니다. 그날에는 의인과 악인이 철저히 분리될 것입니다. 이러한 내용이 3절에 나타난 대로 하나님의 율법을 기뻐하며 그 율법을 유일한 삶의 인도자로 삼는 의인은 '그 행사가 형통하리로다'라는 말과 평행을 이루고 있습니다.

그렇다면 그들은 왜 하나님의 통치 영역에 들어갈 수 없습니까? 그것에 대해 6절은 이렇게 말합니다. **"왜냐하면 의인의 길은 여호와께서 인정하시나 악인의 길은 망할 것이기 때문이다"**(6). 6절은 이유를 의미하는 '왜냐하면'이라는 말로 시작하고 있습니다. 의인의 길은 여호와께서 인정하시며 악인의 길은 망할 것이기 때문입니다. '의인의 길을 인정하신다'는 말씀이 '악인의 길은 망할 것이다'와 평행을 이루고 있습니다. 하나님께서 인정하시느냐 그렇지 않느냐가 멸망과 구원을 나누는 절대 요인이라는 말입니다.

'인정한다'는 말은 일반적으로 생각하는 '알아준다'는 뜻보다 훨씬 깊은 의미가 있습니다. 성경에서 '안다'는 말은 단순히 '그 사람이 이름이 뭐고, 무엇 하는 사람이며 어디 사는지 안다'는 정도가 아닙니다. 한집에 사는 사이이면서, 한 몸처럼 연합하여 뗄 수 없는 사이여서 안다는 뜻입니다. 긴밀하게 연합된 관계여서 아는 것을 가리킵니다. 의인의 길은 여호와께서 항상 같이 계셔서 아시는 것입니다. 율법을 안내자로 삼아서 가는 의인의 길은 하나님이 늘 함께하시는 길이며 하나님께서 지켜보며 좋아하시는 길이기 때문에 망하지 않고 형통한 결과를 낳는다는 것입니다.

반면에 악인의 길은 망할 것입니다. '인정한다'와 평행을 이루고 있습니다. 하나님과 거리가 먼 길이요, 하나님이 좋아하지 않으시며 함께 할 수 없는 길이기에 심판 날에 망할 수밖에 없다는 것입니다. 소멸될 수밖에 없습니다. 악인은 의인의 회중에 들어갈 수 없습니다. 이 땅에서 하나님이 함께하실 수 없는 길을 걸었으며, 하나님이 좋아하지 않은 방식으로 살았으며, 하나님과 연합하지 않은 인생을 살았기 때문입니다. 비록 이 땅에서 겉으로는 하나님께서 아시는 자들처럼 보인다고 해도 실제로는 완전히 모르는 관계였기 때문입니다. 여기서는 하나님과 연합하였다가 죽어서는 분리된다거나, 여기서는 분리되었더라도 죽어서는 연합하거나 하는 그런 형통은 없습니다. 복 있는 사람은 이 땅에서 하나님께서 함께하는 길을 걷다가 나중에 영광의 나라에 들어가는 것입니다. 반면에 악인은 이 땅에서 하나님께서 함께하지 않는 길을 걷다가 나중에 망하게 되어 있습니다. 형통치 못하고 진노의 불길에 들어갈 뿐입니다. 놀랍게도 오직 율법에 대한 자세가 어떠했느냐에 따라 완전히 반대되는 결말을 맞이하게 됩니다.

시편 1편은 그렇게 되는 가장 중요한 요건이 무엇이냐를 분명히 밝힙니다. 그것은 바로 안내자를 누구로 삼느냐에 달려 있다는 것입니다. 각기 다른 안내자를 둔 두 부류가 가는 과정이 어떻게 다르며 그 결론이 어떻게 다른가, 그리고 궁극적으로 무엇 때문에 그렇게 달라질 수밖에 없는가를 이야기하고 있습니다. 오직 하나님의 율법이, 하나님의 말씀이 의인의 생명을 결실하게 하며 하나님의 통치 영역에 설 수 있게 해주는 원동력이 된다는 것입니다. 인생의 궁극적이고 영원한 만족은 오직 율법에 대한 자세에 따라 달라지게 되어 있다는 것입니다.

이런 관점에서 보면 우리도 큰일입니다. 율법을 기쁨으로 대하고 그 율법을 인도자로 삼아 완벽하게 사는 인생이 아무도 없기 때문입니다. 시편이 말하는 것은 율법에 적당히 순종하는 사람들이 복 있는 자들이라는 의미가 아닙니다. 물론 하나님의 참된 백성은 반드시 하나님의 말씀을 귀히 여기는 특징이 나타나게 되어 있지만, 시편에 담긴 엄밀한 의미는 완전히 순종한 사람들이 하나님의 백성이라는 뜻입니다. 그렇다면 시편에서 말하는 의인은 우리가 될 수 없습니다. 인간은 누구나 율법에 불순종하여 하나님께 진노의 대상이 될 뿐입니다. 완전한 순종은 예수 그리스도 한 분밖에 이루지 못하셨습니다. 우리가 할 수 있는 순종은 참으로 가엾을 정도에 불과합니다. 그러므로 여기서 말하는 악인은 바로 우리입니다. 우리가 죄인이요 오만한 자입니다. 지금도 율법을 온전히 기뻐하지 못하고 불가능한 무엇으로 여기며 적당한 선에서 율법과 타협하고 있는 점이 그 사실을 확인해줍니다. 그러므로 우리 자신만 보자면 의인의 회중에 설 수 없는 것이 분명합니다. 우리 스스로는 악인과 죄인, 그리고 오만한 자의 수준을 벗어나지 못합니다. 결코 여기서 말씀하는 복 있는 의인이 될 수 없습니다. 곧 우리가 바로 겨와 같은 자요 의와 공평의 나라인 하나님의 회중에 들어가고 싶어도 들어갈 수 없는 자들인 것입니다.

그렇다면 하나님의 나라에는 아무도 못 들어갑니까? 아닙니다. 우리 자신의 순종으로 이 나라에 들어갈 수 없더라도 다른 길이 있습니다. 이 일을 온전히 이루신 한 분 예수 그리스도의 의를 입어서 들어갈 수 있습니다. 그 은혜를 따라 우리가 아담처럼 불순종했던 모든 죄를 사함받고 예수님께서 순종하신 그 덕을 입어 우리가 순종한 것처럼 하나님 앞에 여겨져서 그 나라의 백성으로 여김받는 것입니다. 그리고 그 이후에는 율법을 순종하는 특성을 가지며 자라가게 되어 있습니다. 이 점에 관해서는 시편이 진행되면서 자세히 드러날 것입니다.

시편 1편은 하나님께서 사람을 의인의 회중에 서게 하는 근본적인 원칙이 무엇인지, 달리 말하면 하나님께서 자신의 나라를 통치하는 절대적인 기준이 무엇인지를 가장 중요한 요점으로 말하고 있습니다. 하나님의 통치 원칙, 혹은 하나님 나라의 헌법은 율법입니다. 그 나라는 기본적으로 하나님의 거룩한 말씀을 절대적으로 순종하는 자들만 들어갈 수 있습니다. 오직 율법만이 참되고 영원한 생명을 얻게 함으로써 인생을 의미 있고 가치 있게 합니다. 하나님은 그러한 헌법으로 온 세상을 통치하십니다. 율법은 하나님 나라의 기본이자 절대 원칙입니다. 하나님께서 거룩한 율법으로 다스리신다는 사실 자체가 우리의 찬양이 되어야 마땅하다는 의미를 시편은 기록하고 있습니다. 물론 죄인된 우리는 율법 자체를 기뻐하며 찬송할 수 없지만 하나님은 우리가 율법을 즐거워하도록 만드실 것입니다. 율법을 똑바로 응시하면서 기뻐하게 하실 것입니다. 앞으로 살펴볼 시편의 흐름에서 이 내용을 자세히 알 수 있을 것입니다. 이 사실을 기억하여 우리도 복 있는 사람으로 인정되어야 할 것입니다.

말씀 묵상하며 시편찬송 부르기

복 있는 자는

시편 1 (1)

ARLINGTON, C.M.

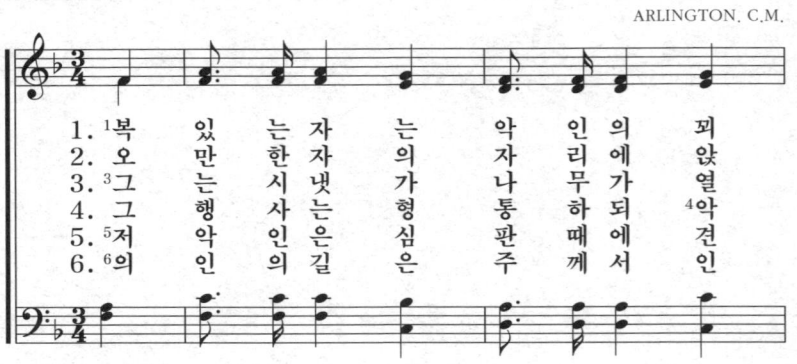

시편찬송 듣기

복 있는 자는

시편 1 (2)

GIESEN. 88.88.88.

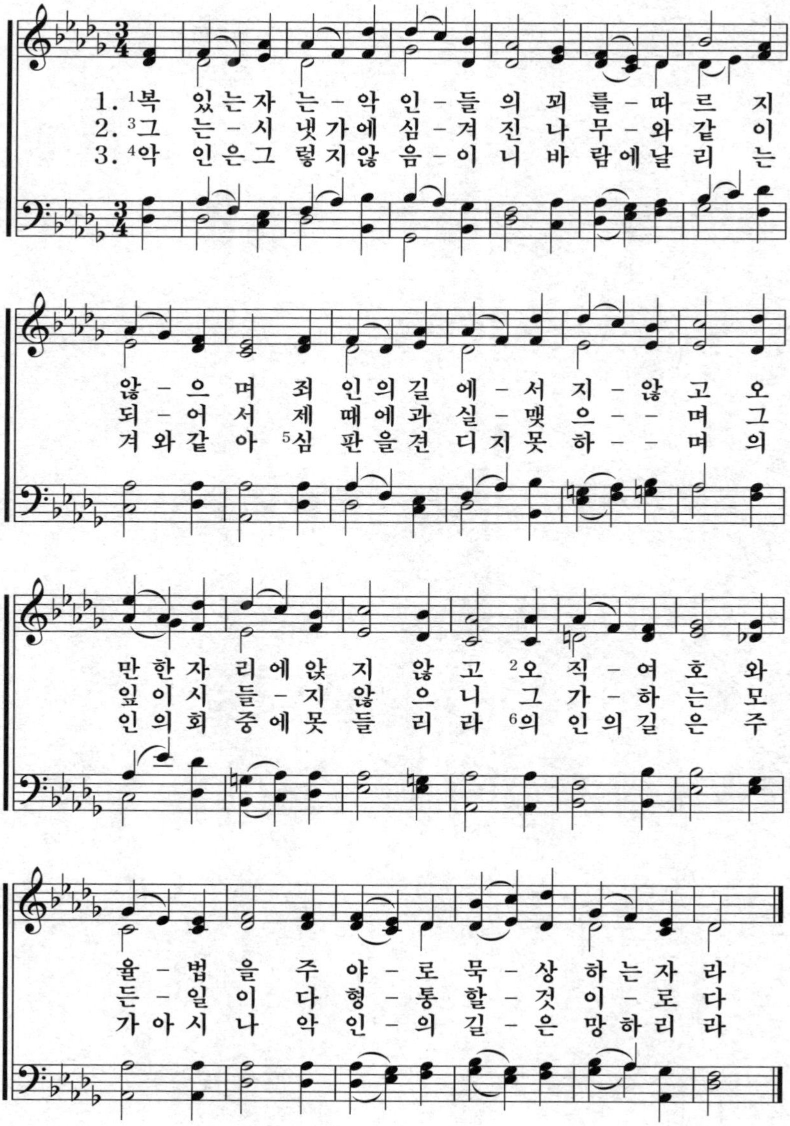

시편 2편

어찌하여
너는 내 아들이라
그 아들에게 입맞추라

Psalms

Chapter 1

어찌하여

> 어찌하여 열방이 분노하며 민족들이 허사를 경영하는고 세상의 군왕들이 나서며 관원들이 서로 꾀하여 여호와와 그 기름 받은 자를 대적하며 우리가 그 맨 것을 끊고 그 결박을 벗어 버리자 하도다 (시 2:1~3)

2편은 1편과 짝을 이루어 시편 전체의 서론을 형성합니다. 유대 랍비 중에는 1, 2편을 하나로 본 자들도 있었고 그 외 많은 사람이 1, 2편이 밀접하게 연결되어 있음을 인정합니다. 형식은 서로 달라도 그렇게 볼 만한 몇 가지 중요한 연결고리가 있기 때문입니다. 그 증거로 1편이 "복 있는 사람"으로 시작하고 2편은 "복 있는 자"로 마치며, 1편이 죄인의 "길"에 서지 않는 사람을 복된 사람이라고 말하는데 2편은 아들에게 입 맞추지 않으면 "길에서" 망하리라는 말로 "길"을 통해서 두 시를 연결한 점이라든가, 1편에서 '묵상하다'로 번역된 히브리어와 같은 단어를 2편에서 사용하는(시 2:1, '경영하다') 점을 제시합니다.

1편의 주제는 하나님 나라의 통치 원리입니다. 곧 율법에 대한 자세에 따라 복을 받고 멸망 당하는 두 부류로 나뉜다는 말씀입니다. 하나님의 나라는 율법에 온전히 순종한 자들이 풍성한 삶을 누리며 사는 곳이요, 그렇지 않은 자들은 이리저리 휩쓸려 다니다가 멸망 당한다는 말씀을 통해 하나님의 나라는 어떤 원리로 통치가 이루어지는가를 밝혔습니다.

그리고 2편에서는 전쟁하는 내용이 이어집니다. 하나님과 그의 메시아에게 총력을 다해 반역을 저지르는 무리에 관한 내용입니다. 2편의 주제가 무엇인지에 대해서는 베드로의 설교에서 입증됩니다. 당시 유대의 왕이었던 헤롯과 이방인 총독이었던 본디오 빌라도가 합동하여 예수님을 십자가에 죽이는 작업에 동참한 것을 두고 시편 2편을 인용하며 이렇게 말합니다. "또 주의 종 우리 조상 다윗의 입을 의탁하사 성령으로 말씀하시기를 어찌하여 열방이 분노하며 족속들이 허사를 경영하였는고 세상의 군왕들이 나서며 관원들이 함께 모여 주와 그 그리스도를 대적하도다 하신 이로소이다 과연 헤롯과 본디오 빌라도는 이방인과 이스라엘 백성과 합동하여 하나님의 기름부으신 거룩한 종 예수를 거스려 하나님의 권능과 뜻대로 이루려고 예정하신 그것을 행하려고 이 성에 모였나이다"(행 4:25~28). 헤롯과 빌라도가 벌인 일은 시편 2편에서 "열방과 군왕들이" 반역한다는 말씀의 성취라는 의미입니다. 단순히 그 두 사람만의 문제가 아닙니다. 그들이 행한 일은 "이방인과 이스라엘 백성과 합동하여 하나님의 기름 부으신 거룩한 종 예수를 거스려" 반역을 일으킨 인류의 모습을 반영하고 있다는 것입니다.

이렇게 볼 때 1, 2편은 긴밀하게 연결되어 있다는 점이 확인됩니다. 1편에서 하나님이 온 세상을 통치하시는 원칙이 율법이라 했는데, 2편은 모든 민족 모든 인류가 그 율법을 거부하고 순종하지 않는다는 사실에 대해 무모한 전쟁을 꾀하는 반역자들의 무리를 비유 삼아 교훈을 전하는 것입니다. 1편에서 확인했던 것처럼 악인과 죄인과 오만한 자는 엄밀히 말하면 우리 자신을 포함한 모든 인류입니다. 왜냐하면 율법을 처음부터 사랑하며 지키기를 완전히 한 사람은 아무도 없기 때문입니다. 물론 거듭난 이후에는 율법에 기쁨을 두게 되고 그 율법을 따라 열심히 살려고 힘쓰기도 합니다만 그렇다고 해도 엄밀히 말하면 그 누구도 율법을 제대로 지키지 못하기 때문입니다. "악인의 길은 망하리로다"라고 선포된 결과를 받고 "의인의 회중"에 들어가지 못할 자들은 예외 없이 모든 인류인 것입니다. 그와 같은 관점에서 2편이 진행됩니다.

먼저 나라와 민족들이 전쟁을 일으켜 반역을 꾀하는 비유를 통해 율법을 어긴 자들의 본질을 설명합니다. **"어찌하여 열방이 분노하며 민족들이 허사를 경영하는고"**(1). '분노한다'는 말은 '요란하게 떠들며 소란을 피운다'는 뜻이고, '경영한다'는 1편의 '묵상한다'는 말과 같은 말로 '부단히 생각하고 추구하는 것'을 뜻합니다. 그러므로 1절은 세상 모든 나라들이 함께 모여 소란을 떨면서 뭔가를 이루려고 부단히 추구하는 모습을 보여줍니다. 그들이 추구하는 것에 대해 '허사를 경영한다', 곧 허무하게 끝날 일을 부단히 추구한다고 합니다. 모두가 함께 모여 소란을 피우며 부단히 이루려고 애쓰긴 하는데 그것이 무의미한 일이라, 아무리 해도 소용없는 일이라고 합니다.

그렇게 요란스럽게 소동하면서 부단히 추구해도 이룰 수 없는 허사가 무엇인가는 2절에 나타납니다. **"세상의 군왕들이 나서며 관원들이 서로 꾀하여 여호와와 그 기름 받은 자를 대적하도다"**(2). '여호와와 그의 메시아를 대적하려고 땅의 군왕들이 나섰다'고 합니다. '나섰다'는 말은 진열을 정비하여 늘어섰다는 뜻입니다. 땅의 왕, 권세자들이 전쟁을 일으키고자 하여 왕들이 소란스러운 상태입니다. '서로 꾀하여'는 결속력을 단단히 하여 흐트러지지 않음으로써 험악한 공방이 있어도 단합하여 이기려는 결의를 보인다는 뜻입니다. 온 세상이 왕들과 관원들을 중심으로 뜻을 같이하고 힘을 모아 무모한 전쟁을 벌이려 한다는 것입니다.

놀랍게도 그 전쟁의 대상은 "여호와와 그 기름 받은 자"입니다. 여호와와 그의 메시아라는 뜻입니다. 여호와와 그의 메시아를 하나로 묶고 있습니다. 하나님을 대적하는 것은 그의 메시아를 대적하는 것으로 이어지며 역으로 메시아를 대적하는 것은 하나님을 대적하는 것과 다르지 않습니다. 이처럼 하나님과 메시아를 대적하는 전쟁을 온 세상이 추구한다고 합니다. 마치 전쟁을 앞두고 군사들이 진용을 갖추고 있는 것처럼 하나님과 그의 메시아를 적극적으로 대적하고 있다는 말씀입니다.

그런 다음 이 전쟁의 구체적인 성격이 무엇인지를 밝힙니다. **"그 맨 것을 끊고 그 결박을 벗어버리자 하도다"**(3). 모든 인류가 하나님의 통치를 자기를 결박한 속박쯤으로 여기며, 따라서 그것을 끊고 벗어버리려 한다는 말입니다. 이 상황은 하나님의 통치 원칙이 율법이라는 1편의 핵심 주제를 생각해 보면 어느 정도 이해할 수 있습니다. 하나님의 통치권을 거부하며 끊어버리겠다는 것은 결국 율법이 시키는 대로 하지 않겠다는 말입니다. 인생을 하나님의 말씀대로 살기를 거부하는 것입니다. 그것이 하나님을 반역하기 위해 군대를 이끌고 전쟁에 나선 것과 같다는 말씀입니다. 율법을 어기는 것은 단순히 경전에 적힌 규칙을 좋아하지 아니하여 몇 개 어기는 정도가 아니라 그것을 통치방식으로 정하신 하나님과 그의 메시아를 향해 적극적으로 반기를 든 것과 같습니다. 그것도 강력한 권세인 군왕과 관원들이 국가와 민족 같은 가장 강력하고 큰 규모의 세력을 동원하여 그렇게 한다는 것입니다. 이는 온 세상이 하나님을 대적하고 있다는 뜻으로 인류 전체가 하나님과 전쟁을 벌이고 있는 상황을 가리킵니다. 모든 인류가 하나같이 그 군대에 속하여 하나님을 대적하는 전쟁을 위해 일생을 달음질하고 있습니다.

물론 이 말씀은 인류의 보편적인 성향을 이야기하는 것입니다. 거듭난 사람은 다른 모습을 보이게 되어 있습니다. 그러나 시편 2편은 1편과 마찬가지로 거듭난 사람 이전에 인간의 본질에 관한 사실을 언급하고 있습니다. 거듭난 사람의 달라진 모습은 훨씬 뒤에 나타납니다. 지금은 객관적인 사실이 이렇다는 것을 이야기하고 있습니다. 모든 인류가 근본적으로 처한 현실은 거룩한 자가 되어 거룩하게 살라는 하나님의 말씀이 싫어서, 그 헌법을 올무요 멍에로 여겨 일생을 그것을 벗기 위해 하나님과 전쟁을 벌이는 것과 같다는 것입니다.

이런 시도에 대해 '허사를 경영한다'고 하였습니다. 그것이 헛된 경영이라, 헛된 추구라고 말하고 있습니다. 왜 헛된가 하는 것은 "세상의 군왕들"이라는 말에 암시되어 있습니다. '세상의 왕들'은 원래는 '땅의 왕들'이라는 말로 4절의 "하늘에 계신 자"라는 말과 반대되는 개념입니다. 그들이 비록 큰 권세를 가진 자들이지만 근본적으로 땅에 속한 자들이라는 말입니다. 반면에 천지를 만드시고 사람들이 지켜야 하는 법을 만드신 하나님은 하늘에 속한 분이십니다.

이 전쟁은 대등한 집단 간의 싸움이 아닙니다. 말 그대로 천지 차이인 대상 간의 싸움입니다. 상대가 안 되는 싸움입니다. 땅에 속한 자는 하늘에 속한 하나님을 향하여 아무것도 할 수 없습니다. 아무리 첨단 무기를 대거 동원한다고 해도 효능은 땅에만 한정되어 있습니다. 하늘을 향해서는 아무것도 할 수 없습니다. 여기서 말하는 하늘은 우리 눈에 보이는 우주 공간을 의미하지 않습니다. 보이지 않는 세계, 초월 영역에 계시면서 이 작은 땅에서 일어나는 모든 일들을 감찰하시고 성령님을 통하여 다스리고 계시는 그곳을 의미합니다. 사람이 그런 영역에 대해 무슨 일을 할 수 있습니까? 무슨 수로 자기들의 힘을 하늘에다 쏟겠습니까? 아무것도 할 수 없습니다.

그런데도 땅에 속한 자들이 하늘에 속한 왕권을 대적하려 하다니요! 그래서 2편의 첫 단어가 "어찌하여"였습니다. 사람들의 행태가 참으로 무모하며 어이없다는 것입니다. 조금이라도 가능성이 있어야 덤벼서 이기든지 할 텐데, 보여야 공격해서 성공할 텐데 보이지도 않는 대상을 향해 이 길 것처럼 생각하니 너무 어리석은 일이 아니냐는 것입니다. 그래서 "어찌하여"라는 의문사로 시작합니다. 여기엔 질책의 의미도 있습니다. 왜 그렇게 무모한 일을 벌이고자 하는가? 하는 것입니다. 아무리 시도해봤자 그것은 달걀로 바위를 깨뜨리려는 것과 같다는 것을 왜 모르는가 하는 탄식이기도 합니다. 세상에서 불가능한 일이 있다고 해도 이것만큼 불가능한 일은 없는데 왜 그걸 시도하려고 하는가, 자신들 스스로 그 하나님이 내신 법칙에서 벗어날 수 있다고 생각하는 일처럼 우습고 무모한 일은 없다는 의미입니다. 사도 바울이 거듭나기 전에 하던 일로 인해 예수님께 들었던 말씀과 같습니다. **"사울아 사울아 네가 어찌하여 나를 핍박하느냐 가시채를 뒷발질하기가 네게 고생이니라"**(행 26:14). 인간이 하나님의 통치를 벗어날 수 있다고 생각하는 것은 무모하고 어리석은 헛수고입니다. 하나님의 말씀을 거부하므로 온 세상의 참된 통치자이신 여호와와 그의 메시아를 반역하는 자의 무리에 속해 있는 것은 의미 없는 고생에 자기를 밀어 넣는 것 같은 무모하고 헛된 일일 뿐입니다. 이처럼 시편 2편은 율법을 매개로 하여 1편과 밀접하게 연결되어 있습니다. 하나님의 통치 원칙인 율법을 거부하는 것은 하나님의 권세에 대항하여 반역을 일으킨 왕과 관원들과 같으며 그 모습이 인류 전체에 보편적으로 퍼져 있어 그것처럼 무모하고 어리석은 일은 없다는 것입니다.

시편은 하나님 나라가 어떤 토양에서 시작되었는지, 즉 하나님은 어떤 절망적인 상황에서 사람을 구원하기로 하셨는지 그 배경을 밝히고 있습니다. 하나님은 거룩하게 살라는 자신의 말씀을 거역하므로 하나님을 향하여 반란을 일으킨 대적들을 상대로 자신의 나라를 이루어가실 것입니다. 처음에는 모두가 다 반역자요 원수들일 뿐인 죄인의 무리에서 의인의 회중에 들어갈 자기 백성들을 부르실 것입니다. 여기서 말하는 무모한 반역자들은 엄밀히 말하면 모든 인류요 우리도 그 안에 포함되어 있었습니다. 되지도 않는 싸움을 하다가 질그릇 깨지듯이 박살 나야 했던 자들입니다(시 2:9).

이러한 사실을 깨닫게 하사 하나님과 그의 메시아께 기쁨으로 순종하는 자가 되게 하시어 거룩한 자로, 하나님의 백성으로 살게 하신 이 은혜가 얼마나 크고 놀라운 것인지 기억해야 합니다. 그것처럼 큰 복은 없습니다. 하나님 나라의 일원으로 소속되어 누리는 혜택과 만족이 가장 우선적인 복이라 했습니다. 죄인들에게 그 복을 은혜로 주시려고 하나님이 어떻게 구체적으로 일하셨는가 하는지는 앞으로 자세히 나타날 것입니다. 시편 2편에서는 반역자들뿐인 세상에 대한 하나님의 대책이 어떠한 것이며 하나님의 대책이 심판의 멸망으로 나타날 때 그 심판을 어떻게 피할 수 있을 것인가를 이야기하고 있습니다. 그 사실을 알아갈수록 우리가 받은 복의 의미를 더욱 분명히 알 수 있을 것입니다.

Chapter 2

너는 내 아들이라

> 하늘에 계신 자가 웃으심이여 주께서 저희를 비웃으시리로다 그 때에 분을 발하며 진노하사 저희를 놀래어 이르시기를 내가 나의 왕을 내 거룩한 산 시온에 세웠다 하시리로다 내가 영을 전하노라 여호와께서 내게 이르시되 너는 내 아들이라 오늘날 내가 너를 낳았도다 내게 구하라 내가 열방을 유업으로 주리니 네 소유가 땅 끝까지 이르리로다 네가 철장으로 저희를 깨뜨림이여 질그릇 같이 부수리라 하시도다 (시 2:4~9)

2편에서 갑자기 나라들과 왕들이 하나님께 반역을 일으키는 전쟁의 양상을 묘사하는 것은 온 세상을 향한 하나님의 통치 원리가 율법임을 나타내는 1편과 밀접한 연관이 있다고 하였습니다. 곧 사람이 율법을 어긴다는 사실은 하나님과 그의 메시아를 향해 군사를 총동원해 반역을 일으킨 왕들과 같은 일이며, 그것은 극히 무모하고 어리석은 도발일 수밖에 없다는 의미입니다. 율법을 어기는 것은 하나님의 통치를 거부한다는 뜻이기 때문입니다. 그렇게 볼 때 2편에서 말하는 반역하는 모든 나라와 권세자들은 1편에서 말한 죄인과 악인이며 오만한 자요, 궁극적으로 인류 전체임을 알 수 있었습니다.

4절부터는 그 반역자들의 무리를 향한 하나님의 시각과 그들을 향해 내리는 조처가 무엇인지를 밝힙니다. 먼저, **"하늘에 계신 자가 웃으심이**

여 주께서 저희를 비웃으시리로다"(4)라고 말씀하십니다. "하늘에 계신 자"는 2절의 "세상'"이라는 말의 원뜻인 '땅'과 대조되는 말로써 차원이 다른 권세의 특성을 의미합니다. 하나님의 뜻을 따르지 않으려고 반역을 일으킨 땅의 왕들이 가진 권세가 아무리 크고 강력한 것이라 해도 하나님의 권세에 비하면 말 그대로 하늘과 땅만큼 차이 나는, 도저히 비교할 수 없을 만큼 하찮을 뿐이라는 뜻입니다. 그처럼 차원이 다른 권세임을 모르고 무모하게 덤벼드는 자들에 대해서 하늘의 권세에 속하신 하나님이 보이시는 반응은 '비웃음'입니다. 하나님이 입을 삐죽이며 웃는다는 것이 아니라 그들의 행위가 얼마나 무모하고 어리석은가를 말해줍니다. 모든 인간이 율법에 대한 자세에 따라 흥하고 망한다는 통치 원칙을 그들이 아무리 힘을 합쳐 무너뜨리려고 해봐도 그 통치 원칙은 변하지 않으며 오히려 그들만 멸망 당할 수밖에 없다는 것입니다.

하나님의 반응은 그저 무시하고 어이없어하는 것으로만 그치지 않습니다. 저들 반역자들의 행태에 대해 구체적이고 분명한 대응을 하실 것입니다. **"그때에 분을 발하며 진노하사 저희를 놀래어 이르시기를 내가 나의 왕을 내 거룩한 산 시온에 세웠다 하시리로다"**(5,6).

하나님께서 자신을 반역하는 자들에 대한 분노의 맹렬함으로 취하시는 조처가 한 왕을 "내 거룩한 산 시온에" 세우는 것입니다. "내 거룩한 산 시온"은 여호와께서 거하시며(시 76:2) 통치하시는 하나님의 도성을 가리킵니다. 예루살렘과 의미를 같이합니다(사 30:19). 그곳에 "나의 왕", 곧 하나님이 보내시는 한 왕을 세우는 것이 그의 분노를 나타내시는 방편이라는 의미입니다. 얼른 생각하기엔 이 "왕"은 이 시편의 저자인 다윗을 가리키는 것 같습니다. 여부스 사람들에게서 시온 산성을 빼앗아 거기에 궁전을 지은 이가 다윗이기도 하며(삼하 5:7,11), 이스라엘 역사에서 하나님께서 아브라함에게 주리라고 하셨던 약속의 땅을 모두 차지한 위대한 왕이기도 하기 때문입니다. 이스라엘 역사에서 가장 위대한 왕으로 여겨질 만큼 강력한 왕인 동시에 예루살렘에 통치의 기반을 둔 다윗이야말로 이 구절의 주인일 것 같으나 그렇지 않습니다. 왜냐하면 그는 시온에서 왕위에 등극한 적이 없기 때문입니다. 다윗이 한 번은 유다 왕으로, 또 한 번은 이스라엘의 왕으로 두 번 세움 받았지만 둘 다 헤브론에서였습니다. 성경은 그가 두 번 다 헤브론에서 왕으로 세워졌다는 사실을 분명히 밝힙니다(삼하 2:4; 5:3). 그러므로 이 구절에 해당되는 왕은 다윗이 아닙니다. 그의 왕권을 닮긴 했으나 실은 그보다 더욱 위대한 왕입니다.

본문은 그분에 대해 특별한 방식으로 밝힙니다. 왕으로 세움받은 분이 직접 자신을 소개하는 방식입니다. **"내가 영을 전하노라 여호와께서 내게 이르시되 너는 내 아들이라 오늘날 내가 너를 낳았도다"**(7). 갑자기 '직접 화법'으로 바뀌어 하나님께서 내게 주신 칙령을 내가 왕으로서 발표한다는 말입니다. "너는 내 아들이라 오늘날 내가 너를 낳았도다"에서 "오늘날"은 문자적으로는 '그날'이라는 뜻입니다. '그날 내가 너를 낳았다'고 하나님께서 말씀하셨다는 것입니다.

이 말은 수수께끼와 같습니다. 우리의 상식으로는 '너는 내 아들이라 그날 내가 너를 낳았다'는 말이 어떤 의미가 있는지는 생각해 낼 수 없습니다. 하지만 감사하게도 신약성경이 이 말씀의 의미를 가르쳐줍니다. **"하나님이 죽은 자 가운데서 저를 살리신지라 갈릴리로부터 예루살렘에 함께 올라간 사람들에게 여러 날 보이셨으니 저희가 이제 백성 앞에 그의 증인이라 우리도 조상들에게 주신 약속을 너희에게 전파하노니 곧 하나님이 예수를 일으키사 우리 자녀들에게 이 약속을 이루게 하셨다 함이라 시편 둘째 편에 기록한 바와 같이 너는 내 아들이라 오늘 너를 낳았다 하셨고"**(행 13:30~33).

바울은 예수님이 십자가에서 죽으시고 부활하신 사실을 가리켜 시편

2편에서 '너는 내 아들이라 오늘날 내가 너를 낳았도다'라고 한 말씀의 성취라고 설명합니다. "그날"은 예수님의 죽음과 부활의 때라는 의미입니다. "내가 너를 낳았도다"라고 한 말씀은 영원하신 성자 하나님의 신분이 그때 이루어졌다는 뜻이 아닙니다. 예수님이 하나님의 아들이라는 신분은 영원 전부터 이어져 오고 있기 때문입니다. 다만 그가 특별히 육신을 입고 이 땅에 오사 죽으시고 부활하심으로 하나님의 아들이라는 특별한 신분이 입증되었다는 뜻입니다. 그런 독특한 의미의 출생으로 이해해야 한다는 사실을 로마서 1장에서 적절히 이야기합니다. **"성결의 영으로는 죽은 가운데서 부활하여 능력으로 하나님의 아들로 인정되셨으니 곧 우리 주 예수 그리스도시니라"**(롬 1:4). 죽은 가운데서 부활하여 '능력 있는' 하나님의 아들로 입증되셨다는 말씀입니다. 예수님은 영원 전부터 하나님의 아들이셨으나 역사 속에 인간으로 오셔서 죽으시고 부활하심으로써 능력 있는 하나님의 아들로 입증되셨다는 의미입니다. 역사 속에 들어오신 한 인물이 시온에서 죽으시고 부활하신 것을 볼 때 사람들은 이분이야말로 모든 인류의 반역을 처리하기 위해 하나님께서 진노 중에 세우신 그의 메시아이자 하나님이 보내신 왕이심을 알아야 한다는 것입니다.

이처럼 신약성경은 이 구절을 예수님의 죽음과 부활이라는 특별한 역사적 사건과 관련해서 이해해야 함을 알려줍니다. 하나님께서 반역자들에게 진노하사 취한 조처로 그의 왕이 시온에서 등극하는 거대한 사건이 역사적 사건으로 일어날 것이며, 그 사건이 곧 예수님의 죽음과 부활이라는 것입니다.

그렇게 해서 왕으로 세워진 그분에게는 이러한 권세를 주셨습니다. **"내게 구하라 내가 열방을 유업으로 주리니 네 소유가 땅 끝까지 이르리로다 네가 철장으로 저희를 깨뜨림이여 질그릇같이 부수리라 하시도다"**(8,9). 역사 속에서 죽으시고 부활하심으로 그의 아들로 입증되신 아들에게 하나님께서 반역자들에 대한 전권을 위임하셨음을 보여줍니다. 그에게 온 인류와 세상을 유업으로 주실 것이며 반역자들을 단숨에 처치할 권세도 허락하셨습니다. 죽고 부활하사 하나님의 아들로 입증되신 그분의 손에 반역자들을 처단할 권세가 전적으로 넘겨질 것이며, 그 권세는 압도적이어서 나름 강력한 힘을 자랑하던 땅의 군왕들을 사기그릇 깨듯 쉽게 부술 것입니다. 메시아의 뜻을 거스를 만한 힘과 권세는 어디에도 없다는 것입니다.

그 사실을 당사자인 메시아가 친히 이야기하는 직접 화법 방식으로 묘사하였습니다. **"내가 영을 전하노라"**, 하늘 회의에서 여호와 하나님이 자신에게 통치권을 전적으로 맡기셨음을 직접 선포하는 형식입니다. 직접 화법을 통해 그 안에 담긴 두 가지 의미를 강조합니다. 하나는 메시아가 육신을 입고 이 땅에 오셔서 십자가에 못 박혀 죽으시고 부활하시는 이 일은 영원 전부터 성부 하나님과 하나된 친밀성을 유지해 오셨던 성자 하나님 간의 하늘 회의에서 이루어진 중차대한 일이라는 사실입니다. 다른 하나는 이 일은 반드시 일어난다는 사실입니다. 장차 다윗의 후손 중에 육신을 입고 이 땅에 오사 시온에서 죽고 부활하신 분이 나타나면 그분이야말로 하늘 회의에서 하나님께 세상 통치에 관한 전권을 부여받아 죄인을 멸하고 의인을 복 주시는 메시아이심이 분명하며, 그 일이 반드시 일어나리라는 뜻입니다. 직접 화법을 통하여 그 점을 더욱 생생하게 전달하고 있습니다. 율법을 어김으로 여호와께 반역하는 온 세상을 향해 이루어진 하나님의 특별한 조치가 이같은 방식으로 반드시 성취될 것을 강조하는 것입니다.

이와 같은 내용을 2편만 따로 떼어내서 보면 이스라엘 왕권을 위협하는 세력에 대한 하나님의 조처 정도로 볼 수 있으나 1편과 연결하여 보면 하나님 나라의 통치방식에 관하여 좀 더 분명히 알 수 있습니다. 곧 인류 전체를 향한 하나님의 통치권이 전적으로 시온에서 죽으시고 부활하신 메시아에게 맡겨졌으며, 그분은 율법을 범한 자들을 단번에 처단할 권세와 능력이 있다는 것입니다.

하나님께서 시온에서 특별한 방식으로 메시아를 세우신 것은 1편에서 밝힌 근본적 문제를 해결하기 위함입니다. 1편에서 의인은 형통할 것이나 악인들, 곧 율법을 따르기를 거부하고 자기 생각대로 인생을 살려고 했던 자들은 겨와 같이 살다가 망하리라고 했는데 2편은 그 일이 어떻게 구체적으로 시행될지를 보여줍니다. 1편에 나타난 복과 저주, 죽음과 멸망 등이 2편에서 이야기하는 과정을 거쳐서 이루어진다는 말씀입니다. 그 일은 이처럼 하나님께서 세우신 한 왕을 통해서 이루어질 것입니다. 역사 속에 실제로 일어나 하나님의 아들로 입증되실 그분에게 하나님은 자신의 모든 통치권을 맡기셨습니다. 온 인류를 통치할 권한을 주셨습니다. 죽고 부활하신 분은 하나님 아버지께 반역자들에 대한 전권을 허락받은 참된 왕으로 하늘에 속한 권세로 땅의 왕들을 아주 손쉽게 처리하실 것입니다. 그 누구도 왕의 권세를 거스를 수 없이 죽음의 심판을 당할 것입니다. 그분을 통해서 반역자 무리인 모든 인류가 멸망 당하는 심판이 일어날 것입니다.

그러나 그 과정이 단순히 화가 나서 반역자들을 단숨에 멸망시켜 버리는 방식이 아닙니다. 하나님께서 반역자들을 향해 진노를 표출하는 방식은 아주 독특합니다. 놀랍게도 육신으로 오실 그의 메시아가 먼저 죽고 부활하시는 방식입니다. 참으로 특이한 반란 진압법입니다. 메시아가 죽고 부활하시는 것이 반역자들을 향한 하나님의 진노를 나타내 시행하는 방식이자 인류를 다스릴 왕으로서 해야 할 일이라고 합니다. 그 방법이 아니더라도 반역자들을 질그릇 깨듯이 부술 수 있는 분이셨으나 처음부터 그리하지는 않을 것입니다.

오늘날 우리는 하나님께서 왜 이런 독특한 통치방식을 택하셨는지 그 이유를 압니다. 그중에 어떤 자들은 살리기 위함입니다. 모든 인류가 하나님의 뜻을 범했기 때문에 철장으로 진노만 나타내신다면 아무도 그 창을 피할 수 없습니다. 하지만 하나님은 그중에 어떤 자들은 살리기로 하셨습니다. 자기를 반역하는 무리를 모조리 다 단숨에 처리하지 않으시고 일부에게는 기회를 주기로 하셨습니다. 저들도 마땅히 죽어야 하지만 그들이 당할 죽음을 메시아가 대신 죽게 하시는 방식으로 그들은 살리시고 끝까지 고집 피우며 돌이키지 않는 자들만 심판하시는 방식으로 자신의 통치권을 행사하실 것입니다. 자신의 죽음과 부활로 말미암은 구원과 진노로 인한 심판을 동시에 베푸는 심오하고도 특별한 통치권입니다. 하나님께서 시온에 세우실 왕의 그 특별한 통치권에 대해 스가랴 선지자도 유사한 말로 그 점을 밝혔습니다. **"시온의 딸아 크게 기뻐할지어다 예루살렘의 딸아 즐거이 부를지어다 보라 네 왕이 네게 임하나니 그는 공의로우며 구원을 베풀며 겸손하여서 나귀를 타나니 나귀의 작은 것 곧 나귀새끼니라 내가 에브라임의 병거와 예루살렘의 말을 끊겠고 전쟁하는 활도 끊으리니 그가 이방 사람에게 화평을 전할 것이요 그의 정권은 바다에서 바다까지 이르고 유브라데 강에서 땅 끝까지 이르리라"**(슥 9:9,10). 왕의 즉위식을 위해 예루살렘에 입성하실 때 나귀새끼를 타고 갈 만큼 겸손하시지만 온 세상을 주관하는 강력한 권세와 능력을 가졌을 뿐만 아니라 이방 사람에게 화평을 전하기도 하는, 즉 심판과 구원을 동시에 베푸시는 특별한 왕이시라는 말씀입니다.

그러면 그중에 죽음을 면하고 살아나 구원받을 자, 의인의 회중에 들어갈 사람은 누구인가 하는 것은 10절 이후에 나타납니다. 온통 반역자들뿐인 이 세상에서 어떤 자들에게는 자기의 진노를 드러내사 심판하실 것이로되 그 가운데 어떤 자들은 구원하실 것입니다. 그들은 그 아들에게 피하는 자, 여호와를 경외함으로 섬기고 떨며 즐거워하는 자들입니다. 그러나 오만하여 끝내 돌이켜 회개하지 않고 악인의 삶을 고집하는 자들에 대해서는 시온에 왕으로 세우신 메시아의 권세와 능력으로 철저한 멸망에 빠지게 할 것입니다. 율법을 범함으로 하나님께 반역자가 된 무리를 이같은 방식으로 처리하기로 하셨음을 밝히고 있습니다.

하나님의 통치 원리가 이와 같음을 아는 자는 복이 있습니다. 멸망을 피할 수 없는 죄인 된 처지라도 그 사실을 아는 자만이 그 무서운 하나님의 진노를 면할 길을 찾아 얻을 수 있기 때문입니다.

Chapter 3

그 아들에게 입맞추라

> 그런즉 군왕들아 너희는 지혜를 얻으며 세상의 관원들아 교훈을 받을지어다 여호와를 경외함으로 섬기고 떨며 즐거워할지어다 그 아들에게 입맞추라 그렇지 아니하면 진노하심으로 너희가 길에서 망하리니 그 진노가 급하심이라 여호와를 의지하는 자는 다 복이 있도다 (시 2:10-12)

온 세상 나라와 왕들이 반역 전쟁을 위해 열을 맞춰 늘어섰다는 2편 전반부의 묘사는 1편에서 밝힌 율법에 대한 자세와 연관된 말씀이었습니다. 율법 따르기를 거부하고 자기 생각과 고집대로 인생을 사는 자들은 하나님과 그의 메시아를 향하여 반기를 들고 일어나 대적하는 것과 같으며, 이것은 온 인류가 그 무리에 속해있다는 의미라 했습니다. 하나님은 그들에게 격노하시며 그 대책을 내어놓으셨습니다. 하나님은 율법을 올무와 결박쯤으로 생각하고 그 법을 지키기를 거부하며 반역하는 인류를 철저하고 완벽하게 보응하실 것입니다.

하지만 그 방식은 단순히 악인들을 처벌하는 것으로 끝나는 간단한 일이 아니었습니다. 하나님께서 반역자들을 심판하기 위해 보내신 왕은 시온에서 왕으로 세움받으실 터인데 신약성경은 특이하게도 예루살렘에서 죽으시고 부활하신 예수님이 이 예언의 성취라 하였습니다. 예수님이 죽으시고 부활하심으로 반역자들을 심판하는 왕으로 세움받았다는 사실은 하나님의 목적은 진노의 형벌만이 아니었다는 의미입니다. 진노만을 목적으로 했다면 굳이 메시아가 육신을 입고 이 땅에 오실 필요가 없었을 것입니다. 그가 죽으시고 다시 살아나야 할 필요도 없었을 것입니다. 메시아는 하나님의 대리통치자로 입증되신 후 죄인을 멸하시는 일 외에 다른 일도 하실 것이라고 합니다. 그중에 어떤 자들을 살리는 일입니다. 본문이 그 점을 가르칩니다. **"그런즉 군왕들아 너희는 지혜를 얻으며 세상의 관원들아 교훈을 받을지어다"**(10).

하나님의 진노가 인류 위에 예비되어 있으며 그 일을 메시아가 대리로 시행할 것이라는 사실을 밝힌 다음 이같이 말씀하심은 그 무서운 하나님의 진노를 어떻게 피할 수 있는지를 가르쳐주기 위함입니다. 심판과 멸망을 면할 길이 있으므로 이 교훈을 받아들여 그 길을 따라 감으로 진노를 면하는 것이 지혜로운 일이라는 것입니다. 이 말을 들어야 하는 대상이 달라진 것이 아닙니다. 1, 2편에서 지금까지 말해왔던 악인과 죄인, 반역하는 왕들과 관원들이 모든 인류였던 것처럼 "철장으로 저희를 깨뜨림이여 질그릇같이 부수리라"는 말씀대로 무서운 진노를 받아야 하는 자들도 마찬가지입니다. 모든 사람이 율법을 어김으로 말미암아 하나님의 통치를 거부했고 하나님께 반역의 죄를 꾀했습니다. 사람이 지킬 수 있든 없든 하나님의 법은 온 세상을 만드신 창조주의 통치 법칙이기 때문입니다. 그래서 하나님과 그의 메시아를 대항하여 반역을 저지른 인간은 하나님의 무서운 진노 중에 멸망 당할 수밖에 없습니다. 하나님을 반역한 대가는 영원한 멸망입니다.

그러나 본문은 죽어야만 하는 인류를 향하여 살아날 길이 있다고 선포합니다. 구원의 길을 열어 보여주는 것입니다. 온 인류가 반역죄로 인해 마땅히 받아야 할 하나님의 진노를 면하는 길이 있으니 지혜롭게 행하라, 교훈을 받으라고 강하게 명령조로 선포합니다. 참 지혜에 관하여, 교훈을 받아들여 진노를 면할 수 있는 길에 관하여 두 가지 측면에서 말씀하는 것입니다. 하나는 하나님께 대한 자세이고 다른 하나는 메시아께 대한 자세입니다.

첫째로 하나님께 대한 자세는 **"여호와를 경외함으로 섬기고 떨림 속에서 즐거워할지어다"**(11)라고 합니다. '경외함으로 섬기라'는 말은 하나님 무서운 줄 모르고 자기 뜻대로 살던 모든 것을 버리고 하나님을 두려워하는 가운데 그 통치에 순종하라는 것입니다. 하나님을 섬기는 것과 율법을 따르는 것은 다른 일이 아닙니다. 하나님의 말씀을 순종하는 것과 하나님의 통치를 받아들이는 일입니다. 그러므로 경외함으로 여호와를 섬기라는 말씀은 율법을 거룩한 두려움으로 믿으며 순종해야 한다는 말씀입니다. 얽어매고 속박하는 결박쯤으로만 생각하여 율법을 무시함으로 반역의 죄를 저질렀는데 지혜로운 모습은 그 말씀을 엄중히 여겨 묵상함으로 하나님을 섬기게 되어 있다는 것입니다.

그러나 이 "경외", 곧 하나님을 두려워함은 사람들이 폭군을 두려워하여 그의 말을 순종하는 것과는 전혀 다릅니다. 하나님을 두려워하는 경외는 즐거움에서 자발적으로 순종하는 것을 의미합니다. 하나님이 어떤 분이신지 알기 때문입니다. 즉 악인에게는 반드시 엄한 심판을 내리시지만 회개하는 자에게는 무한한 자비로 용서하시는 사랑과 인자의 하나님이심을 알기 때문입니다. 그래서 그의 말씀을 순종하되, 사랑과 공경의 자세로 기꺼이 순종하는 것입니다. 그것이 경외입니다.

후반부의 **"떨며 즐거워하라"**는 말씀이 그 의미를 보충합니다. 이 말씀은 단순히 그 앞에서 웃으라는 말이 아니라 하나님을 섬기는 자들에게 이런 자세가 나올 수밖에 없다는 것입니다. 참된 경건은 떨림과 기쁨이 함께 공존합니다. 하나님을 무서워만 하는 것도 아니고 하나님을 두려워함 없이 즐거워만 하는 것도 아닙니다. 참된 경건은 하나님을 두려워하는 동시에 즐거워하게 되어 있습니다. 어느 하나가 빠지면 하나님을 제대로 알고 있다고 할 수 없습니다. 어떻게 그렇게 되는지는 2편 말씀 중에 암시되어 있습니다. 하나님은 대리통치자 되신 메시아를 통하여 반역자들을 죽이게도 하실 만큼 능력과 위엄과 권세가 있으신 분이실 뿐만 아니라 그들 중 어떤 자들은 메시아가 대신 당하신 죽음과 부활을 통하여 살려주실 것이기 때문입니다.

하나님은 모든 반역자를 깨부술 수 있는 권세를 가지고 계신 분이시며, 두려움으로 자신을 섬기는 자들을 넉넉히 구원하는 자비를 함께 갖고 계신 분이심을 아는 자들만 여호와를 떨며 즐거워할 수 있습니다. 이 점은 신자로 하여금 방종과 절망을 동시에 몰아내는 역할도 합니다. 하나님을 마음씨 좋은 이웃집 아저씨처럼 단지 죄인을 용서하는 분으로만 알거나, 반대로 죄인을 가차없이 진멸시키는 분으로만 아는 것은 참된 믿음이 아닙니다. 하나님에 관한 진실을 바르게 아는 이들은 하나님을 떨며 즐거워하는 모습을 함께 가지고 있습니다. 그 말씀을 두려움으로 떨며 순종하면서도 동시에 자원하는 즐거움으로 따르려 하는 것입니다. 참 경건은 그 두 가지 요소가 마음속에 항상 같이 있는 특징을 보입니다.

둘째로 메시아께 대한 자세는 **"그 아들에게 입맞추라"**(12)고 합니다. 이 말씀은 자신의 아들을 온 세상의 통치자, 특히 너 자신의 통치자로 인정하라는 말입니다. 지금도 가톨릭에서 낮은 서품의 사제들이 높은 서품의 사제와 교황의 반지에 입을 맞추는 것이나, 간혹 영화에서 왕의 발에 입을 맞추는 것을 보면 알 수 있듯이 그것은 상대의 존귀함을 인정하고 복종하겠다는 표시입니다. 그런 모습을 예수님께 보여야 한다는 말입니다. 하나님께서 예수님에게 열방을 유업으로 주시고 온 세상의 통치자 삼으셨음을 인정하고 기꺼이 복종하며 사랑하라는 것입니다. 그것이 떨며 즐거워하는 마음으로 하나님을 섬긴다는 증거입니다. 하나님을 향한 바른 경건은 그 아들을 대하는 모습으로 확인됩니다.

이와 같은 하나님을 향한 참된 경건과 그 아들 예수 그리스도에 대한 올바른 믿음을 가진 사람이 반드시 멸망 당해야만 하는 온 인류 가운데서 구원받을 수 있습니다. 반역죄로 인해 마땅히 받아야 할 하나님의 진노를 모면할 수 있는 지혜로운 길입니다. 이 문제는 누구나 자기 인생에서 가장 우선으로 처리해야 하는 중대한 일입니다. **"그렇지 아니하면 진노하심으로 너희가 길에서 망하리니 그 진노가 급하심이라"**(12). "그 진노가 급하심이라"는 말씀은 문자적으로 '그의 진노가 얼마 있지 않아서 불같이 탈 것이라'입니다. 이는 메시아가 육신으로 이 땅에 오신 후에는 하나님이 불타는 진노를 내리실 날이 얼마 남지 않았다는 것입니다. 성경이 예수님께서 이 땅 위에 육신을 입고 오신 날부터 종말의 시작이라고 하신 점을 반영하는 말씀입니다. 메시아가 오신 날부터 심판은 이미 대기 상태에 들어갔습니다. 언제 하나님의 진노가 쏟아질지, 그 기간이 얼마나 남았는지 우리는 알지 못합니다. 종말이 임할 정확한 시간은 하나님께서 가르쳐주지 않으십니다(마 24:36; 42~44). 하나님께서 이같이 행하시는 크고 귀한 목적이 있습니다. 바로 성도들이 날마다 그날을 예비하며 살게 하기 위함입니다. 하루하루를 참 경건과 올바른 믿음으로 사는 것이 목적입니다. 데살로니가 교회를 향해 주신 교훈과 같습니다. **"형제들아 때와 시기에 관하여는 너희에게 쓸 것이 없음은 주의 날이 밤에 도적같이 이를 줄을 너희 자신이 자세히 앎이라 저희가 평안하다, 안전하다 할 그 때에 잉태된 여자에게 해산 고통이 이름과 같이 멸망이 홀연히 저희에게 이르리니 결단코 피하지 못하리라"**(살전 5:1~3).

주의 날이 "밤에 도적같이 이를 줄"이라는 말씀은 언제 올지 모른다는 데 초점이 있습니다. 언제 올지 모르는 도적을 대비하여 늘 문단속 하는 것을 당연하게 여기듯이 주의 날도 항상 예비하는 모습이 지혜롭다는 의미입니다. 반면에 "잉태된 여자에게 해산 고통이 이름과 같이 멸망이 홀연히 저희에게 이르리니"라는 말씀은 반드시 임한다는 데 초점이 있습니다. 도적은 평생 오지 않을 수도 있습니다. 하지만 잉태한 여인은 다릅니다. 비록 그 여인 역시 언제 출산할지 그 정확한 시간은 알지 못해도 분명한 점은 기한이 차면 반드시 출산하게 된다는 사실입니다. 언제 올지 모르는 도적 때문에 매일 문단속하는 것을 이상하게 여기는 사람은 없습니다. 잉태된 여인이 출산을 대비하며 사는 것은 지혜로운 일입니다. 진노의 날을 대비하는 성도도 마찬가지입니다. 주의 날은 언제 올지 모르는 도적처럼 이 땅에 임할 것이며 잉태한 여인이 출산하는 것처럼 반드시 이를 것이니 매일매일 그날을 대비하며 사는 것입니다. 이 사실을 아는 성도들은 이미 어두움에 속한 자들이 아닙니다. 이러한 의식으로 하나님과 그의 메시아를 향한 경건과 믿음을 갖추며 사는 것이 참된 지혜임을 교훈하고 있습니다.

하나님과 메시아에게 보여야 하는 자세를 속히 바로 가져야 합니다. 그러면 반역자들의 무리에 속해있었어도 살아날 길이 있기 때문입니다. 신속한 회개가 필요합니다. 율법의 말씀을 속박과 올무로만 여기고 자기 뜻만 고집하며 살던 반역자라도 메시아를 자신의 통치자요 온 세상의 참된 통치자로 인정하고 그에게 경의를 표하며 순종하기로 다짐하는 자는 예비된 진노에서 면제될 것입니다.

시편 2편은 결론적으로 이렇게 말씀합니다. **"여호와를 의지하는 자는 다 복이 있도다"**(12). 이 말씀에서 "여호와"로 번역된 말은 원문에서는 '그'라는 뜻입니다. '그를 의지하는 자는 다 복이 있도다'입니다. "여호와를"은 의역입니다. 12절이 그 아들 메시아와 관련해서 이야기하고 있다는 점을 고려하면 '그'는 하나님보다는 '메시아'로 보는 것이 더 자연스럽습니다. 그것이 성경 전체에서 주장하는 구원의 도리와 더 일치합니다. '의지한다'는 말은 '도피한다, 피난처로 삼다'는 말입니다. 그러므로 이 말씀은 '그에게 피하는 자, 예수 그리스도를 피난처로 삼는 사람은 복이 있다'는 말입니다. 복이 무엇인지에 대해 우리는 1편에서 이미 이야기했었습니다. 이 복은 '하나님 나라에 소속되어 가지는 행복과 만족'을 가리킨다고 했습니다. 그 복을 메시아에게 피하는 자가 가진다는 것입니다. 원래는 온 인류가 이 복을 받을 수 없었습니다. 모든 사람이 한결같이 율법을 무시하고 자기 생각과 자기 고집대로 살아 하나님을 반역하는 원수들이었기 때문입니다. 인류를 기다리는 것은 하나님이 불로 예비하신 임박한 진노뿐이었습니다. 하지만 하나님과 그의 메시아에 대한 바른 자세를 갖는 사람, 곧 메시아를 피난처로 삼는 사람은 진노를 면하고 복을 얻습니다. 참된 믿음은 진노를 시행하실 온 세상의 통치자를 오히려 자기의 방패요, 자기의 든든한 성으로 삼는 것과 같습니다. 그것만이 유일한 생존의 길이라는 말씀입니다.

시편 2편은 이와 같은 사실들을 밝혀놓은 시입니다. 돌아보면 1편에서는 하나님이 세상을 통치하시는 원리가 율법임을 알게 하셨습니다. 2편에서는 온 세상은 율법을 따르지 않음으로 모두 하나님과 그의 메시아를 반역하는 무리와 같으며 하나님은 특별한 방식으로 그들을 처리하신다는 것을 보여주었습니다. 아들을 역사 속에 보내사 죽으시고 부활하게 하심으로 자신의 대리통치자가 되게 하신 것입니다. 이는 반역자들에게는 심판의 무서운 진노를 쏟아부으실 것이나 그중에 하나님과 그의 아들에게 참된 경건과 믿음을 보이는 자들을 살리기로 하셨기 때문입니다.

1, 2편은 우리가 율법과 관련해 멸망 받을 수밖에 없는 죄인된 것과 우리가 그러한 처지에서 어떻게 진노의 멸망을 피하고 구원을 얻을 수 있는지를 전하고 있습니다. 하나님의 거대한 구원의 경륜에 대한 포괄적 서

술을 전체 시편의 서론으로 삼았습니다. 앞으로 살펴볼 각 시편은 이 구원의 역사를 자세히 설명하며 계시함으로 하나님의 백성들로 하여금 노래하게 할 것입니다.

말씀 묵상하며 시편찬송 부르기

시편찬송 듣기

어찌 열방 분내며

시편 2

HINTZE. 77.77.D.

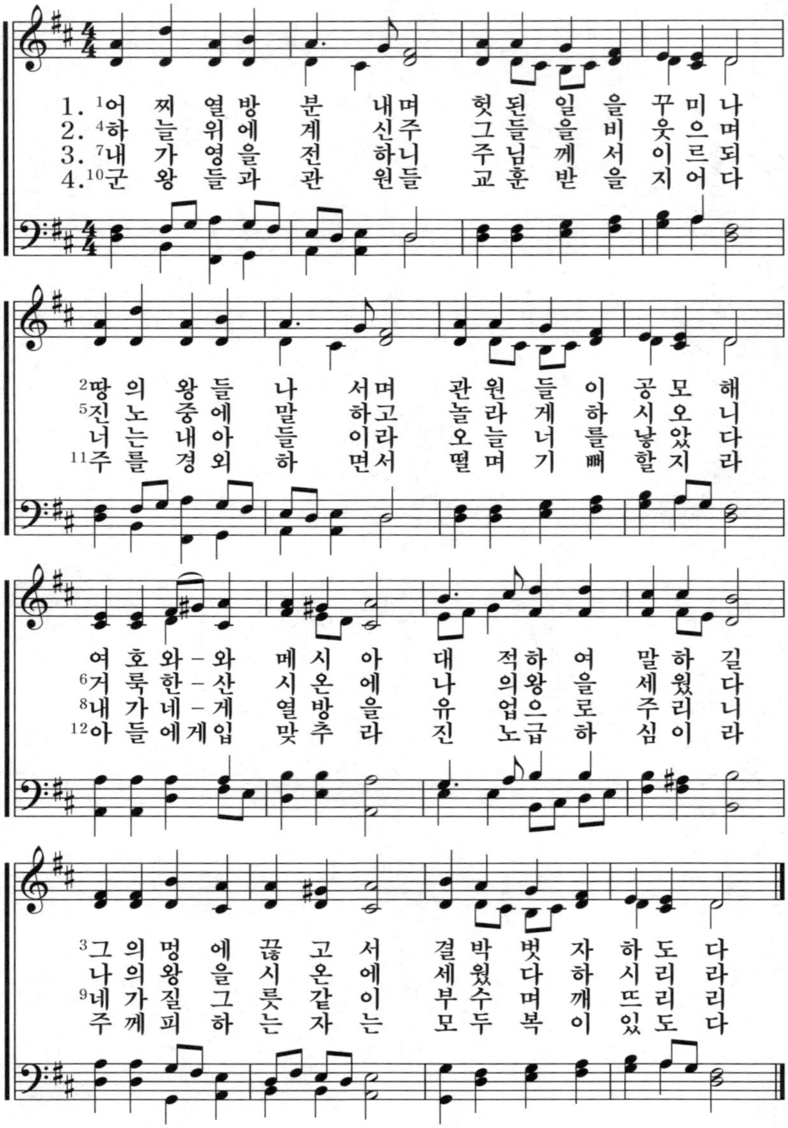

시편 3편

압살롬을 피할 때에
나의 대적이
주의 복을 주의 백성에게

Psalms

Chapter 1

압살롬을 피할 때에

여호와여 나의 대적이 어찌 그리 많은지요 일어나 나를 치는 자가 많소이다 (시 3:1)

시편 3편은 다윗이 아들 압살롬에게 목숨을 위협받아 급히 도망갈 때 지은 시입니다. 따라서 비참한 심정에서도 하나님을 의뢰하여 믿음을 지키는 모습이 돋보이며 성도들도 어려운 상황에 부닥쳤을 때 이 시편에서 은혜를 받고 힘을 얻으며 신앙의 지침을 삼기도 합니다. 시편에서 얻을 수 있는 큰 유익 중 하나입니다. 하지만 이 시편을 그렇게만 이해하고 넘어가는 것은 더 큰 의미를 놓치는 아쉬운 일입니다. 우리가 처음 시편을 공부할 때 시편도 각각 다른 것들을 의미 없이 배열해 놓기만 한 것이 아니라 문맥으로 형성되어 있으며 그렇게 볼 때 더 분명히 이해되고 더 깊은 의미를 찾을 수 있다고 했습니다.

   3편도 마찬가지입니다. 하나님의 통치 원리가 율법임을 드러낸 1편에 이어 2편에서는 열국의 왕들과 관원들이 힘을 합쳐 하나님과 그의 메시아에게 반역을 위한 전쟁을 벌이는 모습으로 그 율법을 어긴 자들의 실상을 알려주었습니다. 더 나아가 하나님께서는 반역자들을 손쉽게 처리하실 수 있으되 시온에서 메시아가 먼저 죽고 부활하는 특이한 방식으로 행하신다고 하였습니다. 온통 반역자들뿐인 가운데서 회개하는 자들을 구하시기 위한 하나님의 방편이었습니다. 3편은 그와 같은 내용과 깊은 연관이 있습니다. 특히 2편에서 여호와께서 **"나의 왕을 내 거룩한 산 시온에 세웠다"**(시 2:6)라고 하신 말씀과 관련된 내용을 더 깊이 밝혀줍니다. 그렇게 볼 수 있는 근거들이 암시되어 있습니다. **"그 성산"**(4)으로 번역된 '그의 거룩한 산'은 이 시의 배경이 2편과 같은 시온임을 알려주며, 성도의 죽음과 부활을 상징하는 "누워 자고 깨었으니"(5)라는 말씀도 마찬가지로 2편에서 중요하게 언급된 메시아의 죽음과 부활이라는 상황이 그대로 반영되어 있습니다. 또한 **"여호와여 나의 대적이 어찌 그리 많은지요"**(1)라는 말씀도 두 시편 사이의 연계성을 암시합니다. 여기서 '나의 많은 대적'은 단순히 어떤 성도와 적대 관계에 있는 사람들을 가리킬 수 없습니다. 다윗의 지위나 상황, 그가 당한 일과 어느 정도라도 일치하는 성도 개인이 얼마나 있겠습니까? 본문은 성도가 자신을 직접 다윗 입장에 두고 적용하기는 어렵습니다. 맥락 안에서 구체적인 의미를 찾아야 합니다. 1, 2편의 흐름을 따르면 '많은 대적'은 하나님과 그의 메시아를 대적하는 열방과 민족, 군왕들과 관원들밖에 없습니다. 곧 율법을 어긴 인류 전체를 의미하는 것입니다. 온 세상을 창조하신 하나님의 통치 원리인 율법을 따르지 않는 자들이 곧 하나님과 메시아의 대적들입니다.

그러면 '나의 많은 대적'이라고 할 때 '나'는 누구입니까? 3편에서만 볼 때는 다윗이라 할 수 있겠으나 이 또한 흐름에 비추어 보면 그는 메시아입니다. 2편에 의하면 많은 대적들의 반대편에 서 있는 이는 두 분밖에 안 계십니다. '여호와와 그의 메시아'(시 2:2)입니다. 그런데 여기서 '여호와여'라고 부르고 있으므로 여기의 '나'는 메시아가 되는 것입니다.

이와 같은 점들은 3편을 단순히 다윗이 당한 처절한 고난의 현실에만 의미를 두지 못하게 합니다. 오히려 메시아의 어떤 면을 드러내려는 목적을 중심에 둔 시라고 할 수 있습니다. 다윗의 경험을 바탕으로, 다윗의 입을 빌려 지어진 시이나 그것이 전부가 아니고 메시아의 통치와 관련해서 뭔가를 이야기하려고 했다는 것입니다. 그 점은 이 시편의 제목처럼 붙여놓은 **"다윗이 그 아들 압살롬을 피할 때에 지은 시"**라는 구절에서도 확인됩니다. 압살롬이 아버지 다윗을 죽이려고 덤비는 상황 자체가 2편의 내용과 상응합니다. 압살롬을 상대하는 다윗의 자세가 일반적으로 제국의 왕들이 반역자들을 대하는 태도와 크게 다르기 때문입니다. 그 점을 사무엘하에서 볼 수 있습니다.

압살롬은 다윗의 여러 아내 중 그술왕 달매의 딸 마아가의 아들이었으며 발바닥부터 정수리까지 흠이 없는 완벽한 아름다움을 갖춘 자였다고 할 정도로 용모가 준수하였습니다(삼하 14:25). 그러나 행실은 순전하지 않았습니다. 어느 날 여동생 다말이 이복 오라비 암논에게 강간당한 후 버림받게 되자 원한을 품고 기회를 엿보다가 암논을 죽이고 외가인 그술로 도주합니다. 왕가에서 형제를 죽인, 그것도 맏형을 죽인 일은 죽임을 면치 못할 중죄이지만, 다윗은 오랫동안 그술에 피해 있는 압살롬을 못 이기는 척 다시 불러들입니다. 압살롬은 겉으로는 부친의 용서를 기뻐하는 듯하였으나 곧바로 아버지에 대한 반역을 준비합니다. 사병을 조직하고 백성들에게 부친 다윗왕에 대한 불신을 조장하며 이스라엘 사람들의 마음을 도적질하다가 때가 되었다고 느꼈을 때 반란을 일으킵니다. 이스라엘 제일의 모사 아히도벨을 자기편으로 끌어들이고 온 나라를 선동하여 군대를 일으켜 아버지를 치러 예루살렘으로 진격하였습니다. 다윗이 압살롬을 섭섭하게 한 일은 없었습니다. 오히려 막중한 죄까지 용서해 주며 큰 은혜를 베풀어 주었습니다. 그런데도 아버지 다윗을 치러 예루살렘으로 올라가는 것입니다.

다윗은 그 반란 소식을 듣고 황급히 도망할 수밖에 없었으며 그를 따르는 사람들은 압살롬에게 붙은 자들에 비하면 얼마 되지 않는 적은 숫자였습니다. 다윗을 따르는 자들에게는 그야말로 사생결단이 필요했습니다. 그때 하나님께서 후새를 통하여 아히도벨의 모략을 지연시키지 않으셨다면 다윗은 목숨을 보장받지 못했을 것입니다. 그런 반란군을 뒤로 하고 급히 도망가야 했던 다윗의 비참함에 대해 성경은 **"다윗이 감람산 길로 올라갈 때에 머리를 가리우고 맨발로 울며 행하고 저와 함께 가는 백성들도 각각 그 머리를 가리우고 울며 올라가니라"**(삼하 15:30)고 기록하고 있습니다. 거기에 모자라 압살롬은 부친의 후궁들을 백주에 강간하였습니다. 이제 이스라엘의 왕은 자기라는 표시였으며 왕권을 자기가 물려받았다는 시위였습니다.

이런 사건을 어떻게 봐야 하느냐 할 때 김성수 목사님은 압살롬의 악행에 대한 다윗의 태도가 어딘지 석연치 못하다는 점에 주목해야 한다고 말합니다.[3] 일반적인 제국의 왕이라면 자기를 반역하는 무리를 제거하는 데 있어서 참으로 냉철할 것입니다. 자기 아들이라도 단호히 처형시켜서 왕권을 세우는 것이 일반적입니다. 그런데 다윗은 그렇지 않았습니다. 다윗은 비행을 일삼고 반역을 저지른 압살롬에 대해 신하들의 신뢰를 잃을 정도까지 우유부단하게 대했습니다. 압살롬을 맞아 싸우러 나가는 장수들에게 **"소년 압살롬을 너그러이 대접하라"**(삼하 18:5)고 말하는가 하면, 결국 그가 전투 중에 죽었다는 소식을 듣고서는 통곡하되 **"내 아들 압살롬아 내 아들 내 아들 압살롬아 내가 너를 대신하여 죽었더면, 압살롬 내 아들아 내 아들아"**(삼하 18:33)라고 울부짖으므로 다윗 자신을 위해

---

3   김성수, 『시편설교 1 ; 복 있는 사람은』(마음샘, 2005), p.98~106.

전쟁에 나가 싸우고 온 장수들을 무안하게 만들었습니다.

김성수 목사님은 이런 모습은 한 나라의 통치자요, 또한 일평생 전쟁으로 잔뼈가 굵은 용사였던 다윗으로서는 어딘가 합당치 않다는 느낌을 피할 수 없다고 하면서 다윗이 이렇게 할 수밖에 없었던 이유가 있는데 그것은 이 비참하고 불행한 일들이 전부 다윗 자신이 범한 무서운 죄 때문에 초래된 일임을 그가 알았기 때문이었다고 합니다. 그 부분을 길게 인용해 보면 이렇습니다.

'하나님의 백성 이스라엘을 위하여 목숨을 걸고 전장에 나가 싸우는 장군 우리아, 비록 헷족속 출신이나 그 믿음이 깊고 진실하여 다윗이 자신의 죄를 감추기 위해 아내와 동침하도록 유도하였을 때 하나님의 궤가 진중에 머무르는데 내가 어찌 집에서 편히 자며 아내와 동침하겠는가 하고서 왕궁 문간에서 밤을 지내고 일찍 다시 전쟁터로 달려간 그 충직한 우리아를, 하나밖에 없는 아내를 빼앗은 것만으로도 모자라서 적의 수중에 떨어지게 하여 적군의 화살에 비참하게 죽게 만든 그 악랄하고 간교하고 더러운 죄악 때문에 빚어진 일이었습니다. 그래서 선지자 나단이 하나님의 보내심을 받아 그의 죄를 지적하고 책망하였습니다. **"어찌하여 네가 여호와의 말씀을 업신여기고 나 보기에 악을 행하였느뇨 네가 칼로 헷 사람 우리아를 죽이되 암몬 자손의 칼로 죽이고 그 처를 빼앗아 네 처를 삼았도다 이제 네가 나를 업신여기고 헷 사람 우리아의 처를 빼앗아 네 처를 삼았은즉 칼이 네 집에 영영히 떠나지 아니하리라 하셨고 여호와께서 또 이처럼 이르시기를 내가 네 집에 재화를 일으키고 내가 네 처들을 가져 네 눈앞에서 다른 사람에게 주리니 그 사람이 네 처들로 더불어 백주에 동침하리라 너는 은밀히 행하였으나 나는 이스라엘 무리 앞 백주에 이 일을 행하리라 하셨나이다"**(삼하 12:9~12). 그래서 다윗은 장자 암논이 이복 누이 다말을 범하였다는 소식을 들었을 때 자신이 충직한 우리야의 아내 밧세바를 범하고 빼앗은 악행을 생각하지 않을 수 없었습니다. 압살롬이 형을 살해하였다는 소식을 들었을 때 패역한 자식을 책망하여 벌하기 전에 자신이 충직한 우리야를 억울하게 죽게 한 죄악을 생각하지 않을 수 없었습니다. "칼이 네 집에 영영히 떠나지 아니하리라"고 하신 말씀을 기억하지 않을 수 없었습니다. 죄를 짓고 먼 그술 땅으로 도주하여 외가에서 지내는 압살롬을 생각하고서 그의 악함에 진노하기 전에 이 모든 불행이 자신의 죄악을 인하여 빚어진 것을 떠올리지 않을 수 없었습니다. 아비로서 자식의 악한 성품과 행실을 바로 잡아야 할 책임과, 자신의 죄악이 이런 불행을 초래한 것에 대한 양심의 가책 사이에서 그는 수없이 번민하였을 것입니다. 압살롬에 대하여 유약한 태도를 취한 것은 다윗의 마음에 바로 이런 생각이 있었기 때문입니다. 이 모든 일이 자신의 죄악 때문에 초래된 것을 잘 알고 있었기 때문이었습니다. 압살롬이 전사하였다는 소식을 듣고서 "내 아들 압살롬아 내가 너를 대신하여 죽었다면, 압살롬 내 아들아"라고 통곡할 수밖에 없었던 것은 그 불행한 일들이 자기 죄로 인하여 초래된 것을 알았기 때문이었습니다. "내가 죽어야지 왜 네가 죽었느냐, 참으로 죽어야 할 자는 이 애비이지 네가 아니야"라는 절규였던 것입니다.

김성수 목사님은 시편 3편이 처음에 "다윗이 그 아들 압살롬을 피할 때에 지은 시"라는 설명을 덧붙인 것은 이 시편이 이런 정황에서 나온 내용임을 고려하여 이해할 것을 일깨우기 위함이라고 말합니다. 이는 우리가 시편 3편을 어떻게 이해해야 하는지와 관련해 큰 도움을 줍니다. 곧 이 시편은 단순히 반역자를 쉽게 처벌하는 강력한 왕의 입장이나 패역한 자식으로 인해 목숨을 위협받는 비통한 심정의 연약한 아버지 입장만을 단편적으로 드러내려는 의도가 아니라는 점입니다. 앞에서 언급한 여러 근거와 함께 다윗이 압살롬에게 당한 일은 장차 메시아가 당하실 일을 예표한 것입니다. 특히 2편에서 예수님의 십자가 죽음과 부활을 가리키는 구절로 확인된 **"내가 나의 왕을 내 거룩한 산 시온에 세웠다 하시리로다"**(시 2:6)라는 말씀과 깊이 연관되어 있습니다. 메시아는 이와 유사하지만 보다 더 비통한 일을 경험할 것입니다. 패역한 백성들의 죄로 인해 목숨을 잃는 비참한 일입니다. 그것이 메시아 통치의 일부입니다. 물론 메시아가 비참한 일을 당하시는 이유는 다윗과 같지 않습니다. 오직 반역자 중에서 하나님의 은혜로 회개하고 돌아오는 죄인을 대신하여 형벌 받기 위함입니다. 죄 없으신 분이 마치 자기가 죄를 지은 것처럼 악인들의 죄를 홀로 뒤집어쓰고 형벌을 받으실 것입니다. 그 일은 사랑하는 자식의 죄로 인해 목숨을 위협받는 다윗의 비통한 심정과 매우 닮았습니다. 아들이 아버지를 죽이려고 칼을 들고 덤비는 것과 같은 사나운 꼴을 메시아가 당하는 것입니다. 이스라엘 대다수가 반역자의 무리에 속하여 다윗을 죽이려 했던 것과 같이 온 인류가 메시아를 대적하여 죽일 것입니다. 그러나 하나님은 그 일을 통하여 메시아가 하나님이 보내신 왕이실 뿐 아니라 구원과 심판의 주인이심을 분명히 드러내실 것입니다. 그와 같은 관점에서 이 시편을 이해하고 묵상하여 우리 믿음을 견고히 하는 토대로 삼아야 하리라는 의미가 이 시편 첫 줄에 담겨 있습니다. 단순히 문자적으로 확인된 내용을 통해서도 우리에게 주어지는 교훈과 은혜는 참으로 큽니다. 하지만 이처럼 메시아와 관련된 의미에서 교훈을 얻어 믿음을 확고히 하는 은혜를 잃는다면 그건 가장 큰 은혜를 놓치는 결과가 아닐 수 없습니다.

하나님이 왕으로 보내신 메시아가 왜 십자가의 죽음과 부활로 이루어지는 기묘한 왕의 즉위식을 가져야 했는지, 그때 메시아는 어떤 심정에서 어떤 믿음으로 무엇을 기도하며 그 일을 당하셨는지를 확인하고 '그 아들에게' 입맞추고(시 2:12) 구원에 이르는 믿음을 견고히 하는 것이 우리가 가장 우선적으로 확인해야 할 진리이자 가장 큰 은혜입니다. 마지막 절까지 이어지는 내용은 그 점을 더욱 분명히 알게 합니다.

Chapter 2

나의 대적이

많은 사람이 있어 나를 가리켜 말하기를 저는 하나님께 도움을 얻지 못한다 하나이다(셀라) (시 3:2)

앞 과에서 시편 3편은 2편과 밀접하게 연결된 시임을 몇 가지 근거를 통해 살펴보았습니다. "다윗이 그 아들 압살롬을 피할 때에 지은 시"라는 표제도 그 근거 중 하나로 메시아가 당하실 십자가 죽음이 가진 의미가 무엇인지를 내다보게 하는 의미로 볼 수 있었습니다. 그와 같은 시각은 본문에서도 확인됩니다.

"**여호와여 나의 대적이 어찌 그리 많은지요 일어나 나를 치는 자가 많소이다**"(1). 이 구절만 독립적으로 보면 대적들에게 둘러싸여 궁지에 몰린 다윗의 상황만 드러나나 1편부터 이어지는 흐름에 따르면 이 시의 화자(話者)는 메시아이심을 알 수 있습니다. 2편에서 많은 대적이 반역을 일으킨 대상은 여호와와 그의 메시아인데(시 2:2), 3편은 여호와께 자기 대적에 관해 말씀드리고 있기 때문입니다. 여호와와 대적들 사이에 계신 분은 메시아밖에 없습니다. 그러므로 이 시는 다윗이 당한 곤란한 일을 통해 메시아가 죄인들에게 받는 고난을 예표하고 있음을 기억해야 합니다.[4] 그 시각으로 3편을 살펴 나가야 합니다.

그렇게 볼 때 본문에서 우선 눈에 띄는 점은 메시아의 권세가 가진 특성이 단순치 않다는 점입니다. 2편에서는 반역자들을 향하여 하나님이 진노를 발하시되 시온에 그의 아들을 왕으로 세우시고 열방을 유업으로 주사 철장으로 반역자들을 깨뜨리며 질그릇같이 부술 통치 권세를 주시겠노라고 하셨습니다. 그러나 본문은 2편의 메시지와는 달리 메시아가 그 통치를 실현하는 데 있어서 곤란을 느끼는 것처럼 보입니다. 마치 메시아가 대적들을 이길 힘이 없는 것 같습니다.

하지만 메시아가 먼저 죽고 부활하는 것이 하나님의 뜻이었습니다. 대적들을 향한 하나님의 진노를 처리하기 위해 세움받으신 메시아가 도리어 그들에게 둘러싸여 목숨을 위협받습니다. 강력한 하늘 왕권으로 땅의 반역자들을 부수려고 보냄받은 왕의 모습으로는 얼핏 어울리지 않아 보이나 그것이 하나님의 뜻입니다. 그 뜻을 다윗이 당한 일을 통해 예표하고 있습니다. 아들이 아버지를 죽이려고 역모를 꾀하는 것과 같이 사나운 꼴을 메시아가 당할 것입니다. 이스라엘 대다수가 반역자의 무리에 들어가 아비와 같은 다윗 왕을 죽이려 했던 것과 같이 메시아는 온 인류가 죽이려 덤벼드는 것과 같은 일을 당할 것입니다. 그렇게 하신 것은 율법에 불순종하므로 하나님의 통치에 반역한 온 인류를 전부 몰살시키지 않

---

4 성도들이 이 시편을 대할 때는 다윗이 당하는 곤란한 일에 자신의 고통스런 상황을 직접 대입하며 큰 위로를 얻곤 한다. 성경을 통해 얻는 은혜는 무한하여 때로는 한 단어를 통해서도 낙심을 이길 수 있는 위로를 얻기도 하며 평생을 소망 중에 살아갈 힘을 주기도 한다. 성도는 그 복을 누리면서 다른 한편 이처럼 문맥을 통해서 확인된 더 깊은 의미를 깨닫는 데서 은혜와 진리를 추구해야 할 것이다. 그것이 성도의 영적 생존을 가장 적절하게 돕기 때문이다.

고 회개하고 돌아오는 어떤 자들은 살리기 위함이었습니다. 그래서 메시아가 단지 진노의 철장으로만 이 땅에 오지 않으시고 자신이 먼저 죽고 부활하는 방식으로 왕위에 오르신 것입니다.

그것이 3편이 메시아의 통치를 나타내려는 목적에도 불구하고 첫 시작이 힘없는 통치자처럼 그려진 이유입니다. 메시아의 통치는 단순히 율법을 범한 사람들을 심판하는 것만으로 이루어져 있지 않습니다. 그의 통치는 양면성이 있습니다. 하나님의 대리통치자 되시어서 온 세상을 다스릴 그분은 하나님의 뜻을 받들어 세상을 통치하시되 율법을 어긴 자들, 세상을 자기 뜻대로만 살아가려고 했던 오만한 자들을 진노하여 부수는 것만이 그의 임무가 아닙니다. 분명히 그 일을 수행하실 것이나 그전에 다른 할 일이 있습니다. 자기에게 피하는 자를 구원하시는 것입니다. 그 일은 자신이 직접 죽고 부활하심을 통하여 이루어질 것입니다. 회개하는 백성의 죄를 자기의 것처럼 여기고 그들이 당해야 할 죽음을 먼저 당하실 것입니다. 반역자들을 처단하시기 전에 그에게 피하는 자들의 구원을 위해 먼저 죽으셔야 했던 것입니다. 하나님이 보내신 왕으로 시온에서 세움 받으신 메시아가 이처럼 마치 대적들을 이길 힘이 없는 것처럼 고백하는 이유는 그 때문입니다. 그것이 메시아 권세의 특징입니다.

그러나 그와 같은 목적으로 죽임당하는 메시아는 사람들에게 오히려 조롱과 비방을 받으실 것입니다. **"많은 사람이 있어 나를 가리켜 말하기를 저는 하나님께 도움을 얻지 못한다 하나이다"**(2).

자신들을 대신해 당하는 죽음인데도 사람들은 그의 죽음을 비웃고 조롱한다는 것입니다. 아들의 위협으로 비참한 심정으로 쫓겨 가는 다윗의 불행을 보고서 그를 미워하던 자들이 보인 행태와 유사합니다. 다윗이 압살롬에게 쫓겨 갈 때 사울 가문의 시므이라는 사람은 다윗 일행에게 **"피를 흘린 자여 비루한 자여 가거라 가거라 사울의 족속의 모든 피를**

여호와께서 네게로 돌리셨도다 그 대신에 네가 왕이 되었으나 여호와께서 나라를 네 아들 압살롬의 손에 붙이셨도다 보라 너는 피를 흘린 자인고로 화를 자취하였느니라"(삼하 16:7,8)고 하며 돌을 던지며 저주하였습니다. 이는 전혀 근거가 없는 비방이었습니다. 사울 가문의 몰락은 사울 자신의 불순종 때문에 하나님께서 친히 그 왕위를 박탈하셔서 생긴 일이었지 다윗과는 상관이 없었습니다. 오히려 사울이 하나님께서 왕으로 세우신 다윗을 죽이려 했고 다윗은 그저 도망 다닐 뿐이었습니다. 더 나아가 아무리 다윗이 자신의 죄로 인해 하나님께 징계받아 일어난 일이라고 해도 그건 하나님과 다윗의 문제이지 압살롬이 그 아비 다윗을 죽이려고 하는 일이 정당화되지는 않습니다. 압살롬의 반역이 나쁠 뿐 다윗이 시므이에게 비방받아야 할 이유는 없었습니다. 그런데도 악의에 찬 시므이는 죽음의 위기에 처한 다윗을 부당하게 비방하였습니다.

이 일은 십자가 위에 달리신 예수님을 향해 사람들이 했던 말에서 성취되었습니다. "성전을 헐고 사흘에 짓는 자여 네가 만일 하나님의 아들이어든 자기를 구원하고 십자가에서 내려오라 하며 그와 같이 대제사장들과 서기관들과 장로들과 함께 희롱하여 가로되 저가 남은 구원하였으되 자기는 구원할 수 없도다 저가 이스라엘의 왕이로다 지금 십자가에서 내려올지어다 그러면 우리가 믿겠노라 저가 하나님을 신뢰하니 하나님이 저를 기뻐하시면 이제 구원하실지라 제 말이 나는 하나님의 아들이라 하였도다 하며 함께 십자가에 못박힌 강도들도 이와 같이 욕하더라"(마 27:40~44). 하다못해 자기들의 죄악이 들통나 잡혀 와 사형당하는 강도들까지도 이 비난에 동참했습니다. 죄인들을 전멸시키지 않기 위해 대신 죽어주는 것임에도 그 사랑을 알지 못하고 무지하고 악의에 찬 비방과 조롱을 퍼붓고 있습니다. 그런데도 예수님은 그 죽음을 회피하지 않으셨습니다. 이처럼 메시아의 죽음은 자기들을 위한 죽음인줄 알지도 못하고 오히려 비방하는 자들을 위해서 죽어주는 기이한 죽음이었습니다. 하나님께도 버림받고, 사람들에게도 버림받는 죽음입니다. 본문은 그 점을 밝혀줍니다. 이사야는 그 점을 이렇게 예언하였습니다. **"그는 실로 우리의 질고를 지고 우리의 슬픔을 당하였거늘 우리는 생각하기를 그는 징벌을 받아서 하나님에게 맞으며 고난을 당한다 하였노라"**(사 53:4). 억울하다, 억울하다 해도 이처럼 억울한 죽음은 없을 것입니다. 그런 죽음임에도 메시아는 죄없이 하나님께 버림받으며 죽음의 목적인 사람에게도 비방받는 억울한 죽음을 피하지 않고 기꺼이 감수할 것이라는 의미가 여기에 담겨 있습니다.

메시아가 당하는 죽음은 단순히 육신의 죽음이 아니라 실제로 죄에 대한 진노로 하나님께 버림받는 본질적이고 영적인 죽음입니다. 예수님이 십자가 처형을 앞두고 보이신 모습은 언뜻 보면 이상하게 느껴질 수 있습니다.

> 아버지여 만일 아버지의 뜻이어든 이 잔을 내게서 옮기시옵소서 그러나 내 원대로 마옵시고 아버지의 원대로 되기를 원하나이다(눅 22:42)
>
> 예수께서 힘쓰고 애써 더욱 간절히 기도하시니 땀이 땅에 떨어지는 핏방울 같이 되더라(눅 22:44)

간혹 순교자나 용맹한 어떤 사람이 의연하게 죽음을 맞이하기도 하는 것에 비해 이 구절은 예수님께서 죽음을 무서워하는 것처럼 보입니다. 그러나 예수님이 육신의 죽음을 모면하고자 애쓰는 것이 아닙니다. 이 말씀은 예수님께서 단순히 사람들이 겪어야 하는, 육체의 숨이 끊어지는 그 죽음을 두려워하는 모습을 나타내지 않습니다. 십자가 앞에서 고통 중에 드린 이 기도는 예수님이 당하실 죽음이 더 본질적인 죽음이기 때문입니다. 메시아로서 당하실 죽음은 육체의 죽음을 넘어서 하나님의 진노를 한 몸에 받는, 하나님의 진노가 그에게 모두 쏟아지는 영적이고 본질적인 죽음임을 알려주고 있습니다.

예수님께서 십자가에서 **"나의 하나님, 나의 하나님 어찌하여 나를 버리셨나이까"**(마 27:46; 막 15:34)라고 소리치신 것은 육체의 죽음이 두려워서라거나 형벌로 인한 육체적 고통을 못 이겨서가 아닙니다. 그가 당하신 죽음은 영혼이 하나님께 버림받는 진정한 죽음이기 때문입니다. 원래는 사람들이 당해야 하는 죽음입니다. 하나님의 진노를 받고 하나님에게서 완전히 끊어지는 것입니다. 그러나 믿는 자는 육신이 죽을 때도 그 본질적인 죽음을 맛보지 않을 것이기에 우리는 본질적인 죽음의 비참함과 고통의 정도를 다 이해할 수는 없습니다. 천국의 영광을 우리가 다 모르듯이 죽음의 고통과 비참함도 우리는 잘 모릅니다. 사랑의 본체이시며, 영원부터 영원까지 오직 사랑과 의와 신뢰 가운데서 일체로 존재하셨던 분이 성부께 버림받으며 진노를 당한다는 것이 얼마나 큰 고통이실지는 타락한 우리로서는 그저 짐작만 할 뿐입니다. 분명 사람이 마음으로 느끼는 고통과 상처를 한 컵의 물로 비유한다면 예수님의 고통은 바다와 같을 것입니다. 죽음이 그런 것이기 때문에 메시아가 죽음을 앞두고 번민하셨던 것입니다. 우리는 그 고통의 깊이를 다 알지 못하나 그것을 아셨던 예수님은 땀방울이 핏방울이 되도록 그 일을 위해 기도하셨던 것입니다.

그와 같은 죽음을 암시하고 있다는 점은 **"나를 가리켜"**(2)라는 말에도 암시되어 있습니다. 우리말 성경은 단순히 '나를 가리켜' 말한다고 되어 있으나 원문은 '내 목숨에, 내 생명의 본질을 가리켜' 말한다는 뜻입니다. 원수들은 악의에 차서 비난을 퍼붓고 있으나 메시아는 그들의 말이 의미하는 죽음의 본질을 겪을 것을 암시하고 있습니다. 원수들이 보기에 도망가는 다윗은 이제 더 이상 하나님의 은총을 받지 못하는 자처럼 보였을 것입니다. '하나님의 마음에 합한 자'라는 평을 하나님께 들었던 다윗이 그렇게 보인 적이 있었던 것입니다. 하나님은 다윗에게 그런 험악한 일을 허용하셨습니다. 그 일을 통해 시편 2편은 메시아가 훗날 시온에서 왕으로 등극하실 때 당하실 죽음이 그런 성격임을 암시합니다. 메시아는 하나님께서 진노를 쏟아붓는 특별하고도 본질적인 죽음을 기꺼이 맞이하실 것이요, 그러면서도 그 죽음의 목적이자 사랑의 대상이 되는 자들에게는 사랑과 호의 대신 비방과 조롱을 당하실 것입니다. 세상의 통치자로 오시는 메시아가 땅에서 먼저 하실 일은 그와 같은 죽임을 당하는 것이라고 시편 기자는 우리에게 전하고 있습니다.

메시아는 먼저 세상에서 연약한 자처럼 보일 것입니다. 하나님께 버림받는 죽음을 대적들에게 둘러싸여 비방과 조롱 속에 당할 것입니다. 세상의 통치자로, 온 세상의 반역자들을 처형하실 권세를 가지신 그분은 처음엔 이처럼 힘없고 연약하고 세상의 권세에 굴복당하는 것처럼 보일 것입니다. 그것이 그에게 피하는 자들, 그 아들에게 입맞추는 자들을 구원하는 유일한 길이기 때문입니다. 먼저 그들을 구원하신 후 때가 되면 심판의 창을 들 것입니다. 이방인의 수가 다 채워지면 그 창으로 남은 반역자들을 모조리 심판하실 것입니다. 회개하지 않고, 그 아들의 죽음을 힘입어 하나님께 나아오지 않는 자들을 영원한 죽음에 던질 것입니다. 그 과정을 겪어야 하므로 메시아의 행로가 처음엔 험해 보일 것이라고 시편은 오래전에 다윗을 통해서 예언해 놓았던 것입니다. 아직 강력한 그리스도의 나라가 오지 않았음에도 불구하고 우리가 믿음과 거룩과 진리를 버리지 않아야 하는 것은 이 때문입니다.

Chapter 3

주의 복을 주의 백성에게

여호와여 주는 나의 방패시요 나의 영광이시요 나의 머리를 드시는 자니이다 내가 나의 목소리로 여호와께 부르짖으니 그 성산에서 응답하시는도다(셀라) 내가 누워 자고 깨었으니 여호와께서 나를 붙드심이로다 천만인이 나를 둘러치려 하여도 나는 두려워 아니하리이다 여호와여 일어나소서 나의 하나님이여 나를 구원하소서 주께서 나의 모든 원수의 뺨을 치시며 악인의 이를 꺾으셨나이다 구원은 여호와께 있사오니 주의 복을 주의 백성에게 내리소서(셀라) (시 3:3~8)

3편은 다윗이 그 아들 압살롬을 피할 때 있었던 일을 통해 메시아가 십자가에 못 박혀 죽으실 때의 일을 예표하고 있습니다. 율법을 어긴 모든 인류를 심판하실 왕을 하나님이 보내시되 자신이 먼저 시온에서 죽는 기이한 방식으로 왕위에 오르신다고 한 말씀을(시 2:6; 행 5:30,31; 행 13:30~33) 구체적으로 밝히는 것입니다. 1, 2절에서는 메시아 왕권이 단순치 않다는 사실과 메시아의 죽음은 그가 대신 죽어주는 사람들에게도 환영받지 못하되 대신 조롱과 비난만 받는 비참한 죽음임을 알려주었습니다.

본문은 그같이 고통스러운 상황에서 메시아는 어떻게 하셨는지를 예표합니다. **"여호와여 주는 나의 방패시요 나의 영광이시요 나의 머리를 드시는 자니이다"**(3). 이 고백의 의미를 이해하기 위해서는 다윗의 상황을 염두에 두어야 합니다. 다윗이 압살롬의 반역으로 도망갈 때 다윗 일행을 시므이가 부당한 말로 저주하자 다윗 곁에 있던 장수들은 심히 분개하며 죽이고 오겠다고 허락을 구합니다. 하지만 다윗은 오히려 그들을 만류하며 그가 저주하는 것은 하나님께서 친히 나를 징계하시는 것이니 굳이 피하지 않겠다는 뜻을 밝힙니다. **"내 몸에서 난 아들도 내 생명을 해하려 하거든 하물며 이 베냐민 사람이랴 여호와께서 저에게 명하신 것이니 저로 저주하게 버려두라 혹시 여호와께서 나의 원통함을 감찰하시리니 오늘날 그 저주 까닭에 선으로 내게 갚아 주시리라"**(삼하 16:11,12). 표면적으로는 시므이가 나를 억울하게 저주하는 것이지만 이 일은 하나님께서 허락하신 일이니 하나님께서 친히 처리해 주시기만 바라며 자신은 기꺼이 그 저주를 받겠다는 것입니다. 이 불행의 원인이 자신의 죄 때문임을 아는 다윗은 하나님의 징계하심에 순종하고자 하였습니다. 오직 하나님께서 시므이의 저주를 들으시고 징계가 족하다고 여기시며 혹시 긍휼히 여기사 진노를 그치시기를 바랄 뿐이었습니다.

　　메시아도 마찬가지입니다. **"여호와여 주는 나의 방패시요 나의 영광이시요 나의 머리를 드시는 자니이다"**라는 고백은 메시아가 여호와 하나님을 전적으로 의지하며 영광과 소망을 하나님께만 두고 있음을 보여줍니다. 십자가 죽음을 계획하신 분이 여호와 하나님이심에도 메시아는 여호와가 나를 보호하는 방패 되심과, 여호와가 자신의 가장 귀하고 빛나는 가치와 지위가 되시며, 또 자신을 수치스러운 죽음에서 일으키사 왕의 보좌에 다시 앉게 하실(왕하 25:27,28) 분이심을 고백합니다. '내가 지옥의 형벌을 대신 받는 죽음을 당해야 할지라도 이 일이 회개하는 죄인을 구하기 위해 하나님께서 계획하신 일이라면 기꺼이 감당할 것이며 하나님은 그러한 나를 이 죽음에서 영원히 망하지 않게 날 지키실 것을 믿나이다. 여전히 하나님은 내 존재의 가장 빛난 영광이시요, 나를 일으켜 약속하신 왕위에 앉힐 분이심을 전혀 의심치 않나이다'라는 뜻입니다. 다윗이 하나님께 징계받는 그때에도 하나님 외에 다른 사람에게 구원을 기대하지 않고 하나님의 긍휼만을 바랐던 것처럼, 메시아는 십자가의 처절한 죽음 앞에서 오직 하나님만 의지하며 하나님이 자신의 영광되심을 잊지 않고 하나님을 향한 소망을 잃지 않았습니다.

메시아의 그와 같은 호소에 여호와 하나님은 응답하셨습니다. 하나님께 직접 아뢰는 호소나 간구의 형식인 앞뒤의 구절(시 3:1~3; 7~8)과 달리 4~6절은 여호와를 3인칭으로 호칭하며 메시아가 자신에게 일어난 일을 설명합니다. **"내가 나의 목소리로 여호와께 부르짖으니 그 성산에서 응답하시는도다"**(4). "응답하시는도다"는 문자적으로 '응답하셨도다'입니다. 메시아가 자신이 처한 상황에 관하여 여호와께 다 아뢸 것이며 하나님은 거기에 반드시 응답하시리라는 선언입니다. 응답의 장소는 '그의 성산'입니다. "성산", 곧 거룩한 산은 2편에서 메시아가 죽으심으로 하나님이 보내신 왕이라는 사실이 증거되는 곳입니다. 여호와께서 그 거룩한 산에서 응답하십니다. '성산에서 응답하셨다'는 사실은 이 구절을 단순히 다윗에게만 해당하는 경우로 한정하여 볼 수 없게 합니다. 2편에서 거룩한 산을 하나님 통치권의 중심이자 메시아가 왕으로 세움 받는 시온이라 했기 때문입니다. 다윗이 압살롬을 피해 도망갈 때 오른 산은 '감람산'이었습니다(삼하 15:30). 예수님도 십자가에 못 박히시기 전날 밤 유월절 만찬을 드신 후 제자들과 함께 감람산에 오르셨습니다(마 26:30). 전에도 습관을 따라 자주 오르던 산이었지만(눅 22:39) 그날은 다윗이 도망가던 날의 상황과 너무도 닮았습니다. 거기서 잡히신 후 다음 날 십자가에 못 박히셨습니다. 그런 점에서 이 구절은 다윗이 왕의 신분으로 아들에게 목숨을 잃을 뻔한 절체절명의 위기 속에 도망가야 했던 상황을 통해 메시아가 시온에서 십자가에 못 박혀 죽으심으로 왕위에 오르는 일을 예표하는 것으로 볼 수 있습니다. 주님께서 사람들의 죄를 대신하여 십자가를 지고 죽임을 당하실 때 하나님께 간절한 기도를 드리셨고 하나님은 메시아의 기도에 응답하실 것이 너무도 분명하다는 뜻입니다. 이 말씀대로 하나님은 메시아가 십자가를 지신 그곳에 함께 계셨으며 메시아의 기도를 들으시고 응답하셨습니다.

여호와 하나님의 응답으로 메시아는 십자가 죽음을 당하실 때 부활을 확신하셨습니다. **"내가 누워 자고 깨었으니 여호와께서 나를 붙드심이로다"**(5). '내가 누워 잤더니 깨어났습니다. 왜냐하면 하나님께서 나를 계속 붙들고 계셨기 때문입니다'라는 뜻입니다. 이 구절은 다윗이 절체절명의 위기 속에 도망가던 그날의 경험을 배경으로 합니다(삼하 17장). 일행이 요단강에 이르렀을 때 다윗은 모두가 지친 것을 보고 거기서 하룻밤을 자고 다음 날 강을 건너 도망가려고 했습니다. 그때 이스라엘의 제일가는 모략가로 압살롬 편에 가담했던 아히도벨은 사태를 정확히 파악하고 당장 군대를 모아 다윗의 뒤를 쫓아가면 오늘 밤 안에 다윗을 죽일 수 있다고 압살롬에게 제안했습니다. 그러나 하나님께서 그 모략을 막으셨습니다. 압살롬이 아히도벨보다 다른 사람의 의견을 더 좋게 여기게 하였습니다. 다윗의 신복인 후새가 압살롬에게 돌아선 것처럼 위장하고 있다가 위기의 순간에 낸 계략을 따르게 합니다. 다윗이 궁지에 몰렸기 때문에 지금 쫓아가면 싸움에 능한 다윗이 독기를 품고 달려들어 이쪽의 피해만 늘고 다윗은 죽이지 못할 것이니, 일단 오늘 밤은 느슨하게 쉬게 해주고 날이 밝으면 쫓아가 방심하고 있을 때 치면 죽일 수 있으리라고 조언했습니다. 다윗에게 피할 시간을 벌어주게 하려는 의도로 꾸민 거짓 계략이었습니다. 그런데 압살롬이 이 의견을 더 좋게 여기고 이 의견을 따릅니다. 이에 따라 다윗은 전갈받은 대로 그날 밤에 요단강을 건너 목숨을 구하게 되고 나중에 용사들을 모아서 압살롬을 이기게 됩니다. 가장 뛰어난

지략가였던 아히도벨은 자기 의견이 무시되자 집으로 내려가 생을 마감합니다. 다윗은 그날 밤 위기를 모면하고 나서 하룻밤 누워 자고 깨는 것조차 저절로 이루어지는 것이 아니라 하나님의 은혜가 아니면 안 되는 일이라는 사실을 깨달았습니다. 하나님께서 그날 밤에 후새를 통하여 압살롬의 생각을 어둡게 하지 않으셨다면 자기는 죽은 목숨이었을 것이라, 하나님께서 자기를 죽음에서 살려주셨다는 고백입니다.

이와 같은 고백을 통해 본문은 메시아가 하나님의 은혜로 죽음에서 부활하게 될 것을 말합니다. 다윗은 이후에 있을 메시아의 부활까지도 미리 알았고 하나님 백성들의 믿음을 위해 이 시편을 기록한 것입니다.[5] 그 점은 '잠 잔다'는 말씀에 암시되어 있습니다. 성경은 성도의 죽음을 잠으로 묘사합니다(왕상 1:21; 행 7:60). 성도는 죽은 것으로 끝나지 않고 다시 깨어나 하나님 나라에서 영원히 살 것이기 때문입니다. 그런 점에서 다윗은 하룻밤 자고 일어나는 문제를 통해 메시아의 죽음과 부활을 예표했습니다. 메시아가 하나님과 사람에게 버림받는 십자가의 처절한 죽음 앞에서 모든 것을 하나님께 맡기고 간절히 호소하며 기도하셨고 하나님은 그 기도에 응답하시어 메시아를 붙드사 죽음 가운데서 다시 살아나게 하셨다는 말씀입니다. 메시아는 십자가 죽음을 대하실 때 이처럼 부활에 대한 확신도 가지고 계셨습니다.

더 나아가 메시아는 이 죽음과 부활을 통하여 자신의 왕권이 확립된다는 사실을 알리십니다. **"천만인이 나를 둘러 치려 하여도 나는 두려워 아니하리이다"**(6). 이 구절은 다윗이 그날 하룻밤을 무사히 자고 깨어

---

5 "그는 선지자라 하나님이 이미 맹세하사 그 자손 중에서 한 사람을 그 위에 앉게 하리라 하심을 알고 미리 보는 고로 그리스도의 부활하심을 말하되 저가 음부에 버림이 되지 않고 육신이 썩음을 당하지 아니하시리라 하더니"(행 2:30,31).

난 후에 이제는 그 어떤 권세와 세력도 하나님이 함께하시는 자기를 온전히 해하지 못한다는 사실을 분명히 깨달았음을 담대하게 고백하는 내용입니다. 죽을 수밖에 없었던 그날 밤을 무사히 자고 깨어난 경험에서 하나님께서 자신의 왕권을 굳게 붙들고 계시는 은혜를 깨닫고, 이제는 아무리 강력한 나라나 왕들이 자기를 대적해도 하나님께서 붙드시니 절대 왕권을 잃지 않으리라는 확신을 갖게 된 것입니다. 이 점은 성도된 우리도 믿음으로 동참해야 할 고백입니다. 하지만 본문의 주된 목적은 메시아 왕권의 예표입니다. 다윗은 하나님의 은혜로 죽을 수밖에 없었던 그날 밤을 무사히 자고 일어난 경험에서 자신의 왕권의 든든함을 고백하였으나, 메시아가 죽음에서 부활하신 일이야말로 하나님이 세우신 강력한 왕임을 선포하고 있다는 것입니다. 하나님의 응답을 통하여 "누워 자고 깨었으니", 곧 죽음에서 부활하셨으니 이제 하나님께서 자신을 끝까지 붙드시는 참된 왕이라, 강하고 담대한 왕으로 세움 받았다는 사실이 입증되었다는 의미입니다. **"성결의 영으로는 죽은 가운데서 부활하여 능력 있는 하나님의 아들로 인정되셨으니 곧 우리 주 예수 그리스도시니라"**(롬 1:4)는 말씀과 같습니다. 2편에서 하나님과 메시아를 대적한다고 했던 열방과 군왕들은(시 2:1~3) 율법을 어긴 죄인들을 가리켰습니다. 하나님은 그의 왕을 보내서 저들을 철저히 심판하실 것이며(시 2:9) 그 왕은 하나님 권세의 중심지인 시온에서 죽으시고 부활하심으로 자신의 신분을 드러낼 것입니다(시 2:6). 메시아는 그처럼 기이한 방식으로 하나님의 권위를 입은 심판주로 입증되실 것입니다. 누구도 그 왕권을 침해할 수 없습니다. 앞에서도 몇 가지 근거를 통해 이 시편은 단순히 다윗만의 신앙고백으로 그칠 수 없음을 확인한 것처럼 이 구절 또한 메시아의 특별한 면을 노래하고 있습니다. 따라서 "천만인이 나를 둘러 치려 하여도 나는 두려워 아니하리이다"라는 다윗의 이 담대한 고백이 메시아께 적용될 때는 이처럼 메시아가 부활 후에 강하고 담대한 왕으로 세움 받으실 것을 확신하고 있다는 의미입니다. 잡히시던 날 밤 겟세마네에서 기도하시다가 **"세 번째 오사 저희에게 이르시되 이제는 자고 쉬라 그만이다 때가 왔도다 보라 인자가 죄인의 손에 팔리우느니라 일어나라 함께 가자 보라 나를 파는 자가 가까이 왔느니라"**(막 14:41,42)라고 단호하게 말씀하실 수 있었던 것은 이와 같은 확신이 기반이 되었기 때문이라 할 수 있을 것입니다.

대속을 위한 심판의 죽음 한 가운데서 그와 같은 확신을 가지신 메시아는 이제 다시 여호와께 직접 아뢰어 구합니다. 먼저 자신을 죽음에서 부활하게 해주시기를 구합니다. **"여호와여 일어나소서 나의 하나님이여 나를 구원하소서 주께서 나의 모든 원수의 뺨을 치시며 악인의 이를 꺾으셨나이다"**(7). "여호와여 일어나소서"라는 표현은 '하나님께서 이 전쟁에 참여하사 승리를 주소서'라는 표현입니다. 하나님께서 전투에 참여하시면 그 전투는 승리가 확실합니다. 다윗이 죽을 수밖에 없던 위기의 밤을 무사히 넘기고 잠에서 깨어난 일을 통해 이제는 여호와께서 자기 왕권을 견고하게 붙들고 계신다는 점을 확인한 후 담대함을 가지고 앞으로 있게 될 모든 일도 하나님께서 다스려 주시기를 구하는 것입니다. 지금까지 여호와께서 모든 원수와 악인을 친히 앞장서서 처리해 주셨던 사실을 많이 봐왔던 다윗은 그것을 근거로 하나님께 그와 같은 간구를 드릴 수 있었을 것입니다. 그와 유사하게 메시아도 심판의 죽음을 당할 때 확신 가운데 여호와께 부활을 의뢰하는 내용입니다. 죄인들을 위하여 자기를 죽음의 자리에 들어가게 하신 분도 하나님이시요, 또한 그 죽음에서 건지실 분도 하나님이심을 알고 자신을 죽음 가운데서 건져 주시기를 구하는 기도입니다. 메시아는 하나님의 그 구원을 이미 확신하고서 부활을 위해, 그리고 앞으로 이어질 하나님 나라의 왕권을 위해 기도하셨습니다. 물론 그 구원은 단지 자신의 부활 자체가 목적이 아니었습니다. 부활을 통해 이루어질 죄인들의 구원이 근본 목적이었습니다.

그 다음 메시아는 주의 백성들을 위해 기도합니다. **"구원은 여호와께 있사오니 주의 복을 주의 백성에게 내리소서"**(8).[6] 시편에서 "주의 백성"이라는 말은 여기서 처음 나옵니다. 어떤 자들이 주의 백성입니까? 시편의 흐름을 따라 보면 이렇습니다. 1편에서 주의 백성이라 불릴 자는 율법을 순종함에 있어서 전혀 흠이 없는 자라고 할 수 있습니다. 그 점에 비추어 보면 1편에서는 주의 백성이라고 할 만한 자가 아무도 없다는 것을 확인할 뿐이었습니다. 그래서 2편의 시작은 세상의 열방과 민족들이 하나님과 메시아의 대적들이라고 하였습니다. 인류 중 그 누구도 하나님의 백성이 될만한 자가 없었습니다. 그러나 2편 후반부에서는 **'여호와를 경외함으로 섬기고 떨며 즐거워하는 자, 그 아들에게 입 맞추는 자, 메시아를 의지하는 자가 복이 있도다'**(시 2:11,12)라고 함으로써 그들에게 율법을 온전히 순종한 것과 같은 의미를 부여하였습니다. 곧 주의 백성은 율법을 어김으로 심판받을 반역자였더라도 회개하고 돌아와 자신을 메시아께 맡기며 여호와 하나님을 떨며 즐거워함으로 섬기는 자라는 것입니다. 그들이 주의 백성입니다. 그들에게 구원의 복이 임하기를 비는 것입니다.

죽음에 처한 메시아의 상황과 관련된 호소와 기도에서 갑자기 주의 백성에게로 시선이 옮겨가고 있는 것이 무슨 의미입니까? 이 구절이 3편에서 결론적인 부분이라는 점을 염두에 둘 때 이 말씀은 메시아의 궁극적

---

[6] 이 구절의 "복"은 시편 1:1의 "복"이라는 말과 히브리어로는 다른 단어다. 1:1의 "복"은 '애쉐르'(אֶשֶׁר)로 '하늘 영광에 동참함으로 갖게 되는 기쁨이나 만족'을 의미하는데 여기 "복"은 우리가 흔히 '축복'이라고 말하는 '베라카'(בְּרָכָה)가 사용되었다. '복을 준다', '복을 빈다', '선물' 같은 의미다. 복을 주는 행위나 비는 것에 초점이 맞추어져 있다. 사람이 하나님을 향해 이 단어를 사용할 때는 '송축하다'라는 뜻을 가진다.

인 목적이 무엇인지를 알게 해줍니다. 그것은 회개하는 죄인들이 구원받는 것입니다. 곧 메시아 자신이 십자가 형벌을 당해 죽어야 하는 이 일은 그저 하나님의 무능이나 무관심 때문에 억울하게 당하는 일이 아니라 심판으로 멸망 받아야 할 인류 중에서 회개하는 자들을 구원하여 하늘 영광으로 인도하기 위함임을 알고 그 은혜를 구하는 것입니다. 자신이 당한 십자가의 죽음과 부활을 내세워 저 회개하는 자들을 살려주시라는 청원입니다. 회개하여 주의 백성된 자들을 구원함이 그가 고통 가운데 죽음을 당하면서 호소하며 부활을 구하는 유일한 목적입니다. "주의 복을 주의 백성에게 내리소서"라는 기원은 예수님께서 십자가 위에서 마지막 순간 "다 이루었다"(요 19:30)고 외치신 말씀 속에 포함되어 있습니다. 여기서 예표되었던 일이 십자가 위에서 실제로 이루어졌으며 회개하는 죄인을 구원하기 위한 모든 대가가 완전하게 처러졌다는 것입니다. 메시아가 굴욕적인 십자가를 지고 비참한 죽음을 당하시되 하나님의 명령을 따라 절대적인 순종과 신뢰와 확신을 가지고 그리하셨던 단 하나의 목적, 곧 주의 백성들을 구원하시려는 의도가 십자가 위에서 완전히 성취되었습니다. 그 점을 시편 3편에서 미리 보여주고 있습니다.

말씀 묵상하며 시편찬송 부르기

주여 나의 대적이

시편 3

NEW BRITAIN, C.M

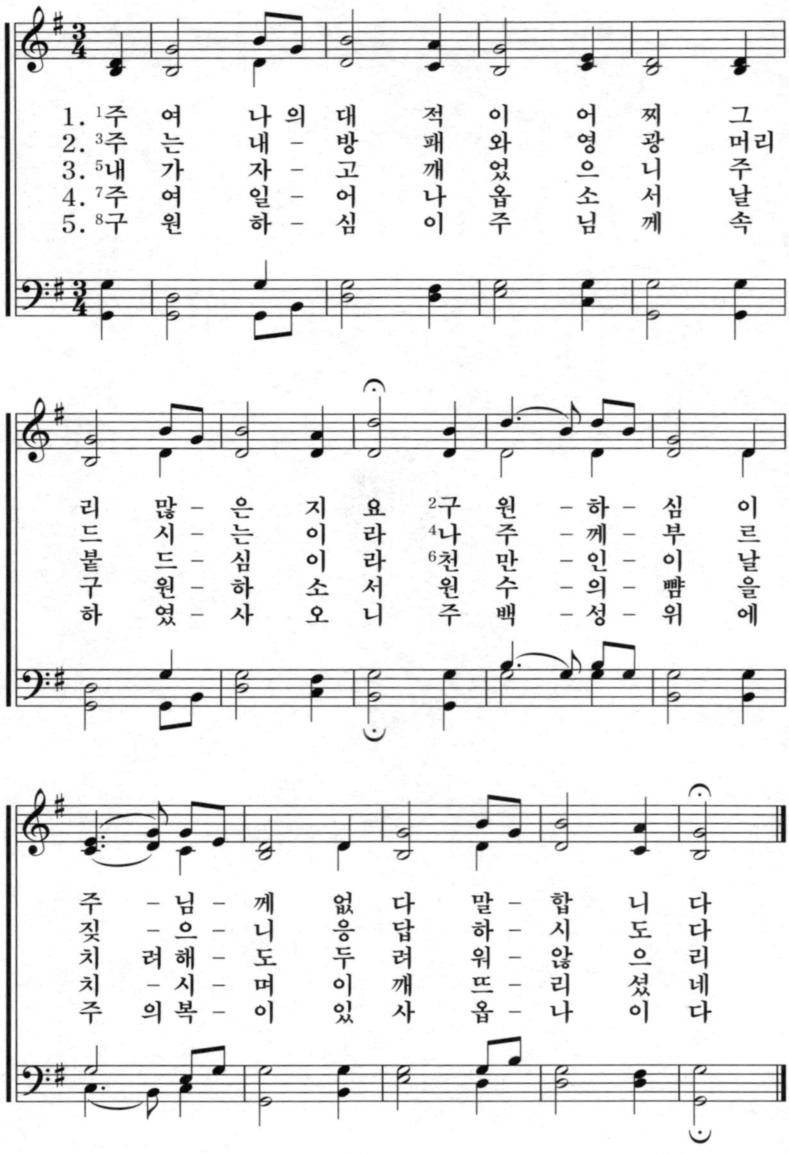

시편 4편

의의 제사를 드리고
내 마음에 두신 기쁨

Psalms

Chapter 1

의의 제사를 드리고

내 의의 하나님이여 내가 부를 때에 응답하소서 곤란 중에 나를 너그럽게 하셨사오니 나를 긍휼히 여기사 나의 기도를 들으소서 인생들아 어느 때까지 나의 영광을 변하여 욕되게 하며 허사를 좋아하고 궤휼을 구하겠는고(셀라) 여호와께서 자기를 위하여 경건한 자를 택하신줄 너희가 알지어다 내가 부를 때에 여호와께서 들으시리로다 너희는 떨며 범죄치 말지어다 자리에 누워 심중에 말하고 잠잠할지어다(셀라) 의의 제사를 드리고 여호와를 의뢰할지어다 (시 4:1~5)

시편 3편은 메시아가 극한 고통의 십자가 죽음을 기꺼이 당하시며 부활을 구하시되 궁극적으로 주의 백성들의 구원을 위하여 그리하신다는 점을 예표하는 내용이었습니다. 이어지는 4편도 유사한 흐름으로 다윗이 곤란 당할 때 하나님께 드린 기도와 자기를 해하려 하는 자들을 향한 호소로 구성되어 있습니다. 4편 역시 십자가의 죽음을 앞둔 상황이라는 점에서는 3편의 내용과 다르지 않습니다. 그리고 화자가 메시아라는 점에서도 3편과 동일하다고 하겠습니다. 다윗의 입을 통해 말한 것이지만 그 본질적 내용은 메시아의 심정이라고 이해해야 한다는 것입니다. 4편의 요점이 단지 다윗 개인의 고백으로만 그치지 않는다는 근거는 본문 안에서도 발견됩니다. "내 의의 하나님이여"라는 호칭이나 자기를 "경건한 자"라고 여기게끔 하는 말이 그것입니다. 왜냐하면 3편에서 확인한 것처럼 다윗은 자기가 당하는 고난이 자기 죄 때문임을 인식하고 있기 때문입니다 (삼하 18:33)[7]. 의로우신 하나님 앞에 자유롭게 나아간다거나 자기를 경건한 자로 자신 있게 소개하는 말들은 이 시편이 오직 다윗 개인의 고백으로만 보기 어렵게 합니다. 뒤에 가면서 확인되겠지만 그 말들은 이 시편이 메시아를 가리키는 내용임을 암시합니다. "내가 평안히 눕고 자기도 하리니"(8)라는 말씀도 마찬가지입니다. 이미 시편 3:5에서 "누워 자고 깨었으니"라는 말씀이 메시아의 죽음과 부활을 예표한다는 점을 확인했습니다. 이러한 점들이 시편 4편을 단지 다윗 개인의 경험과 고백으로만 보기는 어렵게 합니다. 오히려 생명과 왕권이 위협받는 다윗의 상황을 통해 십자가 형벌을 앞둔 메시아의 기도와 호소가 어떤지를 예표한다고 할 수 있습니다.

그 기도를 "내 의의 하나님이여"라는 말로 시작합니다.[8] 의로우신 하나님께서 보시기에 불편함이 없을 정도의 의를 본인이 갖고 있음을 전제로 하는 말입니다. 다윗을 비롯한 신자들의 기도라면 이 말씀은 "나를 의롭다고 여기시는 하나님" 정도의 의미가 될 것입니다. 믿음으로 말미암아 얻은 의로움을 근거로 삼아 이렇게 말할 수 있습니다. 그러나 현재의 문맥은 율법을 지켜야만 의인으로 인정되며(시편 1편), 회개치 않은 자들은 심

---

[7] 시편 3:1절 설교, "압살롬을 피할 때에" 참고.
[8] "영장으로 현악에 맞춘 노래"라는 말은 '성전의 찬송을 맡은 레위인 수장에 의해 주도되었고 현악 반주에 맞춰 부른 노래'였다는 의미이다. 다윗은 성전을 건축하기 위한 모든 준비를 하면서 성전에서 일할 제사장의 규모만큼 찬송하는 자들도 같은 비중을 두고 섬기게 하되 레위인 중에서 음악 잘하는 사람, 곧 하나님의 법과 음악에 능통한 자들을 통하여 하나님께 올릴 찬송을 주도하게 하였다. 그 사람을 '감독자'나 '지휘자'라는 뜻의 "영장"이라 부르며 그들의 주도로 이와 같은 계시의 찬송이 불렸다.

판받을 수밖에 없는 상황에(시편 2편) 메시아가 십자가에 못박혀 죽는 일에 관하여(시편 3편) 말씀하는 중입니다. 4편은 그와 관련하여 더욱 구체적인 메시지를 전하고 있습니다. 그런 점에서 이 구절은 비록 다윗의 입을 통해 나온 말이지만 십자가의 고난을 앞에 둔 메시아의 기도와 권면을 가리키는 말씀으로 볼 수 있습니다. 그렇게 보면 이 구절은 '온전히 의로우시되 나의 완전한 의를 인정해 주시는 하나님'께 아뢸 말씀이 있다는 것입니다. 메시아만 가능한 조건입니다. 의로운 자의 말을 들으시는 하나님께 메시아는 자신의 의로움을 근거로 호소할 수 있습니다.

"내가 부를 때에 응답하소서 곤란 중에 나를 너그럽게 하셨사오니 나를 긍휼히 여기사 나의 기도를 들으소서"(1). "너그럽게 하셨사오니"라는 말은 '넓게 하다, 광대하게 하다'라는 뜻입니다. 원수들에게 당하는 고난과 재앙에서 벗어나 하나님의 평안과 권세를 누리도록 인도하셨다는 말씀입니다(시 18:17~19; 31:8 참고). 기도를 부탁할 근거를 밝히고 있습니다. '내게 왕권을 허락하시고 지금까지 어떤 어려움 속에서도 그 왕권을 유지할 수 있도록 인도하신 하나님께 십자가의 죽음을 앞두고 부르짖으오니 긍휼히 여기사 응답하여 주옵소서, 기도 들어 주옵소서'라는 정도의 의미입니다. 다윗은 자신이 사랑하는 아들의 반역으로 생명과 왕권을 위협받는 절체절명의 순간에 하나님의 은혜로 구원을 얻은 일을 통하여 메시아가 당하실 죽음 앞에서 하나님께 이와 같은 기도로 나아가셨음을 알았습니다.

그럼, 그 기도의 내용은 무엇입니까? 1절에서 그처럼 하나님께 기도 들어주시라고 한 후 기도의 내용을 곧바로 말하지 않고 사람을 향한 권면이 이어집니다. 2~5절은 인생들을 향한 메시아의 권면을 말씀하고, 여호와 하나님을 향한 기도는 6절 이후에 본격적으로 나타납니다. 이같은 구조는 두 가지 사실을 알게 합니다. 하나는 이 시편의 화자가 하나님께 기도하는 인물인 동시에 사람들에게는 명령할 수 있는 존재라는 점이요, 또 하나는 인생들을 향한 권면이 궁극적으로 하나님을 향한 기도의 일환이라는 점입니다. 하나님께 기도한다면서 인생들에게 직접 말하는 형식입니다. 이 내용이 하나님께 드리는 기도인 동시에 사람에게는 엄중한 의미로 받아들이라는 의도라고 할 수 있습니다. 하나님께 구하는 내용이 인생들에게는 명하여 지키게 하는 내용인 것입니다. 인생들에게 명령한 일이 이루어지기 위해 하나님께 기도하는 것입니다.

"인생들아 어느 때까지 나의 영광을 변하여 욕되게 하며 허사를 좋아하고 궤휼을 구하겠는고"(2). "인생들"은 '사람의 아들들'이라는 뜻으로 '인류 전체'를 가리킵니다. 전체 인류를 향하여 말하는 것입니다. 그들은 구체적으로 **"나의 영광을 변하여 욕되게 하며 허사를 좋아하고 궤휼을 구하"**는 자들입니다. 2편에서 **"민족들이 허사를 경영하는고"**(시 2:1)라고 했던 말씀을 상기시킵니다. 그때 하나님과 메시아의 대적들이 그 일을 한다고 했는데 여기서 그 말을 반복하면서 '인생들아'라고 하는 것은 그 민족들과 관원들이 사실은 '인류 전체'였다는 것입니다. 반역의 태도를 드러냈던 범위가 단지 다윗에게 반역한 일부 무리가 아니라 실은 모든 인간이었음을 암시합니다. 율법을 거부함으로써 처하게 된 인류의 상황을 비유하기 위해서 나라들이 전쟁을 벌이려고 도열해 있는 모습을 비유로 사용했지만 엄밀히 말하면 인류 전체가 하나님을 대적하는 무리요, 하나님을 대적하려고 줄지어 서 있는 군대와 같다는 뜻입니다. 이 시가 메시아의 기도와 권면을 나타낸다는 사실을 여기서도 확인할 수 있습니다.

그들을 향하여 **"어느 때까지 나의 영광을 변하여 욕되게 하겠느냐"**고 합니다. 메시아의 영광과 그 지위에 대적하는 일, 곧 하나님의 율법을 무시하며 '헛된 것을 사랑하고 거짓을 추구함으로' 왕되신 메시아를 조롱하는 일을 언제까지 계속하겠느냐는 것입니다. 그들이 "허사를 좋아하고 궤휼을 구하는" 것이 메시아의 영광을 욕되게 하는 것입니다. '허사와 궤휼'은 의인의 회중에 들게 하지 못하는 거짓된 대상이나 교훈을 가리킵니다. 여호와와 그의 메시아, 그리고 하나님이 내신 율법을 대신하는 무엇입니다. 하나님 대신 그것을 사랑하고 따르는 인류를 이처럼 허사를 좋아하고 궤휼을 구하는 어리석은 자들로 묘사하고 있습니다.

하지만 메시아는 단순히 그들에 대해 비난만 하지 않습니다. 정죄가 목적이 아닙니다. 이어지는 구절은 심판밖에 받을 것 없는데도 그 길을 고집하는 죄인들을 돌이켜 구원하려는 의도로 주시는 권면입니다. 멸망으로 치닫고 있는 전체 인류의 고집을 안타깝게 여기시며 그들이 구원받을 수 있는 길을 알려주십니다. 3절부터 5절까지가 그에 관한 권면입니다. 각 절마다 명령형의 단호한 말들로 죽음의 심판을 면할 길을 가르쳐 주시는 것입니다.

먼저, 인생들이 알아야 할 것을 말씀합니다. **"여호와께서 자기를 위하여 경건한 자를 택하신 줄 너희가 알지어다 내가 부를 때에 여호와께서 들으시리로다"**(3). "경건한 자"는 창조자요 구원자이신 하나님께 그 이름에 합당한 순종과 경배를 드리는 일에 부족함 없이 올바르다고 인정받는 사람입니다. '택하셨다'라는 말은 현저한 지위에 구별하여 세우셨다는 뜻의 단어입니다. 이 구절은 일차적으로 다윗을 구별하여 왕위에 세우신 일에 적용되는 것처럼 보입니다. 하지만 후반부를 보면 이 구절의 대상은 메시아에게 집중됩니다. "내가 부를 때에 여호와께서 들으시리로다", 곧 무슨 말이든 여호와께 아뢰면 들어주실 수밖에 없는 자입니다. 자신의 경건함으로 하나님께 이러한 대우를 받을 수 있는 분은 메시아 외에는 없습니다.[9] 물론 이런 속성이 나중에 가면 성도된 자들 모두에게로 확장되는 것은 사실입니다만 그것은 예수님의 이름을 통해서만 가능한 일이며 근본적으로는 메시아에게 해당되는 일입니다. 하나님께서 자기를 위하여 택하신 자가 바로 메시아이며, 하나님은 메시아의 말이라면 무슨 말이든 다 들으시는 분이심을 너희가 분명히 알라는 뜻입니다. 이는 메시아를 온 세상을 심판할 권세자로 세우리라 하셨던 사실과 연결됩니다(시 2:6,12). 메시아는 반역한 인류 전체의 생명을 주관할 권세를 쥐고 있는 분이심을 기억해야 한다는 의미입니다. 하나님은 온전히 경건한 자, 곧 메시아가 말씀드리는 대로 각 사람에게 구원이나 심판을 시행하실 것입니다. 메시아는 사람들이 그 점을 제일 먼저 갖춰야 할 지식임을 강조하십니다. 명령형으로 말씀하신 이유가 그것입니다. 메시아 되신 예수님은 하나님께 반역한 인류 전체를 용서할 수도 있고 심판할 수도 있는 권세를, 사람들의 생명에 대한 전권을 허락받으신 분이심을 반드시 기억해야 한다는 말씀입니다.

그 점은 두 번째 명령과 깊은 연관이 있습니다. **"너희는 떨며 범죄치 말지어다 자리에 누워 심중에 말하고 잠잠할지어다(셀라)"**(4). "떨며 범죄치 말지어다"라는 말씀은 "떨라, 범죄치 말라"라는 명령형 구조로 철저히 죄를 멀리하라는 의미입니다. 메시아의 권세가 무엇보다 인생들의 죄와 관련되어 발휘될 것임을 알게 합니다. 메시아가 여호와께 의인을 구원하고 죄인을 심판해주시라고 청을 드리면 여호와는 반드시 그대로 이루어지게 하실 것이므로 사람은 철저히 죄를 짓지 않으려 해야 한다는 것입

---

9 하나님께서 자기 말을 들어주실 만큼 의와 경건에서 부족함이 없음을(시 4:1,3) 주장하는 시편 저자와 불경건과 불의로 인한 하나님의 진노가 모든 사람에게 임한다는 바울의 선언을(롬 1:18) 비교.

니다. "자리에 누워 심중에 말하고 잠잠할지어다"라는 말씀은 그 점을 더욱 깊이 설명합니다. 입을 열어 말하는 것 자체가 율법을 범하여 하나님의 영광을 훼방하여 욕되게 할 만큼 본성상 부패한 자들이므로 아예 잠잠해야 한다는 말입니다. 아예 말을 하지 말라는 뜻이 아니라 인간은 근본적으로 부패하였다는 것을 알고 마음으로 짓는 죄까지 철저히 피하려 해야 한다는 뜻입니다. 사람들이 가볍게 생각하고 넘어가는 죄에 대해 메시아는 이처럼 강력한 어조로 명령하고 있습니다.

그러나 아무리 강력하게 권면해도 인간은 그 말씀을 온전히 수행할 수는 없습니다. 결국 심판의 대상으로 확인될 뿐입니다. 하지만 메시아는 그와 같은 인간을 위해 세 번째 명령을 말씀합니다. **"의의 제사를 드리고 여호와를 의뢰할지어다"**(5). 온 인격이 부패한 너희가 살기 위해서는 의의 제사를 드려야 한다는 의미입니다. "의의 제사"는 의로운 제사, 의로운 제물로 드리는 제사를 가리킵니다. 존재 자체가 부정한 자가 살 수 있는 길은 의의 제사를 드리는 것뿐이라는 말입니다. 그 제사의 특징이 "여호와를 의뢰할지어다"입니다. 사람은 자기 의로 하나님 앞에 나설 수 없고, 하나님께서 주시는 의를 힘입어서만 하나님께 받아들여집니다. 그 사실을 아는 사람은 하나님께 은혜와 긍휼을 기대할 수밖에 없습니다. 의의 제사는 여호와께 소망을 두며 여호와의 자비와 긍휼만 기대하는 제사입니다. 즉 이 말씀은 십자가를 지심으로 의의 제물 되신 예수님의 피를 의지하라, 그를 보내신 하나님께만 구원의 소망을 두라는 명령과 다를 바 없습니다. 인류를 향한 중대한 권고입니다. 지금 헛된 것을 좋아하며 거짓된 것을 즐거움으로 추구하는 부패한 성품으로 하나님과 메시아에게 반역의 깃발을 휘두르며 전진해 나가는 인간들이 그대로 가다가는 하늘로부터 임하는 심판의 불을 피할 길이 없으므로 메시아가 죽음을 면할 길을 알려주시는 것입니다.

이것이 십자가를 지려 하시는 메시아가 인생들에게 주시는 명령입니다. 메시아가 인류의 진정한 통치자 되심을 인정하고, 그분 앞에 자신의 죄와 무능력을 고백하고 그분이 흘리신 피로 제물 삼아 하나님의 영광을 욕되게 했던 모든 죄를 사함받아 구원에 이르는 것입니다. 메시아가 십자가를 지시려 했던 이유는 오직 그것이었습니다. 율법에 불순종하여 하나님과 메시아의 대적이요 원수로 전락해 버린 인류의 회개와 구원을 바라고 고난을 달게 지려 하시는 것입니다. "나의 기도를 들으소서"라고 했던 메시아가 사람들에게 명령하는 이같은 구조는 이러한 점들이 십자가 지실 때 메시아가 갖고 계신 인류에 대한 소망이자 하나님께 바라는 가장 큰 간구의 내용임을 짐작하게 합니다. 예수님께서 십자가를 지시기 전날 밤에 밤새워 피땀 흘려 기도하시던 것은 단지 죽음을 면하게 해 달라는 것이 아니었습니다. 이와 같은 예언을 따라 자신의 죽음을 통해 심판받아야 할 자들 중에 어떤 이들은 구하여 주시라는 간구였습니다. 그것은 십자가 위에서 자신을 죽이는 자들을 위해 **"아버지여 저들을 용서하여 주옵소서 자기들이 하는 일을 알지 못함이니이다"**(눅 23:34)라고 하신 기도로 나타났습니다. 비록 무지하여 나를 죽이는 끔찍하고 어리석은 일을 저지르고는 있지만 저들도 자기의 잘못을 알고 회개하고 돌아오면 나의 이 죽음을 인하여 용서하여 주시라는 의미입니다. 메시아가 십자가를 지시려는 이유는 오직 인류에게 이 일을 이루기 위함이셨습니다. 그 목적을 위해 하나님의 뜻대로 십자가를 지는 그 일을 피하지 않고 죽기까지 순종하셨습니다. 하나님은 다윗에게 이와 같은 노래를 짓게 하사 장차 오실 메시아에 대해 미리 알리시며 또 찬양하게 하셨습니다.

Chapter 2

내 마음에 두신 기쁨

> 여러 사람의 말이 우리에게 선을 보일 자 누구뇨 하오니 여호와여 주의 얼굴을 들어 우리에게 비취소서 주께서 내 마음에 두신 기쁨은 저희의 곡식과 새 포도주의 풍성할 때보다 더하나이다 내가 평안히 눕고 자기도 하리니 나를 안전히 거하게 하시는 이는 오직 여호와시니이다 (시 4:6~8)

3편이 고난을 계획하신 성부 하나님께 대한 신뢰와 확신과 소망을 표현한 것이라면 4편은 그 고난을 겪는 목적을 알리는 말씀임을 확인했습니다. 그것이 2~5절에서 메시아가 인생들에게 주는 명령의 형식으로 묘사되었습니다. 2, 3편에서 특별한 대적들로 언급된 자들이 4편에서 '인류 전체'로 확장된 것도 그 점을 드러냅니다(시 4:2, "인생들아"). 메시아는 율법을 범한 죄로 말미암아 심판을 면할 수 없는 인간들의 구원을 위하여 하나님께 기도하며, 인간들에게 하나님께서 누구의 말씀을 들어주시는지 알아 죄를 철저히 멀리하며 의의 제사를 드리라고 명령하였습니다. 구원 얻으라는 강력한 권고입니다. 메시아 자신이 십자가 고난을 받는 당사자로서 무엇을 목적으로 그 일을 겪는지, 더 나아가 그 고난을 근거로 하나님께 무엇을 요구하는지를 밝히고 있는 것입니다. 메시아의 죽음이 의의 제사를 실현하는 제물이 될 것이기에 가능한 말씀입니다.

그와 같이 권면하신 후에 메시아는 다시 여호와 하나님을 향하여 간구합니다.[10] **"여러 사람의 말이 우리에게 선을 보일 자 누구뇨 하오니 여호와여 주의 얼굴을 들어 우리에게 비취소서"**(6). 많은 사람이 '누가 우리에게 선을 보게 하겠느냐'라고 묻는다고 합니다. 이 말의 주체는 앞에서 밝히신 메시아의 바람대로 순종하여 나아온 자들이라 할 수 있습니다.[11] 메시아가 명령하신 대로 메시아에 대한 믿음과 회개로 여호와 하나님께 자기를 의뢰하는 자들이 하는 말입니다. "선"은 다양한 말로 번역됩니다. '좋다, 옳다, 아름답다, 행복하다, 즐겁다, 유쾌하다' 등 여러 단어로 번역되며 또한 '악에 반대되는 것, 하나님의 성품, 번영, 복지'라는 뜻을 나타내기도 하여 문맥을 고려하기 전엔 얼른 한 가지 의미를 규정하기가 쉽지 않습니다. 하지만 근본적으로는 '하나님께서 흡족히 여기시는 완전한 상태, 지극히 복된 상태'를 의미합니다. 그와 같은 의미를 따라 생각해 볼 때 이들의 의문은 메시아의 명령대로 해서 얻을 궁극적인 만족과 유익이 무엇이며, 지극한 그 복을 누가 보장하느냐는 의미라 할 수 있습니다. 온통 하나님과 메시아를 대적하는 무리뿐이었던 인류 중 이같이 메시아의 명령을 따르는 자리로 나아온 자들이 있음을 암시합니다. 참된 선이라는 지극히 복된 상태를 얻게 해 줄 이를 찾는 자들이 나타날 것이라는 말입니다.

---

10 여호와를 향한 기도인 1절과 6절 사이에 인생들을 향한 명령들이 포함되어 있다는 점은 그것이 인생들을 향한 명령인 동시에 하나님께는 간구할 내용이기도 함을 배제할 수 없다.
11 혹자는 부정적인 측면에서 해석하여, 현재 고난에 처한 다윗의 처지를 보니 그에게 기대할 것이 없다는 비관적인 의미로 여긴다. 하지만 메시아의 강력한 권면에 부응하게 된 인생들의 의사표현으로 보는 것이 문맥의 흐름으로 볼 때 자연스럽다. 후반부에서 "우리에게 비취소서"라는 말로 메시아가 자신을 선을 찾는 인생들과 동일시하는 모습도 그 점을 지지한다.

그들을 위하여 메시아는 하나님께 이렇게 간구합니다. **"여호와여 주의 얼굴을 들어 우리에게 비취소서"**(6). 메시아는 자신의 명령대로 행하여 선을 찾는 자들을 위해 여호와께 그 복을 청하십니다. 3절에서 **"여호와께서 자기를 위하여 경건한 자를 택하신 줄 너희가 알지어다 내가 부를 때에 여호와께서 들으시리로다"**(3)라고 말씀하신 대로 메시아가 간구하실 때 여호와는 그 청을 들어주실 수밖에 없습니다.

그와 같은 관계이기에 메시아는 자신의 권면대로 죄를 멀리하며 의의 제사를 드리는 자들을 위해 여호와의 얼굴빛을 비춰주시라고 구하십니다. 문자적으로는 '여호와여 당신(주)의 얼굴빛을 우리에게 드소서'입니다. 하나님의 얼굴빛이 비치는 것은 기쁨과 호의를 가지고 임재하신다는 의미입니다. 따라서 하나님이 얼굴을 들어 그 빛을 이스라엘에 비추시면 이스라엘은 은혜와 평강의 구원을 얻으며, 하나님이 얼굴을 감추거나 돌리시면 그 모든 것이 거두어짐을 시사합니다(시 13:1~2). 곧 이 말씀은 하나님의 임재를 경험하며 은혜와 호의 안에서 기쁨을 발견하는 것이야말로 회개한 죄인들의 가장 큰 선이라, 곧 그들이 얻을 수 있는 가장 큰 유익이요 지극한 복이라는 뜻입니다. 사람이 사모하고 찾을 만한 최고의 선은 하나님께서 나를 아시고 그 긍휼과 자비와 은혜의 시선으로 나를 바라보시는 가운데 이루어지는 신령한 교통입니다. 이것이 사람이 바랄 수 있는 것 중에 가장 복된 것이요 우리가 사모할 최선의 것입니다. 만일 우리가 하나님의 호의와 임재가 담긴 여호와의 얼굴빛을 받는 것보다 세상에 있는 것을 더 귀한 것으로 여기고 그것을 위해서 더 많은 정성을 기울인다면 그것은 아직도 죄를 벗지 못한 것이요, 심하게는 예수님이 흘리신 피와 간구를 조롱하는 것입니다. 왜냐하면 메시아의 피가 바로 그것을 위해 흘려졌으며 그 피를 근거로 하나님께 구하신 것이 바로 "선"이기 때문입니다. 우리는 이 점에 있어서 균형을 잘 잡고 있는가 확인해 봐야 합니다. 예수님의 소원과 우리의 소원이 다르다면 그것은 참된 신앙으로 볼 수 없습니다.

6절에 나타난 두 번의 "우리에게"라는 말은 의미가 함축적이면서 내용이 서로 다릅니다. 첫 번째는 단순히 인생들만 해당되지만, 두 번째는 기도하는 메시아도 포함됩니다. 지금까지 인생들은 하나님과 메시아에게 반역한 무리이자 대항하는 사이였는데 이제는 메시아 자신이 그들과 자신을 동일시하여 "우리에게"라고 합니다. 메시아가 자신을 죄인들과 일치시키고 있습니다. 구체적으로 말하자면 2절부터 5절까지의 말씀대로 순종하여 살 길을 찾는 사람은 메시아와 굳게 연합한 자가 되며 메시아는 그들의 대표가 된다는 뜻입니다. "우리에게 비춰소서"라는 말씀엔 그 의미가 함축되어 있습니다. 메시아는 회개하는 자들과 자신을 일치시키고 계십니다. 죄가 없어 물세례를 받으실 필요가 없으셨던 예수님이 세례를 받으심으로 우리와 공동운명체가 되신 것과 같습니다. 메시아는 이처럼 회개하는 죄인들과 자신을 동일시하며 그 모두를 위해 여호와의 얼굴빛을 구하는 분이십니다.

그 일의 의미를 이렇게 표현합니다. **"주께서 내 마음에 두신 기쁨은 저희의 곡식과 새 포도주의 풍성할 때보다 더하니이다"**(7). 자신이 십자가에 못 박혀 죽는 고초를 당해야 함에도 그 일을 통해 사람들이 여호와의 얼굴빛을 얻을 수만 있다면 그 기쁨은 무엇과도 비교할 수 없이 크다는 것입니다. '그들의 곡식과 새 포도주의 풍성할 때'는 이 땅의 모든 좋은 것들이 주는 기쁨을 의미합니다. 사람들이 자신에게 행복과 만족을 주리라고 생각하여 얻고자 하는 것들이 많습니다. 재물이든, 명예든, 사랑이나 다른 무엇이든 사람들은 그것들을 목숨보다 더 귀하게 여겨 갖고자 하며, 가졌을 때는 크게 기뻐합니다. 그러나 메시아는 사람들이 여호와의 얼굴빛을 비추임 받는 그 일보다 더 큰 기쁨이 없음을 밝히고 있습니다.

사랑하며 추구하는 이 땅의 좋은 것들을 누리며 만족하는 것도 감사한 일이지만 하나님의 얼굴빛이 회개하는 자들에게 임하는 신령한 기쁨은 이 땅에서 어떤 것과도 비교할 수 없이 귀하고 고상한 기쁨이라는 말씀입니다.

단순히 세상 것이 나쁘다는 이야기는 아닙니다. 청교도 윌리엄 세커는 이렇게 말했습니다. "물질과 부가 악한 것이 아니라는 것을 알도록 하나님은 이것들을 때로는 의인에게도 주신다. 또한 이것들이 가장 좋은 것이 아니라는 것을 알도록 이것을 악한 자에게도 주신다. 그러나 이것들은 의인에게 주어지는 것이 아니라 주로 원수들에게 주어진다"[2]. 우리도 균형을 잘 이루어야 합니다. 우리가 땅에서 얻을 수 있는 것 중에서 가장 좋은 것보다 더 좋은 것은 하나님의 얼굴빛입니다. 하나님의 얼굴빛이 내게 호의와 기쁨으로 빛나고 있다는 것을 믿음으로 확인하기까지 그 영혼은 결코 참으로 행복한 것이 아닙니다. 만일 그것이 없고서도 행복하다면 속고 있는 것입니다. 영원하지 못한 것, 궁극적이지 못한 것에 속고 있는 것입니다. 수많은 인생이 육체의 쾌락과 잠시 후에 사라질 것을 붙들고 있느라 영원한 만족을 차버리는 어리석음을 범하기 일쑤입니다.

하지만 메시아의 기쁨은 사람들의 이유와 다릅니다. 그에게는 회개한 죄인들이 하나님의 호의에 찬 얼굴빛을 누리는 것처럼 큰 기쁨이 없습니다. 그것이 메시아에게 가장 귀한 것입니다. 사람이 가질 수 있는 만족 중에 가장 큰 것이요, 사람이 얻을 행복이나 유익 중에 가장 궁극적인 것입니다. 메시아는 그 점을 분명히 하고 계십니다.

그것을 얻게 하려고 메시아는 기꺼이 자기 목숨을 내어놓으신다고

---

[2] 찰스 스펄전, 『시편 강해 1』 안효선 옮김(생명의 말씀사, 1997), p.100.

합니다. 8절이 그 의미입니다. **"내가 평안히 눕고 자기도 하리니 나를 안전히 거하게 하시는 이는 오직 여호와시니이다"**(8). 이 고백의 특징은 다윗이 여전히 고난 중이라는 점에 있습니다. 단순히 편안한 왕궁의 어느 침대에서 자고 일어나는 일을 가리키지 않습니다. 3편처럼 아들에게 쫓겨 목숨을 잃을 정도로 위급한 상황에서 나온 고백입니다. 다윗의 입장에 국한하여 보자면 이 구절은 어떤 극한의 고난 속에서도 여호와 하나님만 믿고 평안히 잠들겠노라는 믿음의 고백이라 할 수 있습니다. 모든 성도가 본받을 만한 복된 신앙고백입니다. 하지만 이 구절은 다윗에게만 적용되는 내용이 아닙니다. 이 구절에 나타난 '눕고 자는' 일은 3편과 마찬가지로 단순히 육신의 잠을 의미하는 것이 아니라 메시아의 죽음과 부활 사건을 상징하기 때문입니다. 회개하는 죄인들을 향한 메시아의 권면과 간구에 이어 그들에게 임할 여호와의 얼굴빛을 기대하며 죽음의 고난을 기꺼이 당하겠다는 의지를 묘사하는 것입니다. 그것은 '눕고 잔다'는 말에 적용된 히브리어 용법에서도 확인됩니다. 히브리어는 화자의 의지를 한 단어로 표현하는 용법이 있습니다. '내가 무엇무엇을 하겠다'는 결의를 단어의 어미변화로 표현하는 용법입니다. "눕고 자기도 하리니"라는 말이 거기에 해당합니다. 단순히 앞으로 있을 일을 밝히는 것이 아니라 눕고 자는 일에 어떤 의지, 혹은 결의를 담은 말입니다. '제가 눕겠습니다. 기꺼이 잠을 자겠습니다'라는 뜻입니다. 곧 '제가 십자가 죽음을 기꺼이 당하겠습니다. 그러면 여호와께서 저를 부활시키고 하늘 영광에 두실 것을 믿나이다'라는 의미입니다. 마치 예수님께서 십자가를 지시기 전날 밤 자신을 잡으러 온 군병들을 피하지 않고 오히려 당당하게 맞으러 나가시며 제자들을 향해 **"이제는 자고 쉬라 보라 때가 가까웠으니 인자가 죄인의 손에 팔리우느니라 일어나라 함께 가자 보라 나를 파는 자가 가까이 왔느니라"**(마 26:45,46)라고 말씀하신 것과 같습니다. 죄 없으신 몸이 대속제물이 되어 죄인들이 받을 하나님의 진노로 인한 심판의 죽음을 홀로 받아야 할 그 두려운 순간에 이렇게 당당하게 나아가실 수 있었던 것은 여기에 나타난 두 가지 이유 때문이라 할 수 있습니다. 하나는 메시아는 회개하는 백성들에게 여호와의 얼굴빛이라는 지극한 선을 전해주는 것이 최고의 기쁨이기 때문입니다. 따라서 그 일을 가능케 하는 유일한 길인 십자가 죽음의 고난을 기꺼이 당하겠다고 고백하는 것입니다. 또 하나는 하나님께서 자신을 다시 살리실 것을 절대적으로 신뢰하기 때문입니다. 하나님 아버지는 죽음에서 자신을 넉넉히 살리실 수 있다는 믿음으로 십자가의 죽음으로 당당히 나아가겠다는 것입니다.

예수님이 당해야 하는 죽음은 단지 육체의 숨이 끊어지는 육적 죽음이 아닙니다. 육적인 죽음은 사람 중에서도 의연하게 맞이하는 경우가 있습니다. 하지만 십자가에서 예수님이 당하신 죽음은 육신의 죽음뿐만 아니라 '하나님의 진노의 심판'을 한몸에 받는 본질적이고도 영적인 죽음입니다. 그래서 겟세마네에서 예수님은 "땀이 땅에 떨어지는 핏방울 같이"(눅 22:44) 되도록 간절히 기도하셨던 것입니다. 그러나 기도 가운데 결국 하나님은 그 두려운 죽음에서도 자신을 다시 살리실 것을 확신하게 되었기에 기꺼이 '눕고 자겠나이다'라고 고백하는 것입니다. 예수님이 자신을 십자가에 못 박아 죽이기 위해 잡으러 온 군병들을 피하지 않고 오히려 맞으러 나가신 상황과 일치합니다. 죄인들에게 선을 줄 수 있다는 기쁨과 하나님께서 자신을 다시 살리시리라는 굳은 확신에서 기꺼이 죽음의 자리로 나아가겠다고 하신 것입니다. '내가 아버지 하나님의 뜻을 받들어 죽음의 고난을 받으면 인류 중 회개하는 많은 자들이 멸망을 면하고 사람이 받을 수 있는 최고의 선인 여호와의 얼굴빛을 맛볼 수 있는 은혜가 주어지니 사람들이 그것을 얻을 수만 있다면 나는 그 죽음을 기꺼이 당하리라. 또 그렇게 죽임 당할지라도 여호와께서 다시 살려주실 것을 믿기에 나는 이제 평안한 마음으로 십자가를 지러 가리라. 그 길이 비록 어렵고 고통스럽더라도 내 양무리를 위해서라면 기꺼이 내가 그 죽음을 당하리라'는 의미입니다.

시편 4편은 이처럼 메시아가 어떤 목적을 가지고 십자가를 지려 하셨는지를 보여줍니다. 회개하는 인간들에게 여호와의 얼굴빛이라는 가장 귀한 선물을 주는 것을 큰 기쁨으로 여기시는 메시아가 자신이 대속제물로 십자가에 못 박혀 하나님의 진노를 받아 죽음을 당해도 여호와 하나님께서 반드시 부활시키실 것을 믿는 절대적인 신뢰 속에서 죽음의 길을 걸으신 것입니다.

말씀 묵상하며 시편찬송 부르기

시편찬송 듣기

내 주여 내가 부를 때

시편 4 (1)

WALLACE. C.M.

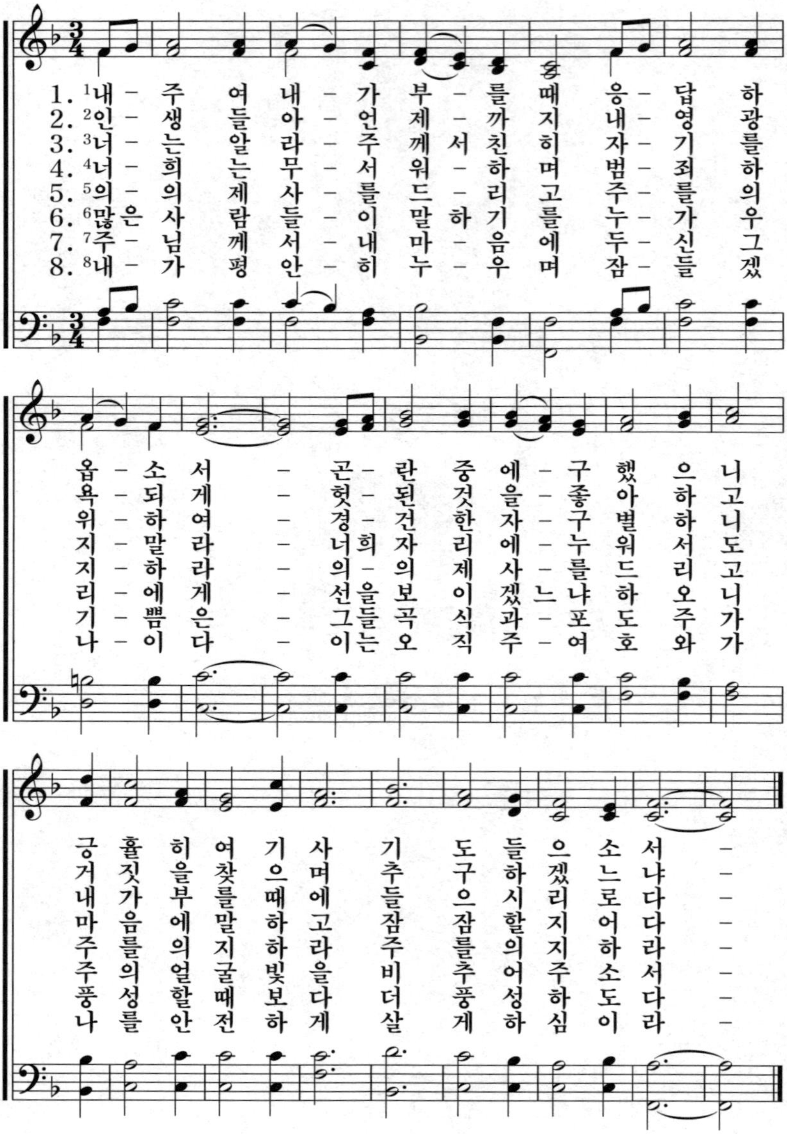

내 의의 주여

시편 4 (2)

시편찬송 듣기

PENITENCE. 11.11.11.11.(Trochaic).

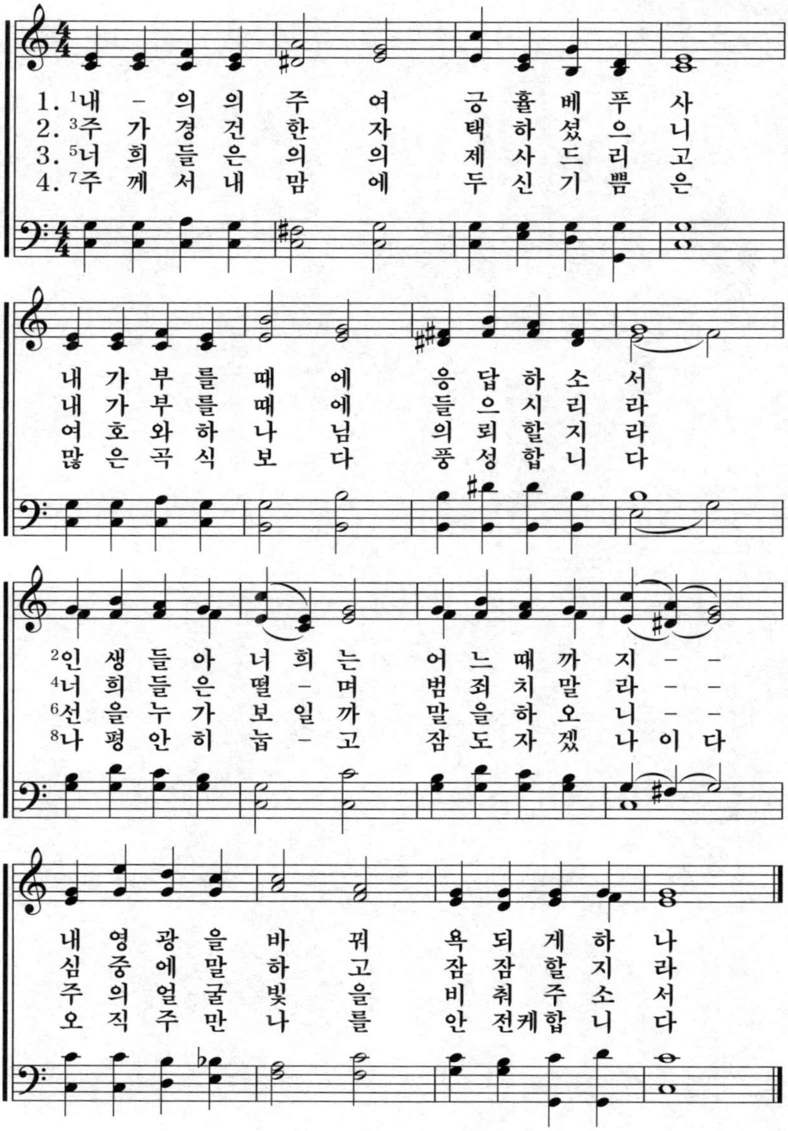

시편 5편

메시아의 확신
오직 나는
나의 원수들을 위하여
원수 사랑의 범위

Psalms

Chapter 1

메시아의 확신

> 여호와여 나의 말에 귀를 기울이사 나의 심사를 통촉하소서 나의 왕, 나의 하나님이여 나의 부르짖는 소리를 들으소서 내가 주께 기도하나이다 여호와여 아침에 주께서 나의 소리를 들으시리니 아침에 내가 주께 기도하고 바라리이다 (시 5:1~3)

장차 오실 메시아가 어떤 목적을 가지고, 또 여호와를 향한 어떤 신뢰 안에서 십자가를 지려 하셨는지를 보여주는 4편에 이어 5편은 그와 관련하여 우리가 알아야 할 중요한 내용을 말씀합니다. 1~3절은 어떤 근거에서 메시아의 죽음이 회개하는 자들을 구원할 수 있는지를 밝힙니다. **"여호와여 나의 말에 귀를 기울이사 나의 심사를 통촉하소서"**(1). "나의 말에 귀를 기울이사"라는 말은 십자가를 앞에 둔 메시아가 여호와 하나님께 기도하는 모습을 예표합니다. '내가 기도하오니 나의 말에 귀를 기울여 주시옵소서'라는 뜻으로 이해할 수 있습니다. 그러나 "나의 심사를 통촉하소서"는 좀 더 자세히 알아볼 필요가 있는 말입니다. 우리말 번역은 '내 마음을 살펴주소서', '아무에게도 말할 수 없는 내 괴로움을 살펴주소서' 정도로 이해되나 원문의 의미는 조금 다릅니다. "심사"로 번역된 말은 시편 1:2의 '묵상한다'와 같은 단어의 명사형입니다. 시편 39:3에서는 "묵상"

으로 번역했습니다.[13]

1편에서 '묵상'이라는 말이 간단치 않음을 살펴봤습니다. '묵상한다'가 단순히 성경을 자주 본다는 뜻이 아니라 율법을 주야로 철저히 따른다는 의미였습니다. 1편 1, 2절이 평행이 되어 그런 의미를 드러내었습니다. 곧 복 없는 자가 하나님의 기준에 미치지 못하는 죄인과 악인의 인생철학대로 사는 반면 복 있는 자는 율법에 자기 삶의 가치를 두고 율법의 길을 따라 율법의 인생철학대로 살며, 더 나아가 복 없는 자가 오만한 자의 자리에 앉아 악을 권유하고 강제하기까지 이르나 복 있는 자는 율법 안에 살면서 다른 이에게 가르치고 권하는 자리까지 이른다고 하였습니다. '묵상한다'는 말은 그것을 부단히 추구한다는 뜻이었습니다. 하나님의 가르침을 따르고 생활원칙으로 삼고, 그 안에서 살기 위하여 부단히, 주야로 애쓰는 것입니다. '주야로 묵상한다'는 말은 단순히 날마다 성경 본다는 사실을 넘어서 매일의 삶에서 그 가르침을 떠나지 않으며 더 나아가 그 일에서 흠이 없다는 의미였습니다. 그런 사람이 복 있다고 한 것은 근본적으로 율법 순종에서 흠 없는 특징을 가진 자만이 하나님 나라에 속하는 권한을 갖게 된다는 뜻이었습니다. 그 점을 살펴보면서 시편 1편은 하나님의 통치 원칙을 알려주시는 말씀으로, 자기 힘으로 하늘에 속하는 복을 받을 자는 아무도 없음을 암시하고 있음을 확인했습니다. 죄인이 아닌 자가 아무도 없고, 율법에 불순종하지 않은 자가 아무도 없기 때문입니다. 그런 점에서 2편은 온 인류가 다 하나님과 메시아께 반역자가 되었음을 알리며 시작하였습니다.

그런데 5편 1절은 '나의 묵상을 통촉하소서'라고 하면서 그것이 하나

---

13 "내 마음이 내 속에서 뜨거워서 묵상할 때에 화가 발하니 나의 혀로 말하기를"

님께서 내 말에 귀를 기울여야 할 이유인 것처럼 말합니다. 그렇게 볼 때 1절은 이런 뜻입니다. '저는 율법을 따르는 일에 있어서 하나님께 흠 없다고 말할 수 있는 자입니다. 율법을 온전히 순종한 자입니다. 그런 내가 하나님께 아뢰오니 저의 기도를 들어 주소서.' 하나님께 아뢸 수 있는 자는 하나님의 뜻에 어긋나는 법이 없어야 한다는 의미가 담긴 것입니다. 그래서 이 말씀은 다윗의 입을 빌렸지만 주체는 메시아의 기도일 수밖에 없습니다. 다윗은 자기의 묵상을 근거로 하나님께 기도할 수 없기 때문입니다. 오직 메시아만이 이렇게 할 자격이 있습니다.

그와 같은 근거를 가지고 메시아는 **"나의 왕, 나의 하나님이여 나의 부르짖는 소리를 들으소서 내가 주께 기도하나이다"**(2)라고 아룁니다. 인간의 대표자로 율법을 온전히 순종하여 하나님의 나라에 거할 수 있고 하나님께 기도하면 하나님이 기꺼이 들어주시는 자격을 가진 자로 하나님께 간절한 소원이 있다는 것입니다.

"부르짖는 소리"는 가장 긴급하고 간절한 소원이라는 의미입니다. 그게 무엇이었습니까? 4편에서 확인한 대로, 십자가를 지시려는 메시아의 가장 큰 기쁨은 인류 중 회개하는 자들을 보는 것이었습니다. 회개하는 무리가 하나님의 호의를 받아 하나님과 원수지간에서 하나님의 사랑받는 백성이 되는 일이었습니다. 그것을 위해서라면 기꺼이 십자가의 죽음이라도 달게 지려 한다고 하셨습니다. 그 기도를 하는 중입니다. 여기서는 그 기도 내용 자체보다 자신이 그 기도를 드릴 만한 근거가 무엇인지에 초점을 두고 말씀합니다. '율법에 흠 없는 제가 십자가에 못 박혀 죽음으로 저들을 위해 대속제물이 되겠으니 나의 왕 되신 하나님은 나의 기도를 들어주십시오.'라는 뜻입니다. 십자가 형벌을 앞에 둔 메시아의 심정과 기도를 보여주는 것입니다.

3절은 그와 같이 기도할 때 가지는 메시아의 확신을 이야기합니다.

"여호와여 아침에 주께서 나의 소리를 들으시리니 아침에 내가 주께 기도하고 바라리이다"(3). 왜 굳이 아침에 기도하겠다고 합니까? 하나님이 낮과 저녁에는 듣지 않으시다가 아침에만 들으신다거나 새벽에 하는 기도가 좋다는 뜻은 당연히 아닙니다. 물론 이는 다윗이 아침마다 기도했다는 사실을 배제하지는 않습니다. 궁에서 평안히 거할 때나 아들에게 쫓겨 신발도 못 신은 채 도망치며 하룻밤 자는 것도 보장받지 못할 정도로 위태했을 때도 늘 기도했을 것입니다. 성도의 특성 중 하나는 그렇게 기도한다는 것입니다. 우리가 시편에서 배울 점이기도 합니다. 그러나 이 말씀의 근본적인 의미는 다른 데 있습니다.

이 구절은 "내가 누워 자고 깨었으니"(시 3:5)나 "내가 평안히 눕고 자기도 하리니"(시 4:8)와 관련 있습니다. 그 구절들에서 목숨이 위태로울 때 하룻밤 자는 일은 죽음을 상징하였으며 잠에서 깨어난 시점 곧 "아침"은 부활을 암시하였습니다. 시편에 "아침"이라는 말이 여러 번 나오는데 그중엔 실제로 시간을 의미하는 구절도 있지만 오히려 죽음에서 부활한 사실을 암시하는 경우가 많습니다. 특히 49편 14, 15절은 그 사실을 분명히 드러냅니다. "양 같이 저희를 음부에 두기로 작정되었으니 사망이 저희 목자일 것이라 정직한 자가 아침에 저희를 다스리리니 저희 아름다움이 음부에서 소멸하여 그 거처조차 없어지려니와 하나님은 나를 영접하시리니 이러므로 내 영혼을 음부의 권세에서 구속하시리로다"(시 49:14,15). 정직하게 회개하여 의를 거저 얻은 자들과 땅에서 악한 권세를 휘두르며 살면서 끝내 회개하지 않은 자들이 죽음 이후에는 전세가 역전되리라는 뜻입니다. 죽음에서 부활한 후에 일어날 일을 가리켜 "아침에 저희를 다스리리니"라고 묘사합니다. 따라서 "아침에 주께서 나의 소리를 들으시리니"라는 말씀은 죽음에서 부활한 후에 하나님께 기도하면 하나님께서 들어주심을 알고 계신다는 의미입니다. 그것은 이어지는 말에서 더욱 분명해집니다. **"아침에 내가 주께 기도하고 바라리이다"**(3)에서 "기도하고"의 히브리어는 '벌여놓다, 진설하다'라는 뜻입니다. '가지런히 벌여 놓는다'는 뜻을 가진 이 단어는 하나님께 제사를 드릴 때 제물을 진열해 놓는 경우나 군대가 진을 치고 정렬해 있는 상태, 제물을 위한 나무를 차곡차곡 쌓는 모습 등을 나타내는 단어입니다(출 40:23; 삼하 10:9; 왕상 18:33). 그리고 '바란다'는 말은 본래 파숫군이 먼 곳을 살피면서 무엇이 다가오는지, 어떤 변화의 조짐이나 징후가 있는지 지켜보는 모습을 가리킵니다.

그래서 '기도하고 바란다'는 말씀은 내 기도가 응답되기를 바라는 자세라기보다는 '내가 제물을 진설해 놓고 그것을 바탕으로 내게 뭔가를 이루어주실 것을 간절히 기다립니다'라는 뜻입니다. 마치 하나님이 아브라함에게 약속하신 바를 이루시리라는 증거를 주시던 모습과 같습니다(창 15:9~11 참고). 하나님은 아브라함에게 3년 된 암소와 암염소, 수양과 산비둘기와 집비둘기 새끼를 취하라고 하셨습니다. 아브라함은 그 모든 것을 취하여 그 중간을 쪼개고 그 쪼갠 것을 마주 대하여 놓고 새는 쪼개지 않은 채 기다리고 있었습니다. 아브라함은 그 명령에 순종했고 하나님은 그 제물들을 보시고 직접 제물들 사이로 지나가심으로 아브라함의 후손이 가나안 땅을 차지하여 하나님의 나라를 이룰 것임을 확증해 주셨습니다.

그러므로 "아침에 내가 주께 기도하고 바라리이다"라는 말씀은 메시아가 죽음에서 부활하신 후에 하나님께 죄인들의 구원을 위해 기도할 것이며 그것을 이루어 주시기를 간절히 바라며 기다리겠다는 의미입니다. 부활은 하나님께서 흠 없는 제물로 여겨 흡족히 받으셨음을 입증하는 표입니다. 메시아는 죽음에서 부활함으로 하나님께서 받으실만한 흠 없는 제물이었음을 입증하리라는 확신을 갖고 계셨습니다. 지성소에 제물을 들고 들어간 대제사장이 살아나온다는 것은 하나님께서 그가 가지고 온 제물을 흡족히 여겨 받으셨다는 의미입니다. 따라서 메시아의 부활은 그가 하나님께서 만족히 여기시는 제물이자 흠 없는 대제사장이시라는 증거입니다(시 4:3). 그 자격으로 메시아는 회개하는 자들을 구원해 주시라는 기도를 드리고 그 응답이 오기를 주시하며 기다리실 것입니다. 십자가를 앞두고 메시아는 그 일이 이루어질 것임을 확신하셨습니다.

이처럼 본문은 메시아가 어떤 근거에서 자기 기도를 하나님 아버지께서 들어주실 수밖에 없음을 확신하고 있는지를 보여줍니다. 그것은 부활로 입증될 메시아 자신의 흠 없는 의로움입니다. 메시아가 직접 자신이 율법을 묵상하고 순종하는 일에 흠 없음을 밝힌 이유가 거기 있습니다. 하나님이 기도 들어주실 만한 자격이 있다는 뜻입니다. 율법을 지키지 않은 자가 기도하면 하나님께서 가증히 여기십니다. **"사람이 귀를 돌이키고 율법을 듣지 아니하면 그의 기도도 가증하니라"**(잠 28:9)는 말씀과 같습니다. 이 구절은 하나님이 율법을 어느 정도 지킨 사람의 기도만 들어주신다거나 눈에 띄게 불순종하는 자의 기도만 가증스럽게 여기신다는 의미가 아닙니다. 율법에 흠 없는 자여야 하나님과의 소통이 가능하다는 것입니다. 레위기에서 오직 흠 없는 제물로만 제사드려야 한다고 했던 이유가 거기에 있습니다. 흠 없는 자만 하나님께 받아들여집니다.

혹시 '그럼 우리는 어떡하는가? 우리는 날마다 율법을 어기는 자들인데 어떻게 기도하는가? 우리의 기도는 아무 소용이 없는가?'라는 생각이 들지 모르겠으나 기도는 우리 이름으로 하는 것이 아닙니다. 해도 소용없습니다. 아무도 자기 이름을 걸고 하나님께 나아갈 수 없습니다. 율법을 불순종한 죄인들이기 때문입니다. 그래서 '예수님의 이름으로' 기도해야 합니다. 주님께서 친히 **"너희가 내 이름으로 무엇을 구하든지 내가 시행하리니 이는 아버지로 하여금 아들을 인하여 영광을 얻으시게 하려 함이라"**(요 14:13), **"지금까지는 너희가 내 이름으로 아무것도 구하지**

아니하였으나 구하라 그리하면 받으리니 너희 기쁨이 충만하리라"(요 16:24)라고 말씀하셨습니다. 우리의 자격으로, 우리가 율법을 지킨 것을 근거로 하는 기도는 하나님께 가증하며, 오직 온전한 자격을 갖추신 예수님의 이름을 의지하여 기도해야만 하나님이 들어주시기 때문입니다. 메시아만이 하나님께서 인정하시는 완전한 의를 가지셨으므로 그의 기도만 하나님께서 받으십니다. 그리고 예수님의 이름으로 하는 기도는 예수님이 직접 기도하시는 것과 같습니다. 예수님의 이름으로 하는 기도만 하나님이 들으십니다. 그럴 수밖에 없는 이유를 본문에서 찾을 수 있습니다. 오직 메시아만이 율법에 흠 없는 분이심을 부활로 인정받으셨기 때문입니다. 메시아 자신이 율법에 완전하여 흠 없는 제물인 것과 반드시 죽음에서 부활하여 하나님께 죄인들의 구원을 위해 기도하리라는 확신을 표하는 본문이 그 점을 분명히 나타냅니다. 이것이 십자가를 앞둔 메시아의 마음이요 기도였습니다.

　메시아는 이와 같은 사실을 근거로 죄인을 구원하기 위해 십자가 죽음을 기꺼이 맞이하실 것입니다. 메시아는 하나님께서 그의 기도를 들으실 수밖에 없는 유일한 왕이십니다. 사람들이 여전히 하나님을 향해 반역의 칼과 창을 휘두르고 있던 때에 메시아는 이같이 죄인을 구원하기 위한 길을 걷고 계셨습니다. 율법에 불순종하여 하나님의 원수가 되어 철저히 진멸 당할 인류를 구원하기 위해 자신의 십자가를 앞에 두고 이와 같은 기도와 확신으로 하나님께 아뢰셨던 것입니다.

　시편은 메시아가 이렇게 하나님 나라를 세워가실 것을 예고하고 있습니다. 훗날 메시아가 오셨을 때 후손된 모든 성도가 그분을 알아보고 믿어 순종케 하사 구원 얻게 하시려고 하나님께서 이와 같은 노래를 다윗을 통해 지어 부르게 하셨습니다.

Chapter 2

오직 나는

주는 죄악을 기뻐하는 신이 아니시니 악이 주와 함께 유하지 못하며 오만한 자가 주의 목전에 서지 못하리이다 주는 모든 행악자를 미워하시며 거짓말하는 자를 멸하시리이다 여호와께서는 피 흘리기를 즐기고 속이는 자를 싫어하시나이다 오직 나는 주의 풍성한 인자를 힘입어 주의 집에 들어가 주를 경외함으로 성전을 향하여 경배하리이다 (시 5:4~7)

4편은 메시아가 죄인들을 구원하는 것을 무엇보다 더 큰 기쁨으로 여기며, 그것을 위해서라면 비록 메시아 자신이 죽어야 하는 일일지라도 기꺼이 감당할 것임을 알려주었습니다. 이어서 5편에서는 어떤 근거에서 메시아의 죽음이 그 일을 가능케 하는지를 밝혔습니다(시 5:1~3). 그것은 묵상에 온전하여, 곧 율법을 온전히 순종한 자가 되어 죽고 부활하였기 때문이었습니다. 부활은 하나님께 의로운 제물로 인정받았다는 증거입니다. 십자가의 죽음을 앞둔 메시아는 하나님께 죄인들의 구원을 위해 기도하는 분이심을 보여주었습니다. 5편을 이처럼 메시아 중심으로 해석해야 하는 이유는 분명합니다. '율법 지킨 것을 보시고 기도 들어주십시오'라고 할 만한 사람은 땅 위에 아무도 없기 때문입니다. 이 말씀이 다윗의 입을 통해 밝히시는 메시아의 기도가 되는 이유도 그것입니다. 사람은 그렇게 말할 자격이 없습니다. 누구나 다 예외 없이 율법에 불순종했기 때문입니다. 오히려 자기 경건을 근거로 하나님 앞에 나아갈 수 있다고 생각하는 자들은 하나님께 가증한 자들입니다. 오직 메시아만 흠 없는 제물 되신 자격으로 하나님 앞에 나아가 기도할 수 있습니다.

이어지는 4절은 우리말 성경에 없는 '왜냐하면'이라는 말로 시작합니다. 이것은 본문이 3절까지의 말씀에 대한 이유를 설명하는 구절임을 알게 해줍니다. 메시아가 왜 직접 제물이 될 수밖에 없었는지, 왜 율법에 흠 없는 자가 자기 목숨을 제물로 드려 하나님께 나아가야 했는지에 대한 설명입니다.

첫째는 사람들이 율법에 불순종하였기 때문입니다. "**주는 죄악을 기뻐하는 신이 아니시니 악이 주와 함께 유하지 못하며 오만한 자가 주의 목전에 서지 못하리이다**"(4,5a). 이 구절은 1편 1, 2절과 유사합니다. 거기서 "악인"으로 번역된 말이 여기서는 "죄악"으로, "죄인"이 "악"으로, 또 "오만한 자"는 여기서도 "오만한 자"로 나타납니다. 미쳤다 싶을 정도로 오만한 상태, 앞뒤 분간 못 하는 어리석음이 수반된 오만함을 가리킵니다.[14] 이들은 단순히 어떤 흉악범들만 지칭하지 않습니다. 율법을 지키지 못한 인류 전체를 대표하는 무리로 시편이 말하는 복을 얻지 못하는 자들입니다. "복"은 '하늘 영역에 동참함으로 얻는 기쁨이나 만족'을 의미하며(시 1:1) '의인의 회중에 들어가는 일'(시 1:5)을 가리킨다고 하였습니다. 본문에서는 그들이 "주와 함께 유하지 못하며", "주의 목전에 서지 못하리이

---

[14] 여기 "오만한 자"는 1편의 "오만한 자"와 히브리어가 다르다. 1편 1절에서는 '경멸하다'라는 의미의 '루츠'(לוץ)가 사용되었고, 여기서는 긍정적인 의미일 때 '찬양하다'로 번역되고 부정적인 의미일 때 '미치다, 망령되다'로 번역되는 '할랄'(הלל)이 사용되었다. 오만함의 특성을 다양하게 보여주는 표현이다.

다"라고 합니다. 하나님 나라에 들어가는 복을 얻지 못한다는 것입니다. 즉 4절부터 5절 중반까지는 율법에 흠 없는 순종을 보이지 못한 자가 주님의 나라에 거할 수 없다는 1편의 원리를 다시 한번 상기시키고 있습니다. 따라서 본문은 모든 인간이 하나님의 나라에 거할 수 없게 된 이유가 율법에 순종하는 일에 실패하였기 때문이라, 하나님의 통치원리인 율법에 기쁨을 두지 않고 불순종하여 하나님을 대적하는 반역자들과 같이 되었기 때문이라고 말하는 것입니다. 율법에 흠 없으신 메시아가 그들을 대신해 희생제물이 되어야 하는 이유가 그것입니다.

둘째는 하나님이 그들을 멸망시킬 것이기 때문입니다. 1:1에서 복 있는 사람을 정의할 때 먼저 해당되지 않는 자들을 세 가지로 이야기했던 것과 마찬가지로 그들에 대한 하나님의 진노를 세 가지로 표현하고 있습니다. **"주는 모든 행악자를 미워하시며 거짓말하는 자를 멸하시리이다 여호와께서는 피 흘리기를 즐기고 속이는 자를 싫어하시나이다"**(5b~6). "행악자"는 법에 어긋나게 행하는 자라는 의미이고, "거짓말하는 자"는 사실이 아닌 것을 사실로 가르치는 자라는 뜻으로 교회 안의 가르침에도 사용됩니다. "너는 그 말씀에 더하지 말라 그가 너를 책망하시겠고 너는 거짓말 하는 자가 될까 두려우니라"(잠 30:6), **"여호와께서 가라사대 유다의 서너 가지 죄로 인하여 내가 그 벌을 돌이키지 아니하리니 이는 저희가 여호와의 율법을 멸시하며 그 율례를 지키지 아니하고 그 열조의 따라가던 거짓 것에 미혹하였음이라"**(암 2:4)는 말씀과 같습니다. 하나님을 순종과 의지의 유일한 대상으로 가르치지 않고 궁극적으로 허탄한 것에 사람의 관심과 목적을 두도록 가르치거나 그 말을 듣고 따르는 자들까지 모두 거짓말하는 자입니다. 또 "피 흘리기를 즐기고 속이는 자"는 거짓을 노골적으로 이루려는 자들, 적극적으로 불의를 행하는 자들을 가리킵니다.

이들은 율법을 불순종한 자 모두를 대표합니다. 하나님은 이들을 미워하고 싫어하시며 멸망시키는 분이십니다. 이것을 세 가지로 묘사한 것은 악인 모두를 포괄한다는 의미이자 그들 모두에게 임하는 하나님의 진노 또한 깊고 확실하다는 것입니다. 하나님의 이와 같은 속성으로 인해 사람은 하나님과 함께 거할 수 없습니다. 4절이 '왜냐하면'으로 시작했던 이유가 여기 있습니다. 메시아가 자신의 묵상을 내세워 죄인들의 구원을 위해 기도한 이유는, 하나님은 죄인들과 함께하실 수 없을 뿐 아니라 그들을 미워하시며 멸망시키는 분이시기 때문입니다. 행악자요 거짓말쟁이며 피 흘리기를 즐기며 속이는 자인 인간은 자기 경건으로 절대 주님 앞에 설 수 없습니다. 오히려 멸망의 심판이 기다리고 있을 뿐입니다.

그러나 메시아는 하나님 앞에 나아가 아뢸 수 있습니다. 율법에 흠 없는 분이 제물이 되어 죽으시고 부활하사 하나님께 의와 경건에서 인정받으셨기 때문입니다. 7절은 그렇게 될 것을 메시아가 확신하고 있음을 보여줍니다. **"오직 나는 주의 풍성한 인자를 힘입어 주의 집에 들어가 주를 경외함으로 성전을 향하여 경배하리이다"**(7). 진노의 대상인 인간과 달리 죄인들을 구하기 위해 흠 없는 제물로 죽고 부활한 메시아 자신은 하나님의 풍성한 인자로 부활하신 후 하나님의 집에 들어갈 줄 확신한다는 뜻입니다. "인자"는 우리말에서는 '어질고 자애로운 성품이나 행동'을 가리킵니다만 히브리어에서는 하나님께서 이스라엘에게 베푸신 모든 은혜의 원천이 되는 성품을 가리킵니다. 곧 사랑과 자비와 호의 그리고 능력과 긍휼같이 하나님께서 우리에게 베푸시는 모든 은혜의 공통적인 기반입니다. 메시아는 죄인들을 대신해 죽은 자신을 하나님이 그와 같은 인자로 다시 살리시고 주의 집에 들어가 경배할 수 있게 하실 것을 확신하고 있습니다.

"들어가", "경배하리이다"는 화자(話者)의 의지가 담긴 단어입니다. '들어가리이다', '경배하겠나이다'라는 의미입니다. "경외"라는 말 자체는 순종하게 되는 두려움을 의미하지만 성경이 말하는 경외는 폭군을 두려워하는 것과 다릅니다. 폭군에게는 칼이 무서워 억지로 순종하여도 하나님께는 자원하여 기쁨으로 순종합니다. 하나님의 성품과 능력을 알기 때문입니다. 그 권세와 능력을 알기에 두려워할 수밖에 없지만 그 사랑과 은혜와 자비를 알기에 기꺼이 자원하여 순종하는 것이 경외입니다. 이 시가 3, 4편과 같이 다윗이 목숨을 위협받는 절박한 위기 속에서 지은 시임을 감안하면, 예수님께서 십자가에 못 박히시기 전날 밤 겟세마네에서 밤새워 기도하시던 내용 중 하나가 아닌가 짐작할 수 있습니다. 공의로우신 하나님이심을 절대적으로 신뢰하기에 가능한 기도입니다. 그 신뢰는 십자가 위에서 운명하실 때 **"아버지여 나의 영혼을 아버지 손에 부탁하나이다"**(눅 23:46)라는 기도로 이어집니다. 메시아가 그렇게 하실 것이 여기서 예언되고 있습니다.

　　메시아가 이렇게 하는 목적은 분명합니다. 멸망 당할 수밖에 없는 죄인을 대신하여 온전히 거룩하신 분이 하나님의 진노를 받음으로 저들을 구하기 위함입니다. 그런 의미에서 메시아가 인류의 대표자가 되었다는 사실은 이미 4편에서 밝혔습니다. **"여러 사람의 말이 우리에게 선을 보일 자 누구뇨 하오니 여호와여 주의 얼굴을 들어 우리에게 비취소서"**(시 4:6). 이 구절 속에 담긴 숨겨진 의미는 메시아가 "우리"라는 말로 자신을 죄인들과 동일시하는 데 있으며, **"내가 평안히 눕고 자기도 하리니 나를 안전히 거하게 하시는 이는 오직 여호와시니이다"**(시 4:8)라는 말씀은 메시아가 우리를 위해 우리가 죽어야 할 죽음을 기꺼이 대신 당하겠다는 의미였습니다. 5편은 그 일이 어떻게 해서 효력이 있는지를 밝혀줍니다. 가증스럽고 혐오스러운 인간의 본성은 거룩하신 하나님 나라에 서지 못하나 율법에 흠 없는 메시아 자신은 하나님의 집에 들어가 주님을 경외함으로 성전을 향해 경배할 것이 확실하기 때문입니다. 메시아는 그 확신을 가지고 십자가 죽음 앞에 설 것입니다.

    메시아는 하나님의 성품이 거룩과 의에서 완전하시기에 인류가 본성 그대로는 하나님과 함께하는 복을 얻기는커녕 멸망 당할 수밖에 없음을 알고, 자신의 흠 없는 순종을 기반으로 하여 대속하는 죽음의 자리에 나아가셨습니다. 흠 없는 아들의 죽음이라는 제물로만 하나님의 진노가 가라앉아 죄인들이 그 나라에 거할 수 있기 때문입니다. 메시아는 부활 이후에 하나님께서 자기를 받으시리라는 확신을 가지고 죽음 앞에서 하나님께 기도하셨습니다. 하나님 나라는 이와 같은 메시아의 열심을 통해 이루어질 것입니다. 장차 메시아가 오시면 이 계시의 말씀처럼 십자가를 지고 죽으셨다가 부활하실 것임을 기억하라는 의미에서 하나님은 다윗에게 이런 시를 지어 온 이스라엘이 노래 부르게 하셨습니다.

Chapter 3

나의 원수들을 위하여

여호와여 나의 원수들을 인하여 주의 의로 나를 인도하시고 주의 길을 내 목전에 곧게 하소서 저희 입에 신실함이 없고 저희 심중이 심히 악하며 저희 목구멍은 열린 무덤 같고 저희 혀로는 아첨하나이다 (시 5:8~9)

죄인이 구원받는 것을 무엇보다 더 큰 기쁨으로 여기는 메시아가 자신이 죽어야 하는 일도 기꺼이 감당할 것임을 알려준 4편에 이어 5편에서는 메시아의 죽음이 어떠한 근거에서 그 일을 가능케 하는 효력이 있는지를 밝히고(1~3), 그래야 하는 이유를 말씀하였습니다(4~6). 모든 인간이 죄를 범하여 하나님 앞에 나가지 못하고 오히려 하나님의 진노를 따라 멸망 당할 수밖에 없기 때문입니다. 하지만 메시아는 오직 하나님의 인자를 힘입어 부활한 후 하나님 앞에 나아가 경배하리라는 확신 가운데 죽음에 임하심을 알려주었습니다(7).

본문은 메시아가 그와 같은 죽음과 부활을 근거로 여호와께 구하는 것이 무엇인지를 보여줍니다. **"여호와여 나의 원수들을 인하여 주의 의로 나를 인도하시고 주의 길을 내 목전에 곧게 하소서"**(8). 이 구절은 얼핏 보면 하나님 백성이 악한 자들에게 당하는 괴로움에서 벗어나게 해주시라고 호소하는 것 같습니다. '원수들 때문에 살기가 대단히 힘듭니다.

저 원수들을 처리해 주십시오. 심히 악하기 때문입니다', 이런 의미로 이해하기 쉽습니다. 주석들도 대부분 그런 의미로 이해합니다만 그렇게 보기에 부적절한 이유가 있습니다. 9절을 성경이 이해하는 방식 때문입니다. **"저희 입에 신실함이 없고 저희 심중이 심히 악하며 저희 목구멍은 열린 무덤 같고 저희 혀로는 아첨하나이다"**(9). 이 구절을 로마서 3장에서는 인류가 전부 타락하였다는 주장에 대한 구약의 증거로 택하고 있습니다(롬 3:13,14). 사도 바울이 복음을 설명하면서 율법을 가진 유대인이나 율법 없는 헬라인이나, 인격이 고상하거나 종교성이 있거나 관계없이 모두 다 타락하여 하나님의 진노를 받기에 합당할 뿐이라면서 인용한 구절이 9절입니다. 그러므로 9절은 믿는 자도 다 포함됩니다. 믿는 사람이 자기를 제외한 다른 사람들의 핍박 때문에 그들을 원수 삼고 그들에게서 놓여나게 해 달라는 의미가 될 수 없습니다. 9절은 인류 전체가 부패하였음을 말하고 있기 때문입니다. 다윗 당장 악인들에게 목숨이 위협받는 긴급한 상황에서 구출되길 바라는 상황에서 나온 말이지만 로마서는 이처럼 인류의 전적 부패를 선언하는 증거 구절로 인용합니다. 그렇다면 8절에서 여호와께 호소하는 당사자가 누구인지는 분명해집니다. 비록 다윗의 입을 통해서 나온 말이라도 그 궁극적인 의미는 메시아입니다. 물론 신자들에게 어려움이 닥쳤을 때 하나님께 호소하고 기도하는 것이 잘못됐다는 말이 아닙니다. 그런 의미를 충분히 생각할 수 있습니다. 그러나 이 구절을 그런 의미로만 생각해버리면 풀릴 수 없는 의문들이 다수 포함되어 있습니다. 이 시편은 다윗의 일상만을 이야기하고 있지 않으며 메시아에 관한 진실을 내포하고 있다는 점이 가장 중요한 목적이라고 할 수 있습니다. 그 점을 찾아내어 확인하고 우리 믿음의 내용으로 삼는 것이 우리에게 시편을 주신 하나님의 뜻을 이루는 일입니다.

8절도 자세히 보면 그와 같은 의미를 지지합니다. 문맥에 따르면 **"여**

호와여 나의 원수들을 인하여 주의 의로 나를 인도하소서"라는 말씀에서 '나'는 메시아이심을 알 수 있습니다. 2편부터 암시되었듯이 여호와를 대적하는 자들을 "원수"라고 하실 분은 메시아밖에 없기 때문입니다. 메시아가 하실 일이 다윗의 일상을 배경으로 하여 그의 입을 통해 미리 알려진 것입니다. 그러나 이 구절의 문자적인 의미를 좀 더 자세히 살필 필요가 있습니다. "나의 원수들을 인하여"에서 "인하여"로 번역된 단어는 주로 '위하여'라는 뜻으로 번역되어 목적이나 의도, 의향을 나타내는 말입니다. 기본적인 의미가 '위하여'입니다.

그렇게 하면 이 구절이 어색해 보입니다. '원수들을 위해서' 어떤 좋은 일을 해 달라는 부탁은 일반적으로 사람들 사이에서는 있을 수 없는 일이기 때문입니다. 그러나 2편부터 계속되는 말씀을 생각해 보면 '원수들을 위하여'라는 말이 더 맞는 말입니다. 3, 4편에서 메시아는 하나님을 대적하는 원수 중 어떤 자들을 구원하기 위해 기꺼이 죽음의 고난을 당할 것이며, 그렇게 해서 구원 얻을 자들을 발견하는 것이 땅에서 얻을 수 있는 그 어떤 만족과 즐거움보다 더 큰 즐거움이라고 했습니다. 그런 소망이 있기에 죽고 부활하는 자리에 기꺼이 들어간다는 의미였습니다. 그런 점에서 보면 '원수들을 위하여' 여호와께서 이런저런 일을 해주시라고 구한 것이 결코 이상한 일이 아님을 알 수 있습니다.

그뿐만이 아닙니다. '원수들을 위하여'라고 봐야 할 이유는 본문 내에서도 발견됩니다. '주의 의로 나를 인도해 주십시오', '주의 길을 내 목전에 곧게 하여 주소서'라는 말씀이 그 점을 가리킵니다. 이사야 45장에서 그 의미를 찾을 수 있습니다. 이사야 45장은 이방의 왕 고레스를 하나님이 기름 부으셨다는 말씀으로 시작하고 있습니다. 하나님이 어찌 이방인을 자기 백성을 다스리는 왕으로 세우실 수 있는가 하는 의문에 대해 천지 만물을 지으신 하나님은 얼마든지 그러실 수 있다는 말씀에 이어서 이렇게 설명합니다. "내가 의로 그를 일으킨지라 그의 모든 길을 곧게 하리니 그가 나의 성읍을 건축할 것이며 나의 사로잡힌 자들을 값이나 갚음 없이 놓으리라 만군의 여호와의 말이니라 하셨느니라"(사 45:13). 시편 5:9에 대한 완벽한 주석이라 할 수 있습니다. '내가 의로 그를 일으킬 것이며 그의 모든 길을 곧게 하리라'는 말씀은 그가 내 나라를 세우며 다스리는 데 있어서 방해가 되는 모든 것을 내가 다 평탄케 할 것이라는 뜻입니다. 2, 3절에서 고레스가 왕이 되는 일을 가능케 하신다는 뜻에서 이렇게 말하는 것과 같습니다. "내가 네 앞서 가서 험한 곳을 평탄케 하며 놋문을 쳐서 부수며 쇠빗장을 꺾고 네게 흑암 중의 보화와 은밀한 곳에 숨은 재물을 주어서 너로 너를 지명하여 부른 자가 나 여호와 이스라엘의 하나님인 줄 알게 하리라"(사 45:2,3). 고레스가 왕이 되어 온전한 통치를 하게끔 하나님께서 역사하신다는 것입니다.

고레스는 장차 여호와께서 하나님 나라를 다스릴 참된 왕을 세우시는 일에 대한 예표가 됩니다. "그가 나의 성읍을 건축할 것이며 나의 사로잡힌 자들을 값이나 갚음 없이 놓으리라"(13), 하나님의 나라를 이루시되 '값이나 갚음 없이' 놓여나게 한다는 말은 그들에게서 하나님 나라의 백성되는 자격요건을 찾지 않으시고, 즉 그들에게서 아무런 대가나 값을 요구하지 않으시고 오직 의로우신 하나님의 은혜와 능력으로 세워가신다는 것입니다. 그래서 이루어지는 결과에 대해 이렇게 말합니다. "여호와께서 말씀하시되 애굽의 수고한 것과 구스의 무역한 것과 스바의 장대한 족속들이 다 네게로 돌아와서 네게 속할 것이요 그들이 너를 따를 것이라 사슬에 매여 건너와서 네게 굴복하고 간구하기를 하나님이 과연 네게 계시고 그 외에는 다른 하나님이 없다 하리라 하시니라"(14). 애굽과 구스와 스바는 이방 세력의 대표를 지칭합니다. 그들 모두가 하나님이 일으키신 왕에게 속할 것이라는 말입니다. 모든 이방이 다 하나님의 백성이 될 날이 올 것을 의미합니다. '하나님의 의로 일으킴을 받고, 하나님께서 그의 모든 길을 곧게 하시는' 분의 수중에 온 이방이 들어올 것이라는 뜻입니다. 그런 점에서 '길을 곧게 하다'는 말은 '원수들을 평정하다, 그들을 정복하여 내 나라 백성으로 하다'는 의미입니다. 이방이 하나님 나라에 들어오는 것을 가능케 한다는 것입니다. 그동안 이방이 하나님 나라에 예속되지 못하게 했던 모든 장애물을 치우신다, 방해 세력을 정복하여 내게 복종하는 종으로 삼는다는 말입니다. 단순히 죽이는 것만이 원수를 이기는 일이 아닙니다. **"다윗의 장막에 왕위는 인자함으로 굳게 설 것이요 그 위에 앉을 자는 충실함으로 판결하며 공평을 구하며 의를 신속히 행하리라"**(사 16:5)라고 하신 말씀과 같습니다. 다윗 장막의 왕위는 메시아가 다스리시는 하나님 나라를 의미합니다. 그 왕권이 하나님의 인자함으로만 세워질 것이요 세워진 왕은 진리 안에서 의와 공평으로 성실하게 다스리는 분이시라, 그 나라는 부정과 거짓과 죄가 발붙이지 못하는 나라가 될 것이라는 말입니다.

시편 5편에서 다윗은 메시아가 다스리실 바로 그 나라를 내다보고 있습니다. 더 자세히 말하면 다윗의 입을 통하여 메시아가 흠 없는 제물 되신 자격과 권한을 가지고 부활에 대한 소망과 이방의 구원을 하나님 아버지께 소원으로 아뢰실 것을 알게 하는 것입니다. 그런 점에서 본문 5:8은 '하나님 아버지, 내 원수들을 위해 기도합니다. 저들에게서 죄값을 찾지 마시고, 갚음이나 값없이 오직 하나님의 의로 저들을 구원하사 내 나라의 백성 되게 하소서. 흠 없는 제물된 나의 죽음을 보시고 저들을 구원해 주옵소서'라는 의미로 이해할 수 있습니다.

9절은 그렇게 해야만 하는 이유를 밝힙니다. '왜냐하면'이라는 말로 시작하고 있습니다. 왜 하나님의 의로 메시아를 인도하셔야 하며, 왜 주께서 주의 길을 곧게 해주셔야 하는지를 말씀하는 것입니다. '왜냐하면 저희 입에 신실함이 없고 저희 심중이 심히 악하며 저희 목구멍은 열린 무덤 같고 저희 혀로는 아첨하기 때문입니다'라는 뜻입니다. 앞에서도 말씀 드렸지만, 이 말씀에 대한 바른 이해는 로마서 3장에서 찾아볼 수 있습니다. 로마서 3장에서 사도 바울은 "기록한 바 의인은 없나니 하나도 없다"(롬 3:10)는 시편 14편의 말씀을 따라 인용하면서 인간의 전적인 부패에 대해 성경이 어떻게 증거하고 있는지를 밝힙니다. 지적, 정서적, 의지적 측면에서 한결같이 타락하였음을 여러 구절에서 인용하는데 그중 하나가 본문입니다(롬 3:13,14). **"저희 목구멍은 열린 무덤이요**(시 5:9) **그 혀로는 속임을 베풀며**(시 5:9) **그 입술에는 독사의 독이 있고**(시 140:3) **그 입에는 저주와 악독이 가득하고"**(시 10:7). 시편 여러 곳에서 인용한 이 말씀의 요점은 사람 마음이 전적으로 부패했다는 것입니다. 목구멍, 혀, 입술, 입 등은 마음의 악한 것이 밖으로 나오는 통로입니다. 인간의 마음이 악하다는 것을 세세하게 그려놓은 것입니다. "목구멍"은 "열린 무덤"이라고 합니다. 입에서 나오는 말이 마치 무덤에서 시체의 악취가 나듯이 부패한 마음에서 부패하고 악하고 독한 온갖 더러운 말들이 쏟아져 나온다는 뜻입니다. "혀"는 매끄러워서 겉으로는 달고 아름답고 흠잡을 데 없으나 그 "입술"은 송곳니의 뿌리에 치명적인 독이 있는 독사와 흡사해서 사람을 상처 입게 하고 심지어 죽게도 합니다. "입에는 저주와 악독이 가득하고"라는 말은 자신의 이익을 위해서 이웃을 속이기도 하고 이용하기도 하는 행태를 말합니다. 이 말씀의 궁극적인 의미는 사람의 마음이 철저히 부패했다는 것입니다. 달콤한 말로 위장해도 본질적인 부패는 피할 수 없이 모든 사람에게서 나타납니다. 미워하고 분노하며, 저주하고 조롱하며 중상하는 모든 말들은 그 마음이 하나님께서 처음 만드신 성결한 상태에서 철저히 벗어나 썩은 시체가 들어앉아 있는 것과 같이 된 상태라는 말입니다. 바울은 이미 구약성경이 사람의 상태를 그렇게 파악하고 있었다고 설명하고 있습니다.

그런 이유로 메시아는 '내 원수들이 철저히 부패하여 절대 자기 의로 하나님 나라의 구성원이 될 수 없으므로 하나님의 의로 메시아인 나를 인도하시고 주의 길을 내 앞에 곧게 하심으로 세워주시라'고 기도하는 것입니다. 이처럼 본문은 '원수들을 인하여' 보다 히브리어 단어의 주된 의미 그대로 '원수들을 위하여'라는 말로 해석되는 것입니다. 비록 다윗은 원수들로부터 포위당하여 고립된 상태에서 벗어나길 원하여 이렇게 말하였다 할지라도 그 이면에는 이 일을 통하여 메시아가 무엇을 구하는지를 암시하는 시편 계시를 작성한 것입니다. 스스로는 어떻게 할 수 없는 죄인들인 원수들을 위하여 저들에게서 의를 찾지 마시고 하나님께서 준비하신 의로 나를 일으키시사, 하나님께서 의도하신 복된 의와 공평의 나라를 세워주시라는 메시아의 간구입니다. 메시아는 원수들을 위하여, 그들을 살리기 위하여 기도하고 계신 것입니다.

이 말이 그렇게 틀리지 않을 것이라고 확신하는 이유는 로마서 5장에서도 찾을 수 있습니다. 바울은 하나님께서 우리를 향하여 베푸신 구원의 성격을 **"우리가 원수 되었을 때에 그 아들의 죽으심으로 말미암아 하나님으로 더불어 화목되었은즉 화목된 자로서는 더욱 그의 살으심을 인하여 구원을 얻을 것이니라"**(롬 5:10)고 말씀합니다. 사람에게 원수는 도저히 화합할 수 없는 사람, 그가 죽고 내가 살아야 직성이 풀리는 사이를 가리킵니다. 하지만 하나님은 그런 원수를 위하여 그 아들을 대신 죽게 하시는 사랑을 베푸신 분이라고 합니다. 우리가 구원 얻은 것은 바로 우리가 하나님과 원수 되었을 때 예수님께서 우리를 위해 죽어주셨기 때문입니다. 바울이 전한 이 말씀 또한 근거 없이 나오지 않았습니다. 다 구약성경에서, 특히 이와 같은 시편의 말씀을 근거로 해서 나왔습니다. 진실이 그러하기 때문입니다. 예수님께서 그를 따르는 백성들에게 원수 사랑을 가르치신 것도 그가 먼저 원수들을 위한 사랑을 베푸셨기 때문입니다. "또 네 이웃을 사랑하고 네 원수를 미워하라 하였다는 것을 너희가 들었으나 나는 너희에게 이르노니 너희 원수를 사랑하며 너희를 핍박하는 자를 위하여 기도하라"(마 5:43,44). 자신이 먼저 원수를 사랑하는 사랑을 보이지 않으셨다면 어떻게 자기 백성들에게 그와 같은 명령을 내리실 수 있겠습니까? 이처럼 이 구절이 원수들을 위한 메시아의 간구로 볼 수 있는 증거는 시편 자체의 문맥과 예수님과 사도 바울의 복음에서도 증거됩니다. 얼핏 보면 원수들을 처벌하여 주시라는 이야기 같으나 이와 같은 근거들에 의해 오히려 그들을 위한 요청이라고 볼 수 있는 것입니다. 메시아는 율법을 어김으로 하나님과 원수 되었던 자들을 살리기 위해서 자신의 죽음과 하나님의 인자로 인한 부활을 근거로 하나님 앞에 나아가 엎드려 간구하고 있는 것입니다. 신자는 그처럼 무능력한 원수들을 구원하기 위해서 하나님과 메시아가 마련하신 그 사랑을 받은 자들입니다.

Chapter 4

원수 사랑의 범위

> 하나님이여 저희를 정죄하사 자기 꾀에 빠지게 하시고 그 많은 허물로 인하여 저희를 쫓아내소서 저희가 주를 배역함이니이다 오직 주에게 피하는 자는 다 기뻐하며 주의 보호로 인하여 영영히 기뻐 외치며 주의 이름을 사랑하는 자들은 주를 즐거워하리이다 여호와여 주는 의인에게 복을 주시고 방패로 함 같이 은혜로 저를 호위하시리이다 (시 5:10-12)

메시아의 간구는 놀랍게도 '원수들'이 구원받는 것이었습니다. 그러나 그것이 모든 죄인을 아무 구분없이 다 포함한다는 뜻은 아닙니다. 원수였던 자들을 구원하시는 것이 분명하지만 모든 원수를 구원하지는 않습니다. 본문은 메시아의 원수들이 구원의 은혜를 받는 부류와 받지 못하는 부류로 구분된다는 점과 그 이유를 밝힙니다. 메시아의 원수 사랑은 아무런 틀이나 기준도 없이 무조건 아무에게나 구원을 안기는 것이 아닙니다. 어떤 한정된 틀 안에서 이루어집니다.

원수 사랑이라는 은혜 안에서도 끝내 심판받을 자들이 있습니다. 메시아는 하나님께 그들에 대한 심판을 요청합니다. **"하나님이여 저희를 정죄하사 자기 꾀에 빠지게 하시고 그 많은 허물로 인하여 저희를 쫓아내소서 저희가 주를 배역함이니이다"**(10). 근본적으로 하나님의 원수들은 모두 심판받게 되어 있습니다. 메시아는 하나님께 그들을 정죄하여 쫓아내시라고 아뢰고 있습니다. "쫓아내소서"는 저들이 의인의 회중에 들지 못하는 것, 곧 심판받는 것이 당연하다는 의미입니다. "저희를"은 9절에서 설명했던 것처럼 특히 악한 몇몇이 아니라 하나님과 메시아를 대적했던 사람들, 곧 인류 전체를 가리킵니다(롬 3:13,14 참고). 인류 전체는 심판받아야 마땅하다는 것입니다. 인간의 처지는 근본적으로 그럴 수밖에 없음을 확증하고 있습니다. "자기 꾀에 빠지게 하시고"는 그들이 낸 책략이 실패로 돌아가게 해주시라는 뜻입니다. 그들의 책략이란 율법에 불순종하여 하나님을 반역하는 시도로, 율법에 불순종한 죄를 심판받게 해주시라는 것입니다. **"그들의 많은 허물로 저희를 쫓아내소서 저희가 주를 배역함이니이다"**라는 말씀이 그 의미입니다. 율법에 대한 인간의 불순종은 하나님 편에서 보면 참으로 가증한 인생이요 왕에게 반역하는 것과 같으므로 하나님은 인류 전체를 심판하시기에 마땅하다는 것입니다. 10절은 결국 메시아의 원수 사랑이 모든 인간을 대상으로 한 것이지만 아무 구분도 없이 모두를 다 사랑하여 구원하는 것은 아님을 알게 합니다. 원수들 중에서도 구원받는 자와 멸망 받는 자가 구분됩니다. 그런 구분은 반드시 있어야 합니다. 구분이 없다면 구원과 심판이 제대로 이루어질 수가 없기 때문입니다. 공의와 불의, 의와 심판, 의인과 악인의 구분은 반드시 있어야 합니다. 만일 하나님께서 아무도 심판하지 않으시고 모든 원수를 다 구원해 주신다면 이 세상에는 불의와 혼란만 있을 것이며 거룩하신 하나님이라 불리실 수도 없습니다. 메시아는 원수들을 사랑하나 모두를 다 사랑하시는 것은 아닙니다. 어떤 구분이 있습니다. 메시아의 원수 중에서 메시아의 죽음과 부활의 능력으로 심판 대신 구원에 이를 사람들이 있습니다. 그들을 11절에서 밝힙니다. **"오직 주에게 피하는 자는 다 기뻐하며 주의 보호로 인하여 영영히 기뻐 외치며 주의 이름을 사랑**

하는 자들은 주를 즐거워하리이다"(11).

원수들 중에서 구원받을 사람들을 "주에게 피하는 자들"로 묘사합니다. 주님께 피한다는 것은 자기에게 '의'가 없어 하나님 앞에 나아갈 자격이 없음을 알면서도 도움을 청하러 나아가는 것입니다. 율법을 지키지 못하는 하나님의 원수이면서 멸망 당할 수밖에 없는 처지임을 알면서도, 은혜로우신 하나님의 처분에 자신을 온전히 맡기고 나아오는 것을 말합니다. 그와 같이 어떤 사람은 하나님께 피하려 합니다. 자기가 대적했던 분이시요 원수된 사이이며 그분이 마음만 먹으면 나를 불구덩이 속으로 당장에 밀어 넣는 힘과 권세를 다 가지셨음에도 불구하고 그 하나님을 피난처로 삼습니다. 그렇게 할 만한 근거를 알고 있기 때문입니다. 메시아가 죽음과 부활을 통해 이루시고자 한 원수 사랑이 바로 나에게 해당된다는 사실을 알고 믿기 때문입니다. 그토록 놀라운 메시아의 원수 사랑이 나 같은 자도 회개하면 멸망 당하지 않게 하심을 알고 하나님을 피난처로 삼습니다. 율법에 불순종하여 하나님의 통치를 벗어나려 했던 자신이 소망 없음을 인정하고 모든 것을 하나님께 의뢰하며 나아가는 것입니다.

메시아는 그들을 위해 하나님께 간구합니다. 우리말 성경은 이 구절을 단순히 주께 피하는 자들에게 일어날 일을 이야기하는 것처럼 번역했으나 원문은 간접명령형을 사용하여 청원의 의미를 밝히고 있습니다. 어색하더라도 원문 그대로 번역하면 '주께 피하는 자들이 모두 기뻐하게 하소서 영원히 기뻐 소리치게 하소서 주께서 그들을 덮으시리이다.[15] 주의 이름을 사랑하는 자들은 주를 즐거워하게 하소서'라고 할 수 있습니다. 하나님께 피하는 자들이 원하는 죄사함의 은혜와 구원을 허락해 주셔서 저들이 기뻐하되 영원히 그 기쁨을 잃지 않게 해주시며 그들을 보호해 주심으로 말미암아 주의 이름을 사랑하게 된 자들이 즐거워하게 해주시라는 기원입니다. 하나님께 피하는 자들이 특별한 혜택을 얻게 해주시라는 청원입니다. 일반적으로 전쟁 중 사로잡힌 포로들은 노예로 전락하여 괴로운 삶을 살 수밖에 없으나 모든 것을 내려놓고 하나님께 피한 포로들에게는 오히려 '다 기뻐하며 영영히 기쁨으로 소리치며 주님을 즐거워하게 해 주시라'는 말씀입니다.

이 기쁨은 운명이 반전된 자들에게서 나오는 기쁨입니다. 무모하게 반역하는 무리에 가담했다가 진노하시는 하나님의 손에 죽을 수밖에 없던 자들이, 그 화를 면하게 될 뿐만 아니라 오히려 하나님의 완전한 보호를 받게 되어 내지르는 환호성입니다. 그 기쁨이 영영히 계속된다는 것은 그 은혜가 영원히 사라지지 않는다는 의미입니다. 하나님의 나라에서는 항복한 노예들, 곧 회개한 죄인들에 대한 대우가 다릅니다. 하나님께 피하는 자들의 죄를 덮어주십니다. "주의 보호로 인하여"라는 말씀은 '주님께서 그들을 덮으시리이다'라는 뜻입니다. 하나님은 자신에게 피하는 자들의 허물과 죄, 반역의 역사를 영원히 덮어버리심으로 그들이 보호받게

---

15 원문은 11절에 나타난 동사 중 '보호하시리이다'만 미완료 형태(Imperfect)이고 나머지 셋은 모두 간접명령형(Jussive)이다. 우리말 성경은 "주님의 보호로 인하여"로 의역하고 있으나 '주께서 그들을 덮으시리이다'라고 번역하는 형식이다(70인역, 킹흠정역 참고). 그 의미는 메시아가 하나님께 회개한 자들을 맞아주시고 지속해서 보호해 주심으로 하나님을 사랑하며 즐거워하게 해주시기를 확신 가운데 구하는 것이다.

하시며 안식을 누리게 하십니다.

주님께 피한 자들은 이제 하나님의 이름을 사랑하게 됩니다. "이름"은 여호와 하나님의 본질적인 속성을 나타냅니다. '하나님의 이름을 사랑한다'는 것은 하나님의 존재 자체를 사랑한다는 의미입니다. 하나님의 성품과 뜻과 행위 같은 하나님의 모든 것을 사랑합니다. 회개한 죄인들을 대하시는 하나님의 은혜를 알기 때문입니다. 하나님이 항복한 포로들을 단순히 비참한 노예 생활을 면하게 하는 정도로 끝내지 않으시고, 도무지 화평한 관계가 될 수 없었던 원수된 자들을 사랑하는 자녀로, 친백성으로 삼으심을 알게 되었기 때문입니다.

메시아는 이제 하나님을 사랑하게 된 자들이 즐거워하게 해주실 것을 구하십니다. **'주의 이름을 사랑하는 자들은 주를 즐거워하게 하소서'**, 즉 하나님을 아버지와 왕으로 사랑하게 된 자들이 계속하여 하나님의 은혜 아래서 즐거워하게 해주시라는 것입니다. 메시아는 그렇게 해주시길 하나님 아버지께 간청하고 있습니다. **"내가 부를 때에 여호와께서 들으시리로다"**(시 4:3)라는 말씀처럼 하나님은 메시아의 청이라면 다 들어주시는 관계입니다. 그 신뢰관계를 바탕으로 메시아는 원수들을 위하여 기도하십니다.

메시아가 이와 같은 간구를 드리는 이유가 있습니다. 하나님의 성품을 알기 때문입니다. **"여호와여 주는 의인에게 복을 주시고 방패로 함같이 은혜로 저를 호위하시리이다"**(12). 원문은 이 구절을 '왜냐하면'으로 시작합니다. '왜냐하면 여호와여 주는 의인에게 복을 주시고 방패처럼 은혜로 의인을 호위하시기 때문입니다' 이런 뜻입니다. 11절에서 밝힌 대로 원수 중에서도 '회개한 원수'는 하나님의 이름을 영원히 기뻐하며 사랑하는 자가 될 수 있는 이유에 대해 이렇게 말합니다. 하나님은 의인에게 복을 주사 방패처럼 은혜로 의인을 호위하시기 때문이라는 의미입니다.

한 가지 주목할 내용이 있습니다. 시편의 흐름에 의하면 여기서 말하는 "의인"은 중요한 의미 변화가 있습니다. 1편에서는 율법 순종에 흠이 없는 자, 하나님의 통치원리를 어겨본 적이 없는 자를 의인이라 하였습니다. 사람이 율법을 지킬 수 있느냐 없느냐를 살피기 전에 근본적으로 의인이란 그런 수준에 있는 자들을 의미하였습니다. 그러나 2편에서는 율법을 지킨 의인이 한 명도 없다고 합니다. 왕들과 나라들이 하나님과 메시아를 반역하였다는 말씀이 그 점을 의미합니다. 5편에서도 인류는 메시아의 원수요, 전적으로 부패한 자들이었습니다(시 5:9). 하지만 12절에서 의인의 정의가 달라집니다. 1편에서 원리적인 의미로 의인을 말했다면 여기서는 율법을 어긴 죄인이자 하나님의 원수 중에서 의인이 될 자를 이야기합니다. 12절은 그 점에서 중대한 진리를 함축하고 있습니다. 앞의 구절과 연관시켜서 생각해 볼 때 12절의 "의인"은 메시아가 베푸는 원수 사랑을 받은 자들을 가리킵니다. 하나님의 통치 원리인 율법에 비추어 보면 누구도 의인이라 불릴 수 없었습니다. 누구나 다 율법을 지키는 일에 실패했기 때문에 의인은커녕 하나님의 대적자요 원수들일 뿐입니다. 그러나 그들 중에 어떤 사람이 구원의 기쁨을 영원히 즐거워하며 하나님을 사랑하는 의인이 됩니다. 바로 주께 피하는 자들입니다. 그들은 자기에게 "의"가 있음을 자랑하는 자들이 아닙니다. 자기가 하나님 앞에 나아갈 자격이 없다는 사실을 알면서도 나아가는 것입니다. 곧 율법을 지키지 못하여 하나님을 대적한 원수였음을 아는 자요, 그래서 멸망 당할 수밖에 없음을 알면서도 하나님의 처분에 자신을 온전히 맡기고 나아가는 것입니다. 메시아의 죽음과 부활의 목적을 알기 때문입니다. 메시아의 죽음과 부활을 의지하여 하나님께 나아가 회개하면 그 놀라운 사랑을 원수였던 자신에게도 아낌없이 베풀어 주시는 분이신 줄 알고 머리 숙여 나아가는 것입니다. 이와 같은 모양으로 주님께 피하는 자를 의인이라 부르시며 하나님의 백성으로 들이시는 복을 주십니다. 이제부터 의인은 율법을 흠 없이 지킨 자들이 아니라, 즉 자신이 의로운 수준이어서가 아니라 메시아의 긍휼과 자비를 힘입은 자들입니다. 원수가 의인이 되었습니다. 원수였던 자들 중에서 회개한 자들이 의인입니다.

하나님은 의인을 철저히 보호하시는 분입니다. **"방패로 함같이 은혜로 저를 호위하시리이다"**, 마치 전쟁터에서 적군의 창과 화살을 막아내는 방패와 같이 하나님의 은혜는 의인을 영원히 안전하게 보호하십니다. 하나님께서 은혜로 의인을 지켜주시지 않으면 누구도 마귀의 수하에서 벗어날 수 없습니다. **"시몬아 시몬아 보라 사단이 밀 까부르듯 하려고 너희를 청구하였으나 그러나 내가 너를 위하여 네 믿음이 떨어지지 않기를 기도하였노니"**(눅 22:31,32)라는 예수님의 말씀이 그 점을 알게 합니다. 하나님의 보호하심이 아니면 아무도 믿음을 유지할 수가 없고, 그의 신분을 영원히 안전하게 지켜낼 수 없습니다. 사람은 자신의 영혼을 지켜내기에는 너무도 약한 존재입니다. 그러나 하나님은 회개한 자들을 철저히 지켜주시고 보호하십니다. 언제까지나 회개하여 의인된 자들을 은혜로 완전하게 호위하십니다. 메시아는 이와 같은 하나님의 성품을 알기에 원수들 중에서 하나님께 피하는 자들을 구원하사 영원히 기뻐하며 즐거워하게 해주시기를 기도하는 것입니다.

이 기도로 메시아는 원수 사랑의 범위를 알려주십니다. 모두가 다 하나님의 원수였습니다. 잘못으로 따지면 모든 인간이 다 멸망 당해야 합니다. 하지만 여기서 메시아가 그 기준을 바꾸셨습니다. 메시아는 원수들 중에서 하나님께 피하는 자들은 하나님 나라에서 영원한 안식을 누리면서 즐거워하며 살게 해주시라고 청하고 있습니다. 이에 따라 멸망 당하는 자들은 그들이 죄를 범했기 때문만은 아닙니다. 그들이 멸망 당하는 궁극적인 이유는 주님께 피하지 않았기 때문입니다. 자기 죄를 인정하지 않는 동시에 하나님의 은혜를 바라며 피난처 삼아 나아가지 않은 것입니다. 구원 얻지 못하고 멸망 당하는 자는 바로 그런 자들입니다. 그러나 자기 실체를 깨닫고 주님께 피하는 자들은 하나님께 속하게 됩니다. 이들도 분명히 하나님의 원수였으나 하나님의 도움을 바라며 피하는 자로 구원을 받게 된 것입니다. 아울러 단순히 용서에만 그치지 않고 사랑하는 가족처럼, 왕의 자녀처럼 하나님 나라에서 영원히 기뻐하고 즐거워하며 거할 수 있게 된 것입니다.

죽으시고 부활하신 메시아께서 하나님께 청원하셨기 때문입니다. 모든 원수를 다 용서해 주시라는 요청이 아닙니다. 멸망 당해야 마땅한 원수들 중에서 오직 자기 죄를 인정하고 하나님의 자비와 긍휼만을 기대하며 주께 피하는 자들을 구원해 주시라는 기도입니다. 이로써 메시아는 하나님 나라가 세워지는 일에 든든한 기반을 닦으셨습니다. 예수님께서 **"내가 저희와 함께 있을 때에 내게 주신 아버지의 이름으로 저희를 보전하와 지키었나이다 그중에 하나도 멸망치 않고 오직 멸망의 자식뿐이오니 이는 성경을 응하게 함이니이다"**(요 17:12)라고 하신 기도와 행하신 모든 일은 시편의 예언을 성취하는 분이시라는 증거입니다. 아무도 들어갈 수 없었던 의인의 회중에 이 모든 과정을 홀로 예비하신 메시아로 인해 많은 사람이 들어가게 되는 것입니다. 주님께 피하는 자들에게 영원히 의인이라 불리는 은혜가 끊어지지 않을 것입니다.

말씀 묵상하며 시편찬송 부르기

주여 귀 기울이사

시편 5 (1)

MORNING LIGHT. 77.77.D.

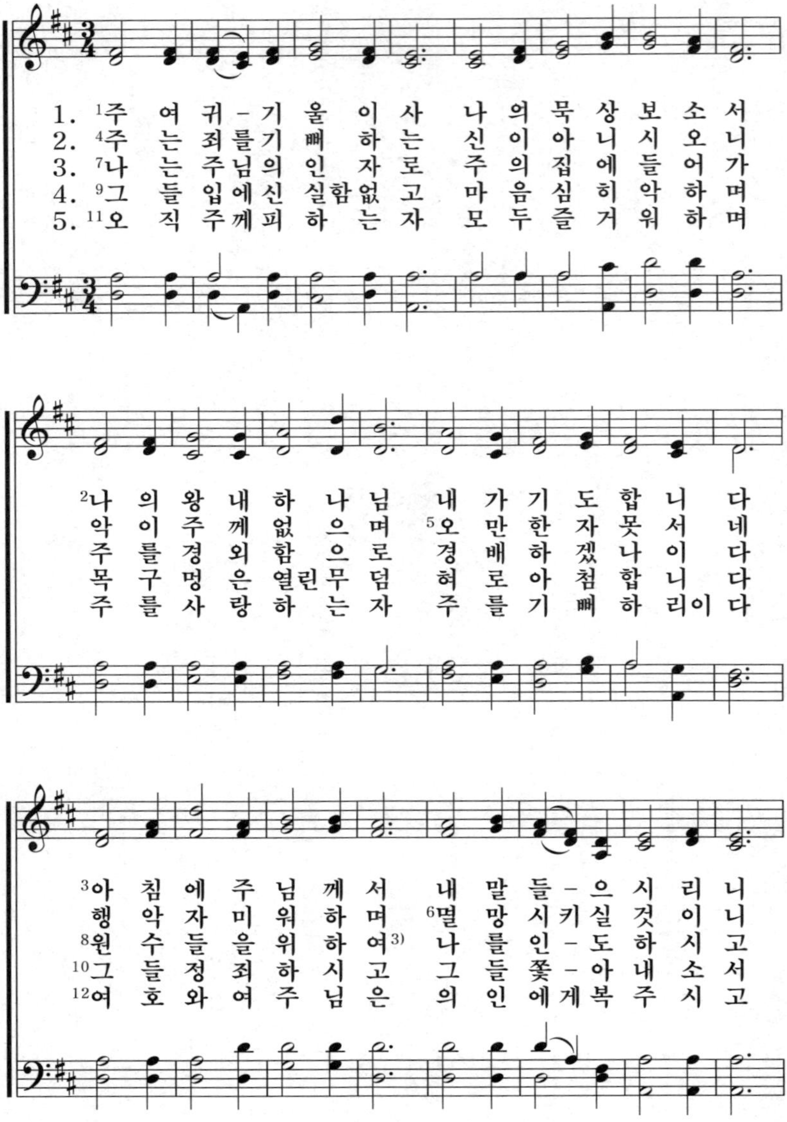

1) 상 위에 떡을 진설해 놓은 것(출 40:23)이나 제물을 위한 나무를 차곡차곡 쌓는 일(왕상 18:33), 군대가 도열하는 모습(삼하 10:9)과 같은 단어로, 제물을 바친 후 하나님의 은혜를 기다리는 메시아의 모습을 예표한다(창 15:9-11 참조).
2) '주시하다', '망보다'라는 뜻. 제물을 드린 후 하나님의 은혜가 임하기를 바라며 기다리는 모습이다.
3) 롬 3:13에서 '의인이 하나도 없다'는 사실의 증거 구절로 시 5:9을 인용함을 보아, 부패한 인간을 구원하시기 위해 고난 당하는 메시아의 심정을 대변하는 구절로 이해된다(롬 5:10 참고).

말씀 묵상하며 시편찬송 부르기 · 5편

주여 귀 기울이사

시편 5 (2)

시편찬송 듣기

ABERYSTWYTH. 77.77.D.

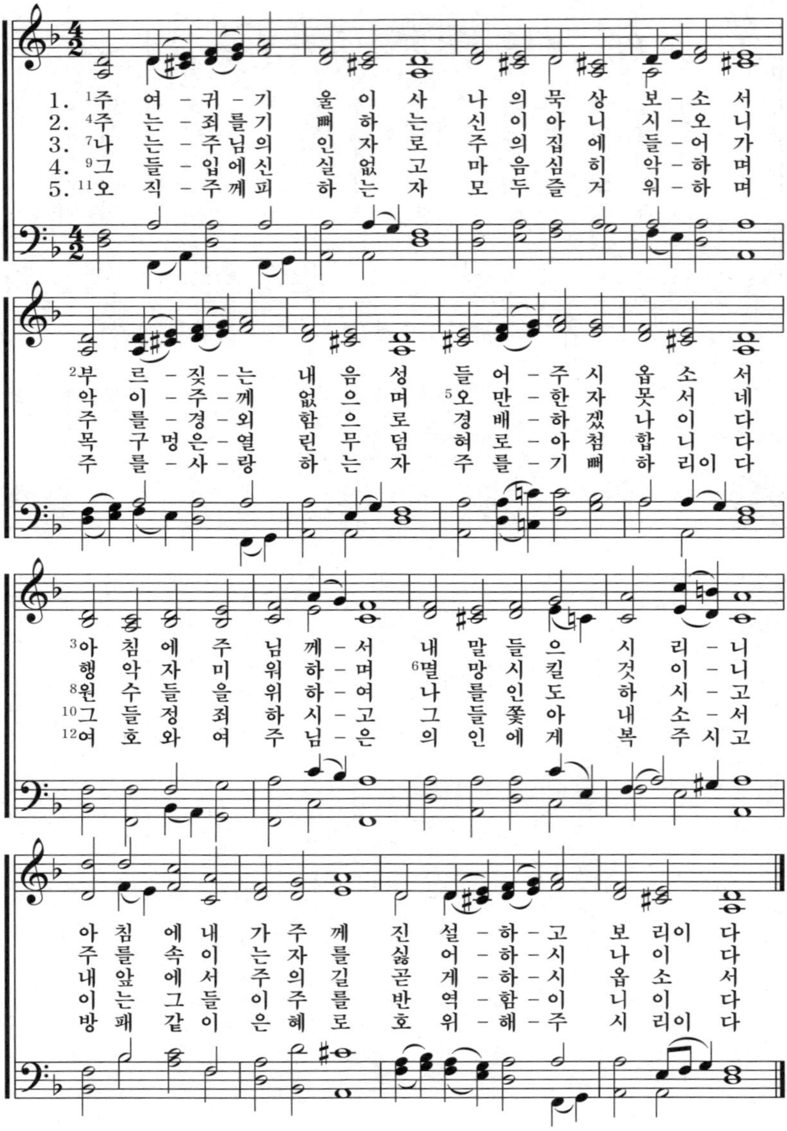

시편 6편

진노로 마옵소서
주의 인자하심을 위하여
행악하는 너희는

Psalms

Chapter 1

진노로 마옵소서

> 여호와여 주의 분으로 나를 견책하지 마옵시며 주의 진노로 나를 징계하지 마옵소서 여호와여 내가 수척하였사오니 긍휼히 여기소서 여호와여 나의 뼈가 떨리오니 나를 고치소서 나의 영혼도 심히 떨리나이다 여호와여 어느 때까지니이까 (시 6:1~3)

5편은 메시아가 자신의 죽음과 부활을 근거로 베푸는 구원의 범위를 다뤘습니다. 율법을 지키지 못하여 하나님의 원수로 전락되었던 인류 중 오직 회개로 주님께 피하는 자들이 하나님의 나라에 거하며 기뻐하는 의인의 권한을 영원히 누리게 될 것입니다.

이어지는 6편은 신자가 병들었을 때 긍휼을 구하는 기도처럼 보입니다. '수척했다, 뼈가 떨린다'(2), '눈물로 침상을 띄우고 요를 적신다'(6), '눈이 쇠한다'(7)는 말이 그렇습니다. 하지만 6편은 단순히 육신의 질병같은 고통보다 더 깊은 의미의 고통을 다루고 있습니다. **"내 영혼을 건지소서, 나를 구원하소서"**(4)라는 말씀이나 **"사망 중에서는 주를 기억함이 없사오니 음부에서 주께 감사할 자 누구리이까"**(5)라는 말씀이 바로 그렇습니다. 육체가 아플 때 느끼는 고통을 다룬다기보다 영혼의 문제와 구원의 문제, 그리고 사망과 음부의 영역에 관련된 내용을 다룬다고 할 수 있습니다. 시편이 의도된 문맥을 가진 한 권의 책이라는 사실을 고려한다면 시편 6편은 메시아가 원수 사랑을 위해 대속의 죽음을 당하고 스올에 내려가셨을 때를 예표하는 내용임을 짐작하게 하기 때문입니다. 그때 메시아가 가진 심정이 어떠했으며, 하나님께 어떻게 나아가셨는가를 계시하게 하신 것입니다. 5절에서 밝힌 대로 사망과 음부에 처하는 고통을 경험하신 분은 메시아밖에 없기 때문입니다.

메시아는 **"주의 분으로 나를 견책하지 마옵시며 주의 진노로 나를 징계하지 마옵소서"**(1)라고 합니다. 견책은 '죄를 일일이 캐내어 그 책임을 따지고 책망하여 벌을 준다'는 의미이며, 징계는 '훈계하고 교훈하여 징벌한다'는 뜻으로 둘 다 심판하고 징벌한다는 의미가 있습니다. 이 호소는 견책이나 징계 자체를 면하게 해 주시라는 요청 같으나 그렇지는 않습니다. '견책하시되 주의 분으로는 마옵소서 징계하시되 진노로는 마옵소서'라고 이해해야 합니다. 자신이 징계받는 것을 당연하게 여기면서 드리는 기도입니다. 이 견책과 징계 자체가 없다면 '원수 사랑'이라는 구원이 불가능합니다. 회개하는 죄인을 구원할 방도가 없습니다. 그 징벌은 메시아에게 반드시 임해야 했습니다.

그렇다면 메시아가 '견책하시되 주의 분노가 아닌 것으로 나를 징벌하소서'라고 하신 말씀은 무슨 뜻입니까? 예레미야 10장에서 우상 숭배하는 자들에 대한 하나님의 진노가 얼마나 크고 무서운지를 말합니다. 사람의 손으로 만든 물건일 뿐인 우상의 실체를 상기시키며 그 허망한 우상을 섬기는 불신앙을 하나님께서 진노로 심판하실 것이며, 그 진노는 너무 크고 압도적이어서 아무도 당해낼 사람이나 나라가 없음을 선고합니다(렘 10:18,22). 이스라엘이라도 내던질 것이며 그렇게 깨어진 몸은 다시 회복될 가능성이 없을 정도로 결정적인 타격을 입게 된다는 것입니다. 하나님은 우상숭배를 고집하는 이스라엘을 그렇게 철저히 심판할 것이라고 합니다. 하나님의 진노가 그토록 확고하며 크고 두려운 것임을 밝힙니다.

이스라엘을 향한 심판이 결정되었음을 안 선지자는 이렇게 기도합니다. **"여호와여 나를 징계하옵시되 너그러이 하시고 진노로 하지 마옵소서 주께서 나로 없어지게 하실까 두려워하나이다"**(렘 10:24). 심판 중에도 긍휼을 베풀어 주시라고 간청합니다. '징계하시되 진노로 하지 마옵시고 너그럽게 해 주시라'는 뜻입니다. 선지자가 마치 메시아처럼 이스라엘을 자신과 동일시한 상태에서 이스라엘이 징벌받아도 완전히 멸망 받지는 않게 해 주시길 빕니다(사 57:16; 64:9 참고). "너그러이"란 말이 그 점을 지지합니다. "너그러이"로 번역된 히브리어는 주로 '심판'이나 '공의'로 번역되는 단어입니다. '공의로 하시고 진노로 하지 마옵소서'라는 말이 어색하여 "너그러이"라고 한 것 같으나 성경 다른 구절에서 '공의'라는 말이 사용된 경우를 보면 이렇게 이해하는 것이 본문의 의도에 상당히 근접한 번역이라고 할 수 있습니다.

'공의'라고 하면 '한 치의 오차도 없이 옳으며 잘못된 것은 엄중하게 심판하는 속성'이라고 생각할 수 있으나 성경에서는 좀 다른 의미를 나타냅니다. 대표적으로 시편 72편을 들 수 있습니다. 2절에 **"저가 주의 백성을 의로 판단하며 주의 가난한 자를 공의로 판단하리니"**(시 72:2)라고 합니다. 공의로 통치를 베푸시겠다는 것입니다. 그러면서 공의로 베푸시는 통치를 구체적으로 이렇게 말합니다. **"의로 인하여 산들이 백성에게 평강을 주며 작은 산들도 그리하리로다"**(시 72:3). "산들"은 통치자들이나 권세자들을 의미합니다. 그들이 백성들에게, 곧 권세 없는 자들에게 평강을 준다고 합니다. "작은 산들도" 그리한다는 것은 상대적으로 작은 힘을 가진 자들도 그리한다는 뜻으로 평강을 주는 모습이 보편화되었다는 뜻입니다. 그 점을 더 설명하기를 **"저가 백성의 가난한 자를 신원하며 궁**

핍한 자의 자손을 구원하며 압박하는 자를 꺾으리로다"(시 72:4)라고 합니다. 가난한 자를 신원한다는 것은 가난한 자를 버리지 않고 공평하게 대해준다는 것입니다. 궁핍한 자의 자손을 구원하는 것이 공의의 통치입니다. 12~14절도 같은 의미입니다. "저는 궁핍한 자의 부르짖을 때에 건지며 도움이 없는 가난한 자도 건지며 저는 가난한 자와 궁핍한 자를 긍휼히 여기며 궁핍한 자의 생명을 구원하며 저희 생명을 압박과 강포에서 구속하리니 저희 피가 그 목전에 귀하리로다"(시 72:12~14). 이것이 하나님의 공의의 통치입니다. 성경은 공의와 공평을 단지 옳고 바른 무엇만 있는 것처럼 여기지 않습니다. 가난한 자, 궁핍한 자를 긍휼히 여겨 구원하며 압박과 강포에서 생명을 구하는 것을 공의라 합니다. 죄악을 따지지 말고 가난하고 궁핍한 자들이라면 무조건 도우라는 뜻은 아닙니다. 가난한 자는 자기 죄를 깨닫고 죄사함을 얻기 위해 주님께 피하는 자를 의미합니다.[16] 자기에게 의가 없어 하나님께 전적인 도움을 구하며 종의 자세로 나오는 자들입니다.[17] 성경은 그들을 가난하고 궁핍한 자로 여깁니다. 곧 의가 없어 죽게 되었음을 알고 주님께 의를 얻으러 나오는 사람들입니다. 그리고 하나님은 그렇게 자기에게 피하는 자들을 무한한 은혜와 긍휼로 용서하시고 하나님 나라의 백성으로 맞아들이신다고 하였습니다. 이것이 공의와 공평입니다. 하나님의 공의는 언제나 옳고 공평하여 죄인을 벌해야 하지만, 가진 의가 없이 죄만 가득하여 죄사함 받기 위해

---

[16] "심령이 가난한 자는 복이 있나니 천국이 저희 것임이요"(마 5:3)를 참고하라.

[17] 시편 37편에서 "오직 온유한 자는 땅을 차지하며"(시 37:11)라고 하신 말씀을 예수님께서는 심령이 가난한 자가 자기에게 의가 없음을 알고 애통하며 종된 자세로 의를 구하는 특징을 보인다는 의미로 인용하신다. "온유한 자는 복이 있나니 저희가 땅을 기업으로 받을 것임이요"(마 5:5).

주님께 피하는 가난하고 궁핍한 자들을 기꺼이 의인 대하듯 은혜 베풀어 주시는 것입니다(시 37:28; 103:6; 119:149; 119:156 참고).

"공의"란, 옳고 바른 것을 위하되 단지 그것만으로 그치지 않습니다. 주님께 피하는 가난한 자를 버리지 않고 보호하시며, 궁핍한 자의 자손을 구원하시되 압박하는 자를 꺾으시는 속성이 있습니다. 물론 죄인들이 공의를 누릴 수 있는 근거는 본문을 비롯한 이후의 여러 편에서도 밝히는 '메시아의 죽음과 기도, 부활'입니다. 하나님과 메시아의 원수로 전락한 죄인이었던 자들이 공의로 다스림 받으면서도 의인처럼 하나님 나라의 회중이 될 수 있는 것은 바로 메시아가 자기 목숨을 희생제물로 바쳤기 때문입니다. 그 제물을 보시고 하나님은 의와 공평을 잃지 않으면서도 죄인들에게 긍휼을 베풀어 의인의 회중에 들어가게 하십니다. 그것이 성경이 의미하는 공의이며 하나님은 백성들에게 자기가 받은 것과 똑같은 공의를 행하라고 명하십니다. **"여호와께서 이같이 말씀하시되 너희가 공평과 정의를 행하여 탈취 당한 자를 압박하는 자의 손에서 건지고 이방인과 고아와 과부를 압제하거나 학대하지 말며 이곳에서 무죄한 피를 흘리지 말라"**(렘 22:3). 하나님께 먼저 공의를 받았으니 받은 대로 가난한 이웃을 대해야 마땅하다는 의미입니다. 이것이 공의입니다. '진노로 징계하지 마시고 너그러이 하시고'는 '진노로 징계하지 마시고 공의로 하소서'라는 의미입니다. **"진노 중에라도 긍휼을 잊지 마옵소서"**(합 3:2)라는 간구와 유사합니다.

이 의미가 시편 6편 1절에 담겨 있습니다. **"여호와여 주의 분으로 나를 견책하지 마옵시며 주의 진노로 나를 징계하지 마옵소서"**라는 말씀은 여호와의 공의를 불러일으키는 메시아의 간구입니다. 형벌 받는 것이 당연한 줄 알면서도 하나님의 긍휼로 인한 다른 결말에 대한 소망을 염두에 둔 호소입니다. 달리 말하자면, '원수들을 살리기 위해서는 내가 징계를 받아야 한다는 것을 잘 알고 있나이다. 그래서 내가 십자가의 죽음을 자청하고 주의 인자를 의지하고 십자가에 달렸나이다. 그러나 심판 중에도 인자를 기억하옵소서. 내가 완전히 멸하게 되는 형벌을 받지 않게 하여 주소서'라는 의미입니다. 부활을 기대하는 가운데 대속의 죽음을 겪는 메시아가 진노 중에라도 긍휼을 잊지 않으시는 하나님께 간구하는 것입니다.

그 이유가 2, 3절에 있습니다. 징계를 내리시되 진노로는 마시고 공의로 해 주시라고 청원하는 것입니다. **"여호와여 내가 수척하였사오니 긍휼히 여기소서"**(2). "수척하였사오니"는 시들었다는 뜻입니다. 나무나 꽃이 가뭄에 생기를 잃고 시들어 가듯이 영혼이 무너져 황폐하게 되었다는 것입니다. 죽음의 늪에 빠진 상태를 묘사하는 말입니다. 얼핏 보면 질병으로 인해 심한 고통에 빠진 자의 호소로 보이나 병행 구문은 분명한 어조로 확인시켜 줍니다. **"여호와여 나의 뼈가 떨리오니 나를 고치소서"**(2). '수척하였다'를 달리 말하여 '내 뼈가 떨린다'고 합니다. 단순히 사람들이 뼈까지 쑤시고 아프다고 말하는 정도의 고통이 아닙니다. 메시아가 당한 죽음의 고통을 암시하는 말입니다. 뼈는 몸에서 가장 강하고 단단한 부분으로 '뼈가 떨린다'는 말은 내 존재가 다 무너지는 고통 가운데 있다는 뜻입니다. 그 고통을 이렇게 표현한 것일 뿐 실제 그 고통의 깊이는 무엇으로도 비교할 수 없습니다. 사람이 당하는 최고의 고통으로 하나님께 버림받는 영적인 죽음의 고통을 암시하는 것입니다. '나의 뼈가 떨린다'는 말씀을 메시아가 당하는 죽음의 고통으로 이해할 수 있는 것은 시편 다른 곳에서 '떤다'는 말을 같은 의미로 사용하고 있기 때문입니다. **"우리는 주의 노에 소멸되며 주의 분내심에 놀라나이다"**(시 90:7). "놀라나이다"는 '떠나이다'라는 뜻입니다. '주의 노에 소멸되었다'라고 한 다음 '주의 분내심에 떠나이다'라고 하는 것입니다. 소멸됨으로 인한 떨림임을 알 수 있습니다. 104편에서도 비슷한 사례를 볼 수 있습니다. **"주께서 낯을 숨기신즉 저희가 떨고 주께서 저희 호흡을 취하신즉 저희가 죽어 본 흙으로 돌아가나이다"**(시 104:29). "주께서 낯을 숨기신" 것은 "저희 호흡을 취하신" 것과 짝을 이루고, '떠는' 것은 '죽어 본래 흙으로 돌아가는' 것과 짝을 이루고 있습니다. 본문의 '나의 뼈가 떨린다'도 마찬가지입니다. 메시아가 하나님께 진노를 받아 죽음의 자리에 들어가셨음을 의미합니다. 자신이 주의 분노로 소멸되었으며 하나님께서 그 얼굴을 외면하시므로 그 호흡이 거두어져 흙으로 곧 하나님과 아무런 생명의 교류가 없는 죽음의 자리로 들어가셨다는 것입니다.

더 나아가 시편은 "뼈"를 메시아가 구원하신 백성들을 상징하는 말로 사용합니다.

> 그 모든 뼈를 보호하심이여 그 중에 하나도 꺾이지 아니하도다(시 34:20)
> 내 모든 뼈가 이르기를 여호와와 같은 자 누구리요 그는 가난한 자를 그보다 강한 자에게서 건지시고 가난하고 궁핍한 자를 노략하는 자에게서 건지시는 이라 하리로다(시 35:10)

하나님의 백성들을 보호하신 일을 두고 "뼈를 보호하심이여"라고 하며 그들의 고백을 "내 모든 뼈가 이르기를"이라 합니다. 하나님의 백성은 마치 사람을 지탱하는 뼈처럼 메시아의 중심을 차지하는 생명과 같습니다. 아담이 하와를 향해 "이는 내 뼈 중의 뼈요 살 중의 살이라"(창 2:23)고 했던 것과 유사합니다. "내 모든 뼈"가 가리키는 자들은 다름 아니라 원수들 중에서 주님께 피한 자들, 곧 회개한 자들입니다. 이제 메시아는 그들을 자기의 가장 중요한 존재로 여기며 그들을 대신해 죽음을 당하시고 구원을 위해 호소하십니다.

"고치소서"라는 말도 그렇습니다. **"여호와여 주는 나의 찬송이시오니 나를 고치소서 그리하시면 내가 낫겠나이다 나를 구원하소서 그리하시면 내가 구원을 얻으리이다"**(렘 17:14). '고치시면 내가 낫겠나이다'와 "구원하소서 그리하시면 내가 구원을 얻으리이다'가 병행을 이룹니다. 고친다는 말이 구원해 주는 것, 죽음에서 건진다는 의미로 사용되었습니다. 그러므로 **"여호와여 나의 뼈가 떨리오니 나를 고치소서"**라는 말씀은 죽임을 당하신 메시아가 그 죽음의 자리에서 하나님께 구원을 요청하는 것입니다. 자신의 죽음이 백성들과 하나된 상태에서 당하는 죽음이며 자신을 구원하심도 백성을 살리는 구원이기에 이같이 간구하는 것입니다. 예레미야 선지자가 이스라엘의 멸망을 자신의 소멸과 같은 의미로 묘사한 것과 같습니다. 메시아 자신과 떼려야 뗄 수 없는 한 몸 된 이스라엘을 위해 징벌을 달게 받되 자기를 구원하는 것이 곧 백성들을 구원하는 것이기에 메시아는 회개하는 자들의 구원을 위해 하나님께 긍휼 베풀어 주시기를 구하는 것입니다.

죽음의 절박한 고통 가운데서 드리는 메시아의 간구는 3절에서도 계속됩니다. **"나의 영혼도 심히 떨리나이다 어느 때까지니이까"**(3). 메시아가 당하신 고통은 육신의 고통이 아니라 심판으로 인하여 생명을 잃는 징벌임을 분명히 합니다. 죽음의 본질은 육신의 호흡이 끊어지는 것이 아니라 영혼이 하나님께 외면당해 불 가운데 처하는 심판을 받는 것입니다. 믿는 자는 영혼의 죽음이 무엇인지, 그 고통이 얼마나 큰지 알 수가 없습니다. 왜냐하면 믿는 자가 당할 죽음을 메시아가 먼저 당하고 우리에게는 그 고통을 받지 않게 하셨기 때문입니다. 메시아가 당한 고통은 믿는 사람이 영원히 경험하지 못할 깊은 의미의 죽음입니다. 우리가 아무리 큰 고통과 슬픔을 겪는다고 해도 메시아가 겪은 하나님의 진노와 죽음의 고통을 다 알지는 못합니다. 메시아는 그런 죽음을 당하셨습니다. 그 영혼이 하나님의 진노를 받아 시들고 무너져 내리는 고통 가운데 거한 것입니다. 그런 의미의 죽음을 앞 절에서는 '내 뼈가 떨린다'고 했지만, 여기에서는 '내 영혼이 떨린다'고 말합니다. 회개한 이스라엘을 자기 뼈 중의 뼈로 여기며 그들을 위해, 또 그들과 함께 하나님의 진노를 받는 본질적인 죽음을 당하신다는 것입니다.

그와 같은 죽음의 심판 가운데서도 메시아는 **"여호와여 어느 때까지 니이까"**라고 묻습니다. 자기 생명이 하나님의 진노 가운데 시들어 가는 중에도 오직 하나님께 소망을 두고 있음을 보여줍니다. 메시아는 오히려 진노하시는 하나님의 긍휼에 호소합니다. 하나님의 긍휼만을 기다립니다. '이 두려움과 고통이 언제까지 계속될 것입니까'라고 울며 부르짖으면서도 하루속히 주께서 진노의 시선을 거두시고 다시 은총과 사랑을 내려주시기를 구하며 기다리는 것입니다. 진노 중에도 긍휼을 베풀어 주시기를 기도합니다. 예수님께서 십자가 위에서 죄인들을 위해 하나님의 진노를 대신 받으실 때 **"나의 하나님 나의 하나님 어찌하여 나를 버리셨나이까"**(마 27:46)라고 하시면서도 **"아버지여 내 영혼을 아버지 손에 부탁하나이다"**(눅 23:46)라고 간청하신 것과 같습니다. 예수님께서 십자가 위에서 기도하신 배경이 시편에 있습니다.

메시아는 자신의 죽음이 회개하는 자들과 연합된 상태에서 당하는 죽음이자, 영혼까지 떨리는 본질적인 죽음을 당하셨습니다. 그러나 그 죽음에 머물러만 있지 않으셨습니다. 죽음의 고통 가운데서도 하나님의 긍휼을 의지하여 구원의 손길을 구하셨습니다. 사람들의 구원을 위하여 자신을 죽음에 기꺼이 내어드릴 뿐 아니라 하나님을 향한 무한한 신뢰 가운데 이와 같은 공의를 호소하는 기도를 드릴 것임을 시편은 오래전부터 이렇게 알려주고 있는 것입니다. 이것이 원수를 살릴, 원수 중에 회개하는 자들을 살릴 유일한 길이었기 때문입니다. 회개하는 죄인들을 구원하기 위한 '원수 사랑'은 메시아의 순종과 성부 하나님께 대한 이와 같은 순종과 절대적인 신뢰가 없었으면 결코 이루어질 수 없었습니다.

Chapter 2

주의 인자하심을 위하여

여호와여 돌아와 나의 영혼을 건지시며 주의 인자하심을 인하여 나를 구원하소서 사망 중에서는 주를 기억함이 없사오니 음부에서 주께 감사할 자 누구리이까 내가 탄식함으로 곤핍하여 밤마다 눈물로 내 침상을 띄우며 내 요를 적시나이다 내 눈이 근심을 인하여 쇠하며 내 모든 대적을 인하여 어두웠나이다 (시 6:4~7)

3절까지는 메시아가 회개하는 자들을 자신과 동일시한 상태에서 죽음을 겪으셨으며, 그 죽음은 영혼이 떨리는 심판의 죽음이되 그 가운데서도 하나님의 긍휼을 의지하여 구원의 손길을 구하심을 알려주었습니다. 사람들의 구원을 위하여 자신을 죽음에 기꺼이 내어드린 상황에서 하나님께서 진노 중에도 긍휼을 내려주시기를 호소하시는 것이었습니다.

메시아의 기도는 계속됩니다. **"여호와여 돌아와 나의 영혼을 건지시며 주의 인자하심을 인하여 나를 구원하소서"**(4). '돌아오소서'라는 간청은 하나님의 진노가 메시아에게 이미 시행된 상태임을 나타냅니다. 사람이 경험할 수 없는 가혹한 심판의 죽음을 겪으신 것입니다. 메시아는 자신의 영혼을 건져 주시라고 간청합니다. 병행 구절은 그것이 심판의 죽음에서 구원해 주시라는 요청임을 알게 합니다. 메시아 자신이 사람들의 죄를 대신해 하나님께 심판받는 것이 마땅하나 진노 중에도 긍휼을 베풀어 주시라고 하나님 아버지께 간절히 구하고 있습니다.

그것이 하나님의 인자하심이 풍성히 드러나는 길이라고 합니다. **"주의 인자하심을 인하여 나를 구원하소서"**, 여기 "인하여"도 원문에서는 주로 '위하여'로 번역되는 단어입니다(시 5:8 참고). 하나님께서 징계와 견책을 내리셨으나 진노 중에도 긍휼을 베푸시는 것은 하나님의 인자하심을 드러내는 일이라는 의미입니다. 구원은 죄인을 위하는 일인 동시에 하나님이 어떤 영광을 지닌 분이신지를 나타내는 증거이기 때문에 하나님을 위한 일도 됩니다.

> 우리 구원의 하나님이여 주의 이름의 영광을 위하여 우리를 도우시며 주의 이름을 위하여18 우리를 건지시며 우리 죄를 사하소서(시 79:9)
>
> 그러나 여호와께서 자기 이름을 위하여19 저희를 구원하셨으니 그 큰 권능을 알게 하려 하심이로다(시 106:8)

원수였던 죄인을 구원하는 일은 하나님의 영광이 얼마나 크고 놀라운지, 그 권능이 얼마나 크신지를 드러내는 일입니다. 106편은 하나님께서 이미 "자기 이름을 위하여" 구원을 베푸셨다고 선언합니다. 그래서 메시아는 하나님의 인자하심을 위하여 구원해 주시라고 간청하는 것입니다. 회개하는 죄인을 구원하심으로 하나님의 인자하심이 얼마나 크고 놀라운지를 드러내 주시라는 의미입니다.

---

18 원문에서 이 구절의 "위하여"는 본문의 "인자하심을 인하여"(시 6:4)에서 "인하여"로 번역된 단어와 같다(לְמַעַן).

19 각주 18과 같다.

그 이유를 5절에서 밝힙니다. "사망 중에서는 주를 기억함이 없사오니 음부에서 주께 감사할 자 누구리이까"(5). 원문 성경에서는 이유를 밝히는 접속사가 있어서 '왜냐하면 사망 중에서는 주를 기억함이 없기 때문이니 음부에서 주께 감사할 자 누구리이까'로 번역되는 구절입니다. '기억한다, 감사한다'는 말은 하나님의 속성이 천하에 올바로 알려져서 만물이 하나님의 이름을 찬송하는 것을 의미합니다. 하나님을 기억하며 감사로 찬양하는 자들이 있을 때 주의 인자하심이 풍성하게 드러나며 그것이 하나님께서 영광 받으시는 길이므로 죄인을 구원해 주시라는 것입니다. 이사야서에서 이렇게 말씀하는 것과 같습니다. **"음부가 주께 사례하지 못하며 사망이 주를 찬양하지 못하며 구덩이에 들어간 자가 주의 신실을 바라지 못하되 오직 산 자 곧 산 자는 오늘날 내가 하는 것과 같이 주께 감사하며 주의 신실을 아비가 그 자녀에게 알게 하리이다"**(사 38:18,19). 이 말씀은 히스기야가 죽게 되었을 때 하나님께 기도하여 생명을 연장받고 나서 고백한 내용입니다. 죽음의 저주에 그대로 머물러 있으면 그 사람은 찬송하지 못하므로 하나님의 영광이 나타날 수 없으나 구원해 주신 자들은 감사와 찬송으로 하나님의 인자하심과 그 영광의 풍성함을 드러낼 수 있다는 뜻입니다. 히스기야와 관련된 이 내용은 본문에서 메시아의 기도를 이해하는 데 큰 도움을 줍니다.

히스기야가 병들어 죽게 되었을 때 하나님께서 선지자 이사야를 보내 히스기야가 죽을 것이니 유언을 남기라고 하십니다. 절망스러운 히스기야는 심히 통곡하며 기도하였고 하나님은 히스기야의 수명을 15년 연장해 주셨습니다. 히스기야가 드린 눈물의 기도에 하나님이 응답하셨습니다. 그런데 이 응답이 특별합니다. **"내가 네 기도를 들었고 네 눈물을 보았노라 내가 네 수한에 십오 년을 더하고 너와 이 성을 앗수르 왕의 손에서 건져내겠고 내가 또 이 성을 보호하리라"**(사 38:5,6). 히스기야의 수명을 연장해 줄 뿐만 아니라 이스라엘을 앗수르 왕의 손에서 구원하시고 또 보호해 주시리라고 약속하십니다. 앗수르 왕을 물리치신 일은 이미 37장에서 언급했음에도 불구하고 히스기야의 기도에 응답하시면서 하나님은 히스기야의 수명 연장과 이스라엘의 구원을 함께 언급하신 것입니다. 왕의 수명 연장과 이스라엘의 구원이 긴밀하게 연결되어 있습니다. 이는 앗수르의 침공으로 이스라엘이 멸망 당할 위기에서 히스기야의 간절한 기도로 구원받은(사 36~37장) "그 즈음에"(사 38:1) 일어났기 때문이기도 하지만, 그보다 이스라엘 왕과 백성들이 신비로운 공동운명체임을 암시하는 것이라고 하겠습니다. 후에 계속되는 히스기야의 고백에서 확인됩니다. **"여호와께서 나를 구원하시리니 우리가 종신토록 여호와의 전에서 수금으로 나의 노래를 노래하리로다"**(사 38:20). 여호와께서 "나"를 구원하시는데 "우리"가 찬송한다고 합니다. "나"와 "우리"가 하나입니다. 나를 살려주시는 것이 하나님 나라의 백성들이 부르는 찬송으로 연결됩니다. 이스라엘 왕과 백성이 긴밀한 관계임을 보여줍니다.

메시아와 그 백성의 관계도 마찬가지입니다. 메시아와 회개한 자들은 신비롭게 연합되어 있어서 메시아의 모든 것을 함께 소유하며 누리게 되어 있습니다. 메시아는 자신이 죽음에서 다시 살아나야 하나님께서 자기에게 맡겨주신 자들 또한 살아날 것임을 알고 계십니다. 메시아와 백성들은 공동운명체로 연합되어 있는 관계입니다. 사도 바울이 구원의 견고함을 알리면서 아담을 "오실 자의 표상"으로 소개한 것과 같습니다(롬 5:14,15). 사람이 모두 죽는다는 사실은 사람이 아담과 하나로 연합되어 있으며 아담과 공동운명체라는 증거입니다. 죄와 부패로 인해 죽을 수밖에 없는 아담과 연합되어 있으므로 아담의 후손은 자신이 죄를 짓는 것과 별개로 죽게 되는 것입니다. 사도 바울은 그런 이유로 모든 사람이 죽는다는 사실이 오히려 그리스도인이 받는 구원이 확실하다는 증거라고 합니다. 예수님과 연합된 자들은 자신에게 의와 거룩이 없어도 누구나 다 예수님의 죽음과 부활을 본받아 의와 생명을 물려받기 때문입니다. 그런 의미에서 아담을 "오실 자의 표상"이라 하였습니다. 후손들에게 자신의 속성을 물려준다는 점에서 예수님과 유사하다는 것입니다. 하지만 내용은 반대입니다. 아담의 후손이 사망을 물려받는 것과 반대로 예수님과 연합된 그리스도인은 생명을 상속받습니다. 누구와 연합되었느냐에 따라 사망과 생명으로 나뉘는 것입니다.

이와 같은 의미에서 메시아는 하나님께 기도하고 있습니다. 자기를 죽음에서 건져 주시면 죄인들이 구원을 얻은 후 하나님의 인자하심을 찬송함으로 하나님의 이름이 영화롭게 될 것이기 때문에, 즉 하나님이 어떤 영광을 지니신 분이신지 드러낼 것이므로 구원해 주시라고 간청하는 것입니다.

메시아는 하나님의 진노를 받아 처절하고 비참한 죽음 한 가운데서 죄인들의 구원을 위해 간절히 기도하였습니다. **"내가 탄식함으로 곤핍하여 밤마다 눈물로 내 침상을 띄우며 내 요를 적시나이다 내 눈이 근심을 인하여 쇠하며 내 모든 대적을 인하여 어두웠나이다"**(6,7). '곤핍하다, 눈이 쇠하다, 어두웠다'는 말들은 '죽음으로 활력을 잃었다, 생기를 잃었다'는 의미입니다. 히스기야가 죽음을 선고받았을 때 기도했던 말과 같습니다. **"나는 제비같이, 학같이 지저귀며 비둘기같이 슬피 울며 나의 눈이 쇠하도록 앙망하나이다"**(사 38:14). 죽음을 직면한 자의 고통을 이렇게 표현하였습니다. 모세에게 했던 말과 대조됩니다. **"모세의 죽을 때 나이 일백이십 세나 그 눈이 흐리지 아니하였고 기력이 쇠하지 아니하였다"**(신 34:7). 강건한 상태였으나 죽었다는 것입니다. 그렇게 볼 때 본 구절은 단순히 심한 고난을 겪는 사람의 탄식과 호소라기보다 죽음의 고통과 관련되어 있다고 할 수 있습니다. 하나님의 진노로 인한 심판의 고통입니다. 원수들 중 회개하는 자들을 살리기 위해 이 죽음의 고난을 당하고 있다는 호소입니다. 얼핏 보면 다윗 개인의 호소로 이해되는 구절이지만, 문맥은 죄인을 구원하기 위해 대속하는 죽음을 당하신 메시아의 간절한 기도임을 알게 합니다. 그 사실은 히브리서에서도 확인됩니다. "**그는 육체에 계실 때에 자기를 죽음에서 능히 구원하실 이에게 심한 통곡과 눈물로 간구와 소원을 올렸고 그의 경외하심을 인하여 들으심을 얻었느니라 그가 아들이시라도 받으신 고난으로 순종함을 배워서 온전하게 되었은즉 자기를 순종하는 모든 자에게 영원한 구원의 근원이 되시고**"(히 5:7~9).

예수님께서 육신을 입고 이 땅에 계실 때 심한 통곡과 눈물로 간구와 소원을 올렸습니다. 그것은 단순히 고통을 면하고 편한 삶을 구하기 위한 기도가 아니었습니다. 반대로 회개하는 죄인들을 구원해 주시라는 소원이었고 그러기 위해서는 그들을 위해 대신 죽은 자신을 하나님께서 먼저 구원해 주셔야 한다는 간구였습니다. 그 기도를 하나님이 들으셔서 예수님은 "**자기를 순종하는 모든 자에게 영원한 구원의 근원이**" 되셨습니다. 회개하는 원수들과 자신을 동일시함으로 자기의 부활이 그들의 생명이 되고 자기의 구원이 그들의 영생이 된 것입니다.

이사야 39장까지에 그 점이 암시되어 있습니다. 큰 흐름으로 보면 이사야서는 몇 가지 주제로 나뉩니다. 첫째는 율법 있는 유다가 하나님의 계명에 신실하지 못하여 심판받게 되었음을 자세히 선포합니다(사 1~12장). 둘째는 율법 없는 열방들도 하나님께서 심판하실 것이라고 합니다(사 13~27장). 바벨론부터 시작해서(13장), 앗수르(14:25), 블레셋(14:29), 모압(15:1), 다메섹과 에브라임(17:1,3), 구스(18:1; 20:4), 애굽(19:1; 20:4), 두마(21:11), 아라비아(21:13), 게달(21:16), 두로(23:1), 시돈(23:4) 등 주변의 크고 작은 나라에게 하나님이 심판을 내리실 것을 언급합니다. 성경이 세상을 두 부류로 분류할 때 '유대인과 헬라인'(롬 1:16)으로 나누는 것같이 이들은 세상의 모든 나라들을 대표하는 나라들입니다. 유다처럼 이들도 모두 심판받을 것입니다. 하나님이 온 세상의 모든 나라와 민족들을 심판하실 것입니다. **"이것이 온 세계를 향하여 정한 경영이며 이것이 열방을 향하여 편 손이라 하셨나니 만군의 여호와께서 경영하셨은즉 누가 능히 그것을 폐하며 그 손을 펴셨은즉 누가 능히 그것을 돌이키랴"**(사 14:26,27)는 말씀과 같습니다.

그러나 세 번째로 나타나는 큰 주제는 '하나님이 남기신 자들'입니다(사 28~35장). 유다나 이방의 열국을 막론하고 모든 악한 자들에게 재앙이 임할 것이라고 하시면서도, 한편으로는 남은 자를 하나님이 두셔서 심판을 면할 자들이 있을 것을 알려주십니다. 유다에게서나(사 1:8,9; 6:13; 10:20~23; 11:10~12; 37:31,32 참조) 이방 열국들 안에서(사 19:22; 24:6,13; 25:6~8 참조) 동일하게 남은 자를 두신다는 사실을 밝힙니다. 유다와 이방 나라에 남은 자를 두셔서 그들을 여호와께로 돌아오게 하실 것이라고 하십니다. 그처럼 유다와 이방 중에 남은 자들이 함께 돌아오는 곳은 한 왕이 의와 공평으로 다스리는 나라입니다(사 32:15~17). 교회를 예표합니다. 하나님께서 남기신 자들을 특별한 왕이 다스리는 나라의 백성이 되게 하십니다. 물론 그들이 아무 근거 없이 이 나라의 백성이 되는 것은 아닙니다. 그들은 죄를 사함 받으며, 구속함을 통해 이 나라에 들어옵니다. **"그 거민은 내가 병들었노라 하지 아니할 것이라 거기 거하는 백성이 사죄함을 받으리라"**(사 33:24), **"여호와의 속량함을 얻은 자들이 돌아오되 노래하며 시온에 이르러 그 머리 위에 영영한 희락을 띠고 기쁨과 즐거움을 얻으리니 슬픔과 탄식이 달아나리로다"**(사 35:10). 유다와 이방에서 남겨진 자들은 죄 사함을 받고서야 성신이 역사하시는(사 32:15) 메시아의 나라에서 새롭고 특별한 백성이 될 수 있습니다.

이와 같은 말씀 후에 히스기야와 관련된 말씀이 이어집니다(사 36~39

장). 히스기야는 국가 차원에서나 개인 차원에서 절대적인 위기에 처했을 때 하나님께 간절히 기도하였습니다. 하나님은 그 기도에 응답하사 그의 생명을 연장해 주셨습니다. 유다라는 한 나라도 구원해 주셔서 멸망 당하지 않게 하셨습니다. 이 사실을 상세히 밝히는 것은 의미가 깊습니다. 히스기야와 유다만의 문제가 아닙니다. 이사야서는 이미 유다뿐만 아니라 이방의 모든 나라도 하나님의 심판 아래 있음을 밝혔기 때문입니다. 유다와 이방의 모든 나라에서 남은 자들이 하나님의 백성이 되는 일이 중요합니다. 히스기야와 유다의 사건은 그 일이 어떻게 가능한지를 보여주는 예표입니다. 유다와 이방의 남은 자들이 메시아와 어떤 관계이며 그들이 메시아를 통해 어떻게 속량을 얻고 구원 얻어 하나님 나라에 속하게 될지를 보여주는 것입니다. 히스기야가 **"여호와께서 나를 구원하시리니 우리가 종신토록 여호와의 전에서 수금으로 나의 노래를 노래하리로다"**(사 38:20)라고 한 것은 곧 돌아오는 남은 자들을 메시아가 어떻게 구원하여 하나님 나라 백성으로 세워가실지를 암시하는 말씀입니다. 이사야 40장 이후부터 '이방에 공의를 베푸는 여호와의 종'(사 42:1)에 관해 자세히 밝히는 것은 그 점을 분명히 합니다.

이사야 흐름은 이와 같은 의미를 전해줍니다. 율법이 있으나 없으나 관계 없이 온 세상 모든 나라가 멸망 받게 되었을 때 하나님께서 남기신 자들이 하나님 나라 백성이 되는 자리로 돌아올 텐데 그것은 이 나라의 참된 왕이 죽으시고 간구하시는 은혜를 통해서만 이루어진다는 것입니다. 그 의미가 시편 본문에 담겨 있으며 히브리서도 이를 증언합니다. 원수들이 구원받아 하나님의 백성이 되는 일은 메시아가 자기 목숨을 드려 심판을 대신 받고, 그 죽음 중에서도 오직 죄인들을 구원해 주시라고 눈물과 탄식으로 간절히 기도하셨기 때문이라는 말입니다. 메시아가 회개하는 모든 죄인에게 구원의 근원이 되심을 이처럼 밝히 드러내고 있습니다. 죄인들이 생명을 얻어 하나님의 이름을 찬송하며 그 영광을 드러내게 하기 위함입니다.

Chapter 3

행악하는 너희는

행악하는 너희는 다 나를 떠나라 여호와께서 내 곡성을 들으셨도다 여호와께서 내 간구를 들으셨음이여 여호와께서 내 기도를 받으시리로다 내 모든 원수가 부끄러움을 당하고 심히 떨이여 홀연히 부끄러워 물러가리로다 (시 6:8~10)

7절까지는 죽음의 고통에서 건져 주시길 구하는 메시아의 호소를 담은 말씀이었습니다. 자신의 죽음이 전에는 원수였다가 이제는 "나의 뼈"가 된 죄인들을 위한 것이며, 하나님이 자신을 살리심이 그들을 구원하는 길이자 하나님이 영광 받으시는 길임을 호소하며 깊은 탄식과 눈물로 하나님께 간구하시는 내용입니다. 하나님의 진노를 받아 처절하고 비참한 본질적인 죽음을 당한 그 자리에서 메시아는 죄인들을 위해 기도하고 계셨던 것입니다.

그렇게 하나님께 탄식과 눈물로 호소하던 메시아는 이제 악인들을 향한 심판을 선언합니다. **"행악하는 너희는 다 나를 떠나라 여호와께서 내 곡성을 들으셨도다"**(8). "나를 떠나라"는 표현은 승리자의 입장에서 심판을 선포하는 말입니다. 거짓 선생, 거짓 신자들에게 예수님께서 **"그 때에 내가 저희에게 밝히 말하되 내가 너희를 도무지 알지 못하니 불**

법을 행하는 자들아 내게서 떠나가라 하리라"(마 7:23)고 하신 말씀과 같습니다. 거짓으로 신앙생활 하던 자들에 대한 심판선언입니다. '너희들은 나의 종처럼 행동하고, 많은 은사를 받고, 많은 권능을 행한 것처럼 생각해서 내 나라에 들어올 수 있으리라고 생각하고 있으나(마 7:21,22) 실은 나와 아무 상관 없는 자요, 내가 다스리는 나라에 결코 들어오지 못할 것이라'고 선언하시는 말씀입니다. 그와 마찬가지로 **"행악하는 너희는 다 나를 떠나라"** 는 말씀도 이제는 메시아가 승리자요 심판자의 입장에서 행악자들에게 심판을 선언하시는 것입니다. 행악자들은 예수님의 나라에 들지 못하고 쫓겨나 심판의 불구덩이에 처할 것이라는 말입니다.

'행악자들'은 자세히 살펴볼 필요가 있습니다. 단순히 악한 일을 행하거나 신자를 핍박하는 사람들이 아닙니다. 앞선 시편부터 이어온 의미를 염두에 두어야 합니다.

우선 "행악하는 너희"는 10절에서 "내 모든 원수"로 바뀌어 불리고 있습니다. '행악자'는 곧 '메시아의 원수들'인 것입니다. 그런데 우리는 시편이 진행되면서 '원수'의 개념이 바뀐 것을 보았습니다. 2편에서는 율법을 지키지 못하여 하나님의 통치권에 반역한 자들, 곧 모든 인류가 하나님과 메시아를 대적하는 원수라 하였습니다만 5편에서는 그들 중 '주께 피하는 자'는 마치 율법을 모두 지킨 자들처럼 의인으로 불린다고 했습니다. 그 자신은 비록 율법에 순종치 못한 반역자라 해도 자기 죄를 깨닫고 회개함으로 하나님의 긍휼을 구하고 나오는 피신자들은 의인이 받는 모든 혜택을 같이 받는다고 했습니다(시 5:11,12). 그러므로 5편 이후에서는 '원수'의 범위가 조정됩니다. '율법에 순종치 않은 모든 인류'가 아니라 '범죄한 죄인 가운데서 주께 피하지 않은 자들'을 가리킵니다. 회개하지 않은 자들을 말합니다. 그런 의미에서 **"나의 뼈"**(시 6:2)는 '원수들 중 회개한 자들'을 상징하였습니다. 회개한 원수들은 이제 메시아의 뼈라는 존재의 중심을 차지하는 반면, 여전히 회개하지 않음으로 원수로 남아있는 죄인들이 '행악자들'입니다. 그들에게 "나를 떠나라"고 말씀하신 것은, 율법을 어겨 하나님께 반역을 저지르고도 메시아의 회개하라는 외침에 응하지 않음으로써 여전히 원수로 남게 된 자들에게는 하늘나라에서 차지할 분깃이 하나도 없다는 선포입니다. 진정한 회개로 주 앞에 나오지 않는 자들은 심판을 면할 길이 없다는 것입니다.

범죄하였을지라도 죄를 슬퍼하며 회개하는 것이 하나님 앞에 얼마나 귀중한 것인지 다시 한번 일깨워 주시는 말씀입니다. 사람이 하나님의 진노를 피할 수 있는 것은 우리가 죄를 슬퍼하여 통곡하고 회개할 때뿐이라고 말씀하시기 때문입니다. 죄를 엄중하게 책임 물으시는 하나님이시나 죄를 슬퍼하며 회개하면 원수가 아니라 의인으로 여겨주시고 그들에게는 심판을 면케 해 주십니다. 메시아는 그렇게 회개한 자들 외에 다른 사람들, 곧 재차 삼차 기회를 주시는 하나님의 은혜에도 결코 회개할 줄 모르는 인류를 향하여 심판을 선언하고 계시는 것입니다.

그런 다음 메시아는 이렇게 갑자기 승리자로 심판을 선포할 수 있는 이유에 대해서 말씀합니다. **"여호와께서 내 곡성을 들으셨도다"**(8). '주님께서 들으셨기' 때문이라고 합니다. 죄인들을 대신하여 그들의 죄를 짊어지고 죽은 그 자리에서 하나님의 인자를 구하는 내 눈물의 기도를 들으셨다는 것입니다.

메시아가 기도하신 내용은 4~7절에 나타난 바와 같습니다. 자신이 인류의 대표자가 되어 이 죽음에서 살아나야 모든 회개하는 죄인들이 구원 얻을 수 있으므로 자신을 먼저 살려주시라는 기도입니다. 죽으신 것도 그들을 위함이요 탄식과 눈물로 간절히 구하신 구원도 그들을 위함입니다. 하나님은 그 간구를 들어주셨습니다. 하나님께서 기도 들어주심으로 이제 메시아에게 행악자들을 심판할 권세가 있다는 사실을 이렇게 선언하는 것입니다.

그 점을 더욱 구체적으로 말씀합니다. **"여호와께서 내 간구를 들으셨음이여 여호와께서 내 기도를 받으시리로다"**(9). 특이하게도 앞에는 과거형으로 "들으셨음이여"로 되어 있고 뒤에는 "받으시리로다"라는 미래형으로 되어 있습니다. 이는 이미 들어주신 기도처럼 앞으로 드릴 기도도 들어주실 것을 확신한다는 의미입니다. 이미 들으셨다는 점에 관해서는 8절에서 밝힌 것과 같습니다. 회개하는 죄인들을 구원하기 위해 자신을 먼저 살려주시라는 간구입니다. 메시아는 하나님께서 그 기도를 들으셨음을 확신하며 앞으로 드릴 기도도 반드시 들어주실 것을 확신하고 있습니다. 하나님께서 메시아의 간구대로 온 세상을 영원히 통치하실 것입니다. 2편에서 여호와 하나님께서 인류의 반역을 보시고 조치하실 때 시온 산 위에 아들을 왕으로 세우신 다음 그에게 심판의 권세를 줄 것이라고 말씀하신 것과 같습니다. 메시아가 먼저 죽고 부활하신 후에 심판주로 인정되리라는 의미였습니다. 그 아들에게 여호와 하나님께서는 **"내게 구하라 내가 열방을 유업으로 주리니 네 소유가 땅끝까지 이르리로다"**(시 2:8)라고 하심으로 메시아가 세우실 하나님 나라는 철저히 여호와 하나님으로부터 비롯되는 것이며, 두 분 사이의 긴밀한 유대관계 속에서 허락받는 것임을 알게 하셨습니다. '내게 구하라'는 말씀은 '이제 모든 것을 메시아의 뜻대로 하겠다, 통치권을 메시아에게 전적으로 맡기겠다'는 의미입니다. 메시아는 그 통치를 베풂에 있어서 여호와 하나님께 절대적으로 의존하고 있습니다. 메시아가 구하는 모든 것을 하나님께서 주실 것입니다.

메시아도 그 사실을 잘 알고 계셨습니다. **"여호와께서 자기를 위하여 경건한 자를 택하신 줄 너희가 알지어다 내가 부를 때에 여호와께서 들으시리로다"**(시 4:3)라는 말씀처럼, 메시아는 영원부터 영원까지 성부 하나님께 모든 것을 의뢰하고 계시고 하나님은 메시아의 간구를 다 들어주실 것입니다. 메시아가 원하시는 대로 하나님은 온 세상을 통치하실 것입니다. 즉 메시아의 의중에 인류의 흥망성쇠가 달린 것입니다. 하나님은 이제부터 영원까지 메시아의 뜻대로, 즉 한 사람의 인간으로 오셨으나 실은 하나님의 아들이신 그분의 뜻대로 세상을 통치해 나가실 것입니다.

그와 같은 배경에서 메시아는 원수들을 심판해 주시기를 하나님께 간구합니다. **"내 모든 원수가 부끄러움을 당하고 심히 떨이여 홀연히 부끄러워 물러가리로다"**(10). 우리말 성경은 단순히 미래형으로 번역되었으나 원문 성경은 간접명령형으로 '내 모든 원수가 부끄러움을 당하게 하시고 심히 떨게 하소서. 그들이 갑자기 부끄러움을 당하게 하사 물러가게 하소서'라고 할 수 있습니다. 어떻게 번역하든 같은 결과에 도달하나 간접명령형임을 생각하면 9절 후반부와 자연스럽게 이어지는 내용입니다. 즉 여호와께서 응답해 주실 것을 확신하는 가운데 메시아가 행악자들에 대한 심판을 구하는 기도입니다.

메시아는 모든 원수가 부끄러움을 당하게 해 주시라고 기도합니다. 이제 원수는 끝내 회개하지 않은 죄인들을 의미합니다(8절). 부끄러움을 당한다는 것은 보통 어떤 사건이 기대와 다를 때 느끼는 당혹감을 의미하나 성경에서는 주로 심판받는 자들을 가리킬 때 사용되었습니다. 전쟁에 패해 포로가 되면 승전국 백성들 앞에서 쇠사슬에 매여 구경거리가 되어 일종의 전리품으로 취급받는 무서운 수치심과 같습니다. **"그러나 패역한 자와 죄인은 함께 패망하고 여호와를 버린 자도 멸망할 것이라 너희가 너희의 기뻐하던 상수리나무로 인하여 부끄러움을 당할 것이요 너희가 너희의 택한 동산으로 인하여 수치를 당할 것이며"**(사 1:28,29)라는 말씀과 같습니다. 심판받는 것이 그와 같은 부끄러움입니다. 그런 의미에서 **'심히 떨게 하시고 홀연히 부끄러움을 당하게 하사 물러가게 하소서'**라고 합니다. 원수들이 어느 날 갑자기 심판받아 심히 무서운 죽음에 빠지게 해 주시라는 간구입니다.

앞에서는 메시아 자신의 뼈와 영혼이 심히 떨린다(시 6:2,3)고 했는데, 이제는 그의 원수들이 심히 떨게 해 주시라고 기도합니다. 메시아와 원수들 사이에 운명의 역전이 이루어집니다. 비천한 데 떨어진 메시아가 이제 하나님의 인자로 죽음에서 살아나셨고 이제는 원수들이 심판의 죽음을 당하게 해 주시라고 합니다. 5편 마지막에서 원수들 중 회개하는 자들을 구원해 주시라고 했던 것과도 대조됩니다(시 5:11,12). 역전되는 것이 또 있습니다. 앞에서는 하나님께서 자기에게 '돌아오시길' 구했는데, 이제는 원수들이 '물러갈 것'을 구합니다. 행악자들이 결국 자기 죄로 죽게 해 주시라는 말입니다.

죽음에서 부활하사 하나님의 아들로 인정되신 메시아만이 원수들에 대한 이같은 심판을 하나님께 간구할 수 있습니다. 성도들이 자기의 원수들에 대해 이같이 기도할 수는 없습니다. 성도들이 원수들을 대하는 문제와 관련해서는 이러한 요구가 주어질 뿐입니다. **"내 사랑하는 자들아 너희가 친히 원수를 갚지 말고 진노하심에 맡기라 기록되었으되 원수 갚는 것이 내게 있으니 내가 갚으리라고 주께서 말씀하시니라 네 원수가 주리거든 먹이고 목마르거든 마시우라 그리함으로 네가 숯불을 그 머리에 쌓아 놓으리라 악에게 지지 말고 선으로 악을 이기라"**(롬 12:19~21). 믿음으로 말미암은 구원을 얻은 자들에게 하나님이 기대하시는 삶의 거대한 목적입니다. 그러므로 시편 본문의 원수들에 대한 간구는 성도들 모두가 해야 하거나 할 수 있는 기도가 아니라 메시아가 대속하는 죽음을 근거로 하나님께 심판을 요구하시는 기도일 수밖에 없습니다. 오직 메시아만 끝내 회개하지 않은 자들에 대해 이렇게 하나님께 기도하실 수 있습니다.

메시아는 **"여호와께서 내 기도를 받으시리로다"**(9)라며 확신하는 가운데 이처럼 행악하는 자들, 곧 여전히 하나님의 원수로 남아 있는 자들을 심판해 주시기를 기도합니다. 율법을 어김으로 하나님께 반역을 저지르고도 부끄러워할 줄 모르고 심판을 무서워하지도 아니하며 형벌을 면할 피난처로 나오지 않는 자들이 이에 해당됩니다. 그들은 어느 날 갑자기 심판의 죽음에 처할 것이며 영원히 그 고통을 면치 못할 것입니다. 메시아는 죽음의 고난 한 가운데서 이와 같은 기도를 하나님께 올리셨습니다. 온 세상은 메시아의 이 기도와 간구대로 구원과 심판으로 나뉠 것입니다. 하나님은 우리의 죄에 대하여 엄중하게 책임만을 묻지 않으시고 우리가 죄를 슬퍼하며 회개하면 원수가 아니라 의인으로 여겨주시고 그들에게는 심판의 불길을 면케 해 주신다고 하십니다. 메시아의 말대로 모든 것을 행하겠다고 하신 하나님이시기 때문에 그렇게 할 수밖에 없습니다. 메시아는 그렇게 회개한 자들 외에 다른 사람들, 곧 재차 삼차 기회를 주시는 하나님의 은혜에도 결코 회개할 줄 모르는 인류를 향한 영원한 심판을 선언하고 계시는 것입니다.

이로써 메시아는 세상을 통치하는 새로운 원리를 구축하십니다. 죽으시고 부활한 메시아는 회개하는 자들에게는 구원의 새 생명을 주시라고 간구하시며, 그렇지 않은 자들에게는 영원한 형벌을 내려주시기를 기도하십니다. 율법을 어겨 하나님을 반역한 자들은 모두 심판의 대상이었으나 이제부터는 달라집니다. 죄를 지었다고, 율법을 어겼다고 곧바로 멸망에 넘겨지지 않고 참된 회개로 나아오면 살 수 있는 길을 메시아가 이렇게 마련하십니다. 이것이 심판밖에 받을 것이 없던 인류를 위해 하나님께서 그 아들 메시아를 통해 새롭게 열어주신 구원의 길이며 세상을 다스리는 하나님의 통치 원리입니다.

말씀 묵상하며 시편찬송 부르기

분노로 책망 마시고
시편 6

OLIVE'S BROW, L.M.

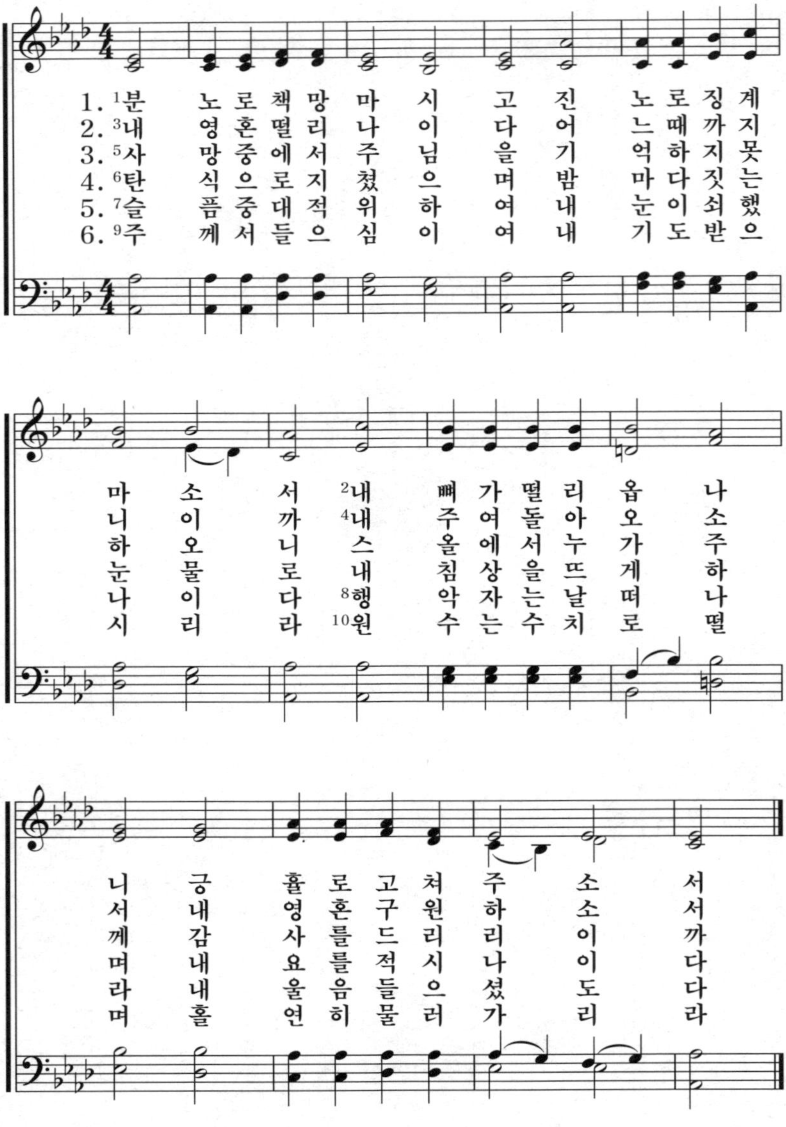

시편 7편

흠 없는 제물
심판을 청원하심
새 통치원리의 확정

Psalms

Chapter 1

흠 없는 제물

여호와 내 하나님이여 주께 피하오니 나를 쫓는 모든 자에게서 나를 구하여 건지소서 건져낼 자 없으면 저희가 사자 같이 나를 찢고 뜯을까 하나이다 여호와 내 하나님이여 내가 이것을 행하였거나 내 손에 죄악이 있거나 화친한 자를 악으로 갚았거나 내 대적에게 무고히 빼앗았거든 원수로 나의 영혼을 쫓아 잡아 내 생명을 땅에 짓밟고 내 영광을 진토에 떨어뜨리게 하소서(셀라) (시 7:1~5)

7편은 "다윗의 식가욘, 베냐민인 구시의 말에 대하여 여호와께 한 노래"라는 표제로 시작합니다. "베냐민인 구시"의 구체적인 행적은 성경에 나타나 있지 않습니다. 다만 본문에 따르면 다윗을 핍박했던 베냐민 지파의 다른 사람들과 유사한 악행을 가했던 것으로 보입니다. 사울 왕이 대표적인 인물로 다윗을 여러 번 죽이려 하였으며, 압살롬의 반역 때 도망가던 다윗을 향하여 저주를 퍼부은 시므이나 다윗이 왕위에 오른 뒤에 반역을 일으킨 세바도 베냐민 지파였습니다. 그들에게 받은 다윗의 고통은 이루 말할 수 없이 컸습니다. **"건져낼 자 없으면 저희가 사자 같이 나를 찢고 뜯을까 하나이다"**(2)라는 호소처럼 흉악한 원수들이 다윗을 죽이려고 칼을 갈고 있었으며 사방을 둘러봐도 도움받을 데가 없었습니다. 그와 같은 배경에서 다윗이 이 시편을 지었습니다.

3편부터 일관되게 확인했던 것처럼 하나님은 다윗에게 일어난 일을 배경으로 하여 메시아가 겪은 고난을 통해 하나님 나라를 어떻게 세우려 하셨는지를 밝히고 있습니다. 이 시편들이 성도를 대변한다고 생각하며 묵상하는 경우에도 많은 교훈과 은혜를 얻겠지만 성도의 입장에서 고백한다고 보기엔 적절치 않은 내용이 담겨 있습니다. **"내 손에 죄악이 있거나"**(3)라는 말씀이나 **"나의 의와 내게 있는 성실함을 따라 나를 판단하소서"**(8)처럼 자기는 죄가 전혀 없는 것처럼 고백한다든가 의와 성실에서 하나님 앞에 완전한 것같이 말할 수 있는 성도는 없기 때문입니다. 따라서 본 시편도 다윗이 당한 일을 배경으로 하여 훗날 메시아가 겪으실 일을 예표하는 말씀으로 이해해야 합니다.

6편은 메시아가 죽음의 고통 중에 하나님께 드린 호소가 무엇인지를 말씀하였습니다. 자신의 죽음이 원수들 중 회개하는 자들을 대신해 당하는 죽음이며, 그 죽음에서 자신을 구원해 주심이 그들을 살리는 일이므로 진노 중에서도 긍휼을 베풀어 주시기를 구하셨습니다. 그것은 구원 얻은 자들을 찬송하게 하여 하나님을 위하는 일이기도 하므로 죄인들을 구원하기 위해 자기를 먼저 살려주시라고 기도하며 하나님께서 들어주실 것도 확신하셨습니다. 또한 끝내 회개하지 않은 자들을 심판해 주시라는 간구도 반드시 들어주실 것을 확신하셨습니다. **"내게 구하라 내가 열방을 유업으로 주리니 네 소유가 땅 끝까지 이르리로다"**(시 2:8)라고 하셨던 말씀이 구체적으로 실행되는 것입니다. 하나님께서 메시아의 청원대로 세상을 다스려 나가십니다. 특히 구원과 심판에 관한 절대적인 권세를 갖게 되셨음을 알게 하였습니다.

7편에서는 끝내 회개하지 않은 자들이 받을 심판이 이루어지는 과정을 자세히 밝힙니다. 메시아는 먼저 하나님께 구원을 호소합니다. **"여호와 내 하나님이여 주께 피하오니 나를 쫓는 모든 자에게서 나를 구하여 건지소서 건져낼 자 없으면 저희가 사자같이 나를 찢고 뜯을까 하나이다"(1,2). 여기엔 크게 두 가지 요점이 있습니다. 첫째는 메시아가 당하신 죽음이 이루어지는 구체적인 방식을 알게 합니다. 메시아의 죽음은 하나님께서 계획하신 것이지만(시 2:6,7) 외적으로는 사람들이 죽이는 방식으로, 곧 그들의 죄와 폭력을 방편 삼아 이루어질 것입니다. 2~6편에 나타났듯이 메시아가 죽고 부활하여 하나님 나라의 진정한 통치자로 세워진다는 것은 하나님의 계획이었으며 메시아는 자신이 인간으로 내려와 고통스럽게 죽어야 함에도 하나님의 계획에 기꺼이 순종하셨습니다. 메시아가 십자가 형벌을 당하신 근본적 원인은 그처럼 하나님의 계획과 메시아의 자발적인 순종에 있습니다. 본문은 그 형벌이 어떠한 방식으로 이루어지는지를 예표합니다. 메시아가 대적들의 포악함에 희생당하는 것으로 이루어집니다. 대적들이 무고히 죄를 뒤집어씌워 처형하는 방식으로 원수 사랑을 위한 대속의 죽음이 이루어질 것을 암시하고 있습니다.

훗날 예수님을 죽이는 일에 동참했던 세력이 그것을 입증하고 있습니다. 로마 군병들과 빌라도, 유대 군중들과 헤롯이 다 함께, 곧 유대인이나 헬라인이나 가릴 것 없이 온 인류가 예수님을 십자가에 못박아 죽이는 일에 동참했습니다. 메시아는 이같이 사람들의 손을 통하여 죽임을 당하실 것입니다. 하나님의 뜻과 메시아의 순종, 그리고 악인들의 악행이 함께 어우러져 있습니다. 예수님께서 광야에서 시험받으시는 모습을 "**그 때에 예수께서 성령에게 이끌리어 마귀에게 시험을 받으러 광야로 가사**"(마 4:1)라고 기록한 것과 같습니다. 예수님께서 시험받는 일에 세 주체가 함께 개입되어 있습니다. 마귀가 예수님을 유혹하고, 예수님께서 스스로 광야로 가시는데 특별히 성령께 이끌려 나갑니다. 하나님의 뜻이 이루어지는 방식은 간단하게 설명될 수 없는 것입니다. 마찬가지로 메시아의 죽음, 곧 예수께서 십자가에 못 박히시는 사건은 단순한 문제가 아닙니다. 하나님께서 친히 계획하신 일이며, 메시아가 원수 사랑을 위하여 자발적으로 순종하셔서 이루어진 일이지만, 그 형태는 원수들이 대적하며 죽이는 모습이 될 것입니다. 그런 일이 있을 것을 미리 밝히고 있습니다.

둘째는, 메시아는 죽음의 고통 한 가운데서도 하나님을 신뢰하며 기도합니다. 시편의 상황은 메시아가 죽음의 고통을 깊이 경험하는 중입니다. 죄인들의 죄를 대신하여 하나님의 진노를 한 몸에 받는 것입니다. 그 방식이 대적들에게 죽임 당하는 모습입니다. 주변에 그를 도울 사람이 없습니다. 이처럼 하나님과 사람 모두에게 버림받는 고통스런 대속의 죽음을 치르는 가운데서도 메시아는 "여호와 내 하나님"이라고 부릅니다. 메시아의 하나님께 대한 신뢰와 연합, 의뢰와 순종의 변함없음을 드러내는 것입니다. "여호와"라는 호칭은 주로 택하신 이스라엘을 보호하시고 인도하시는 분으로 나타날 때 자주 쓰입니다. 택하신 자들의 신이라는 뜻이 강합니다. "하나님"이라는 뜻의 '엘로힘'은 신들 중의 신이라는 의미로 온 세상 만물을 그 손 아래 두신 하나님을 의미할 때 주로 사용됩니다. 택하신 자들뿐만 아니라 불신자들과 온 우주 만물까지 다스리시는 분이라는 의미입니다. 그래서 '여호와 하나님'이라는 말에는 그 백성들을 친히 안전하게 보호하시면서 온 세상의 모든 만물을 능히 다스리시는 분이시라는 의미가 담겨 있습니다.

메시아는 하나님의 진노와 사람들에게 죽임당하는 그 처절한 상황에서도 "여호와 내 하나님이여"라고 함으로 여호와 하나님을 향한 신뢰와 의존을 놓지 않았습니다. 십자가 위에서 예수님께서 하신 말씀이 이러했습니다.

> 아버지여 저들을 사하여 주옵소서 자기들이 하는 것을 알지 못함이니이다(눅 23:34)

나의 하나님 나의 하나님 어찌하여 나를 버리셨나이까(마 27:46)

　　메시아의 죽음을 통해 인류를 구원하실 계획을 세우시고 실제로 그 형벌을 냉정하게 쏟아붓고 계시는 하나님께 "내 하나님이여", "아버지여"라고 외치고 있는 것입니다. 하나님에 대한 메시아의 신뢰와 의지는 죽음의 자리에서도 한결같음을 알려줍니다.

　　그런 다음 메시아는 자신의 무죄를 주장합니다. **"여호와 내 하나님이여 내가 이것을 행하였거나 내 손에 죄악이 있거나 화친한 자를 악으로 갚았거나 내 대적에게 무고히 빼앗았거든 원수로 나의 영혼을 쫓아 잡아 내 생명을 땅에 짓밟고 내 영광을 진토에 떨어뜨리게 하소서(셀라)"**(3~5). 죽임당해야 할 만한 죄가 메시아에게는 없었음을 호소합니다. 사람들이 자기에게 무고히 죄를 뒤집어씌워 죽이려 든다는 것입니다. 그의 손에는 죄악이 없었습니다. 손에 죄악이 있다, 화친한 자를 악으로 갚는다, 대적에게 무고히 빼앗았다는 말은 가까운 사람뿐만 아니라 원수에게나 다른 누구에게도 원성 들을 만한 죄를 짓지 않았다는 의미로 메시아의 완벽한 의로움을 상징하는 말입니다. 사람으로서는 이 일에 완전할 수는 없으되 메시아는 바로 그런 점에서 완벽한 의로움을 지니셨다는 것입니다.

　　다윗도 어느 정도는 이렇게 이야기 할 만했습니다. 왕이 되었을 때 베냐민 지파 사람들이 가혹한 저주의 말을 퍼부을 때도 자신이 직접 복수하려고 하지 않았습니다. 심지어 자기를 죽이려 군사를 대동하고 나온 사울의 목숨을 빼앗을 기회가 여러 차례 있었는데도 그렇게 하지 않았습니다. **"여호와께서는 나와 왕 사이를 판단하사 나를 위하여 왕에게 보복하시려니와 내 손으로는 왕을 해하지 않겠나이다"**(삼상 24:12)라고 말할 뿐이었습니다. 원수들은 무고한 다윗에게 사자처럼 달려들어 찢어놓으려 했지만 그는 원수 갚는다며 손에 죄를 두지 않았다는 것입니다. 다윗은 이 점에서 누구보다 메시아를 많이 닮았습니다. 그렇지만 하나님 앞에서 이처럼 자신이 무죄하다고 당당하게 말할 수 있는 사람은 없습니다. 본문은 다윗이 행한 하나의 사례를 통해 메시아의 완전한 순종을 계시하는 것입니다. 사람들의 악행으로 죽임당하는 메시아가 자기에게 죄가 없음을 하나님께 고할 것이라는 말입니다. 메시아는 자기에게 죄가 없음을 강력하게 주장합니다. **"원수로 나의 영혼을 쫓아 잡아 내 생명을 땅에 짓밟고 내 영광을 진토에 떨어뜨리게 하소서"**(5). 만약 자기에게 조금이라도 죄가 발견된다면 원수들이 사자같이 나의 영혼을 찢고 뜯으려고 할 때 그대로 방치해도 좋으며, 부활이 없어도, 영광을 잃어버려도 좋다는 것입니다. "영광"은 인물이나 물질 고유의 지위와 품격을 가리킵니다. 사도 바울이 부활체의 영광이 땅의 육체와 다르다는 사실을 설명하며 **"하늘에 속한 형체도 있고 땅에 속한 형체도 있으나 하늘에 속한 자의 영광이 따로 있고 땅에 속한 자의 영광이 따로 있으니 해의 영광도 다르며 달의 영광도 다르며 별의 영광도 다른데 별과 별의 영광이 다르도다"**(고전 15:40,41)라고 말한 것과 같습니다. "내 영광"은 하나님 나라를 다스리는 왕의 지위와 품격을 가리키는 말로 온 세상을 심판할 수 있는 메시아 왕권을 상징합니다. 하나님의 아들로서 온 세상을 심판할 권세를 지닌 영광입니다. 죄가 있으면 그 왕권을 박탈당해도 상관없다는 뜻으로 오직 흠 없는 제물이 되어 죽임 당했다가 살아난 분만 심판주가 될 수 있음을 암시합니다. 메시아는 자신이 죄 없이 죽임당했음을 그처럼 단호하게 주장합니다.

예수님에 대해 기록한 말씀과 같습니다. 복음서에서 십자가에 처형당하는 예수님에 관한 사항들을 자세히 기록한 목적 중 중요한 하나는 헤롯이나 빌라도가 예수님에게서 처형시킬 만한 죄목을 발견하지 못했음을 말하려는 데 있습니다. 그들은 죄인을 처형할 수 있는 최종적인 권한을 가진 재판권자들입니다. 그들은 재판장의 양심으로는 죄를 발견하지 못했음에도 예수님의 처형을 종용하는 군중들의 위협과 압력에 굴복하여 십자가 처형을 허용하고 맙니다. 로마와 유대 법정은 예수님에게서 죄를 찾지 못했으면서도 사형시킨 것입니다. 메시아는 죄가 없었음에도 사람들의 집요한 모략과 사악한 방식으로 죽임당하셨습니다.

이처럼 본문은 메시아가 사람들에게 죽임당하는 방식으로 대속의 죽음을 당할 것이요, 그 가운데서도 여호와를 향한 신뢰를 잃지 않고 구원을 요청할 것과 그의 죽음이 무죄한 자를 피 흘려 죽게 한 것임을 나타냅니다. 이로써 자신이 살아나야 하는 당위성을 호소합니다. 메시아의 무고한 죽음은 죄인들을 살리기 위한 값으로 충분하다는 뜻입니다. 회개한 죄인들을 구원하기 위해서는 자신이 먼저 살아나야 한다는 호소입니다(시 6:1~7). 부활은 하나님께서 메시아를 구원과 심판의 권세자로 세우셨음을 입증하는 증거입니다(롬 1:4). 무흠한 제물로 죽었으나 다시 살아난 메시아는 회개한 자들에게 구원을 주시고, 끝까지 원수로 남은 자들에게는 심판을 선언하고 집행할 왕이시라는 것입니다. 그 권세는 죄가 없으면서도 죄인들을 위해 죽으시고 다시 살아난 한 분 메시아에게만 있습니다. 그의 피는 회개하는 죄인들의 죄를 용서하시기에 충분하며, 그의 영광은 하나님이 처음에 의도하신 대로(시 2:8,9) 끝내 회개하지 않는 원수들을 심판할 통치자로 삼으시기에 충분하다는 것입니다. 무흠한 제물로 죽었다가 다시 살아난 자만이 온 세상의 심판주로 다시 세움 받을 수 있습니다.

시편은 구약 백성들에게는 그와 같이 오실 메시아를 알게 하고 믿어 구원 얻게 하려는 의도로 주어졌습니다. '훗날 이와 같은 예언을 성취하며 인간으로 나실 분이 심판주이므로 회개하고 그분께 자기 영혼을 의뢰하는 자들만 멸망 받지 않고 영생을 얻을 것'이라는 의미입니다. 구약 백성들은 아직 오시지 않은 메시아를 듣고 믿었습니다. 그러나 신약 백성들에게는 그 위에 한 가지 확실한 증거가 추가되었습니다. 역사 속에 이미 오신 예수님입니다. 신약 백성들은 예언대로 역사 속에 이미 오신 예수님을 믿어 구원에 이릅니다. 구원에 관한 약속이 이미 성취되어 우리 앞에 있습니다. 증거를 더욱 풍성하고 확실하게 받은 것입니다. 그 특권을 받은 자다운 믿음을 가져야 마땅합니다.

Chapter 2

심판을 청원하심

여호와여 진노로 일어나사 내 대적들의 노를 막으시며 나를 위하여 깨소서 주께서 심판을 명하셨나이다 민족들의 집회로 주를 두르게 하시고 그 위 높은 자리에 돌아오소서 여호와께서 만민에게 심판을 행하시오니 여호와여 나의 의와 내게 있는 성실함을 따라 나를 판단하소서 악인의 악을 끊고 의인을 세우소서 의로우신 하나님이 사람의 심장을 감찰하시나이다 나의 방패는 마음이 정직한 자를 구원하시는 하나님께 있도다 (시 7:6~10)

메시아의 죽음은 근본적으로 하나님의 뜻에 의한 일이지만 겉으로는 사람들에게 억울하게 죽임당하는 방식으로 이루어질 것과, 그 처절한 죽음 가운데서도 메시아는 여호와를 굳게 신뢰하며 구원을 요청하는 동시에 자신의 무죄를 주장하는 것을 볼 수 있었습니다(시 7:1~5). 메시아에게서 아무런 죄도 찾을 수 없는데도 사람들은 그를 가장 흉악한 죄인으로 몰아 처형할 것이요, 그 일은 하나님이 메시아에게 세상을 심판할 권세를 허락하시기에 충분한 대가임을 알리는 의미였습니다.

그런 점에서 6절 이후의 말씀은 죽임당하신 메시아가 여호와 하나님께 세상을 이렇게 다스려 주시기를 청원하는 부분입니다. 죄없이 사람들에게 처참하게 찢겨 죽으신 분이 세상의 왕으로 세움 받으시기에 합당하여 하나님께 세상에 대한 통치를 요청하는 것입니다. **"여호와여 진노로 일어나사 내 대적들의 노를 막으시며 나를 위하여 깨소서 주께서 심판을 명하셨나이다"**(6). 이 구절은 메시아가 하나님께 악인들을 심판해 주실 것을 청원하는 내용입니다. 메시아 외에는 땅에서 자기 손에 죄가 없다고 할 수 있는 사람은 없습니다. 어떤 사건에 대한 다윗의 무혐의를 근거로 메시아의 완전무결함을 상징합니다. 그처럼 무흠한 메시아가 죄인들을 대신하여 사람들의 손에 비참하게 죽고 부활하는 것을 통해 하나님의 대리통치자 자격으로 아버지 하나님께 세상을 이렇게 통치해 주시라고 청원하는 것입니다.

"내 대적들의 노를 막으시며 나를 위하여 깨소서"는 회개하지 않은 채 계속 하나님과 메시아를 반역하는 자들을 심판해 주시라는 말씀입니다. 6편까지의 내용에서 메시아의 대적은 회개하지 않은 자들을 가리킨다는 사실을 확인했습니다. 원수 사랑을 위한 메시아의 대속하는 죽음을 오히려 당연히 여기며 자신의 죄를 회개하지 않는 자들이 여기서 말하는 "내 대적들"입니다. 그들의 노를 하나님이 일어나사 막으시며 나를 위하여 깨어나시라는 청원은 그들을 심판하여 주시라는 뜻입니다. '일어나소서', '깨소서', '판결하소서'라는 간청은 거룩한 전쟁에 나타나는 전투 구호입니다(민 10:35,36; 사 33:10). 하나님의 전투 참여를 청원하는 것입니다. 하나님이 자기편에 서실 때 반드시 승리하는 것을 아는 경건한 사람들은 하나님께서 자기들을 위하여 일어나실 것을 자주 간구하였습니다.

> 하나님은 일어나사 원수를 흩으시며 주를 미워하는 자로 주의 앞에서 도망하게 하소서 연기가 몰려감 같이 저희를 몰아내소서 불 앞에서 밀이 녹음 같이 악인이 하나님 앞에서 망하게 하소서(시 68:1,2)
> 여호와의 팔이여 깨소서 깨소서 능력을 베푸소서 옛날 옛 시대에 깨신것 같이 하

소서 라합을 저미시고 용을 찌르신 이가 어찌 주가 아니시며 바다를, 넓고 깊은 물을 말리시고 바다 깊은 곳에 길을 내어 구속 얻은 자들로 건너게 하신 이가 어찌 주가 아니시니이까 여호와께 구속된 자들이 돌아와서 노래하며 시온으로 들어와서 그 머리 위에 영영한 기쁨을 쓰고 즐거움과 기쁨을 얻으리니 슬픔과 탄식이 달아나리이다(사 51:9~11)

이처럼 "일어나소서", "깨소서"는 강한 팔과 큰 손으로 이스라엘을 건져내신 것처럼 강력한 하나님의 전투 능력을 발휘하여 주시라는 호소입니다. 바로의 군대를 물리치고 이스라엘을 건져내신 것과 홍해를 건너 혹독한 광야를 지나 약속의 땅에 이르게 하심으로 입증된 하나님의 놀라운 능력으로 회개치 않는 원수들을 심판하여 주시라는 것입니다. "주께서 심판을 명하셨나이다"는 하나님께서 메시아의 청원대로 다 행하시겠다고 약속하신 사실을 상기시킵니다. **"내게 구하라 내가 열방을 유업으로 주리니 네 소유가 땅끝까지 이르리로다 네가 철장으로 저희를 깨뜨림이여 질그릇같이 부수리라"**(시 2:8). 이 말씀대로 심판권을 시행하여 주시라는 호소입니다.

무고하게 죽이려 하는 불의한 세력에 대한 복수가 목적이 아닙니다. 그 심판을 청원하는 목적이 있습니다. 온 세상을 그 뜻대로 통치하시는 하나님의 영광이 나타나는 것이 목적입니다. **"민족들의 집회로 주를 두르게 하시고 그 위 높은 자리에 돌아오소서"**(7). 하나님께서 다시 세계 모든 민족과 열국 위에 저들을 다스리시는 통치자로 돌아와 앉으시라는 의미입니다. 하나님이 그 지위와 영광을 잃어버리신 적이 없습니다. 원수들이 율법을 범하는 불순종과 반역으로 기고만장하여 마치 반역에 성공한 것처럼, 하나님께 온 세상을 통치하는 권세가 없는 것처럼 행동했던 것뿐입니다. 하나님이 그런 세상을 인내하고 계시나 때가 되면 메시아의 청원대로 강한 팔과 큰 손으로 구원과 심판을 행하실 것입니다. 그 일이 율법을 범하여 죄인이요 원수로 전락한 자들 중 회개하는 자들은 구원으로 이끄시되, 끝내 회개하지 않는 자들은 심판으로 이루어집니다. 메시아의 청대로 심판이 행해질 그때 온 세상이 하나님의 영광을 분명히 보게 될 것입니다. 하나님의 높으심이 모두에게 알려질 것입니다. 메시아는 하나님이 그와 같이 영광을 나타내시기를 청원하고 있습니다. **"여호와께서 만민에게 심판을 행하시오니 여호와여 나의 의와 내게 있는 성실함을 따라 나를 판단하소서"**(8). 여호와 하나님은 홀로 만민에게, 즉 온 세상에 공의를 집행하시는 분이십니다. 모든 악인을 낱낱이 살펴 강한 팔과 큰 손으로 심판하실 것입니다. 회개하지 않은 자들은 누구도 예외 없습니다. 하지만 메시아 자신은 그 심판에 해당되지 않음을 밝힙니다.

"성실함"은 '완전함'이라는 말로도 자주 번역되는 단어입니다. 이 말도 사람이 할 수 있는 말이 아닙니다. 다윗은 어떤 억울한 사건에 국한하여 부분적으로 이런 말을 할 수는 있어도 이처럼 의에서 완전함을 주장할 수 없습니다. 그는 자신이 죄인임을 누구보다 잘 알고 있습니다. 따라서 이 말은 다윗이 무고한 한 사건에 대하여 억울하게 핍박받은 경험을 근거로 작성한, 메시아의 흠 없음을 상징하는 구절임을 알 수 있습니다. 이는 메시아의 청원이 하나님께 받아들여질 수밖에 없는 근거를 밝히는 것입니다. 하나님은 의인의 요구를 들어주시는 분이기 때문입니다(시 4:3). 회개하지 않은 악인은 모두 심판 아래 거하되 메시아께 피하는 자는 그 심판의 죽음을 면할 것임을 확인하는 것입니다. 악인들의 심판과 의인들의 안전은 흠 없는 제물로 대속하여 죽으신 메시아의 뜻에 따라 결정됩니다.

9절이 그 점을 분명히 드러냅니다. **"악인의 악을 끊고 의인을 세우소서"**(9). 단순히 나의 대적을 벌하여 주시라는 기도가 아닙니다. 하나님의 영광을 드러내시라는 메시아의 청원입니다. 악인의 악을 이 땅에서 끊어버리는 심판을 하심으로 온 세상을 공평하게 심판해 주시라며 세상 통치에 대한 여호와 하나님의 재가를 구하는 것입니다. 회개하지 않아서 여전히 하나님의 원수로 남아 있는 악인들과 그 악은 주의 나라에서 끊어 버리시고, 비록 율법을 어겼으나 회개함으로 메시아의 대속하는 죽음이라는 놀라운 혜택을 입은 자들은 의인의 회중에 들이시라는 것입니다.

메시아는 하나님이 의와 악을 철저히 판단하는 분이심을 밝힙니다. **"의로우신 하나님이 사람의 심장을 감찰하시나이다"**(9). 하나님은 겉으로 드러나는 악행만 아니라 마음속 죄까지 꿰뚫어 보심으로 의와 악을 나누는 분이십니다. 마음에 있는 죄를 가볍게 여기고 그런 것은 회개하지 않아도 된다고 생각하는 악인들을 심판하십니다. 반면에 하나님이 사람의 심장을 감찰하는 분이심을 알고 마음 깊은 곳 죄까지 철저히 살펴 애통하며 회개하는 자들은 의인으로 여겨서 그들을 주의 나라에 살게 하십니다. 메시아는 하나님의 성품을 따라 세상을 철저히 심판해 주시기를 청원하고 있습니다. 마음의 죄까지 밝혀 처벌하되 회개하는 자들은 의인으로 여겨 구원하는 나라를 이루시라는 말입니다. 예수님께서 **"형제에게 노하는 자마다 심판을 받으며 미련한 놈이라 하는 자는 지옥불에 들어가게 되리라"**(마 5:22), **"여자를 보고 음욕을 품는 자마다 마음에 이미 간음하였느니라"**(마 5:28)고 하신 말씀은 이 청원이 하나님께 받아들여졌다는 증거입니다. 메시아는 그 정도로 높은 거룩, 사람이 자기 힘으로는 도저히 이를 수 없는 거룩을 요구하는 나라를 세우시라고 하나님께 청원하고 있습니다.

메시아는 그와 같은 청원을 할 수 있을 만큼 거룩한 분입니다. **"나의 방패는 마음이 정직한 자를 구원하시는 하나님께 있도다"**(10). "정직한"으로 번역된 말이 인격체와 연관되어 사용될 때는 '올바르다', '정직하다'라는 두 가지 의미를 갖습니다. 하지만 성경에서 '정직하다'라는 말의 주요 의미는 사람이 자기 죄를 하나님께 숨기지 않고 인정하며 회개하는 모습을 가리킵니다. "너희 의인들아 여호와를 기뻐하며 즐거워할지어다 마음이 정직한 너희들아 다 즐거이 외칠지어다"(시 32:11)와 같습니다. 여기서 "의인들"과 "마음이 정직한" 자들은 "허물의 사함을 얻고 그 죄의 가리움을 받은 자는 복이 있도다 마음에 간사가 없고 여호와께 정죄를 당치 않은 자는 복이 있도다"(시 32:1,2)라는 말씀처럼 죄가 없는 사람이 아니라 정직하게 죄를 고백하여 하나님께서 허물을 사해 주신 자, 정죄하지 않으신 자를 가리킵니다. 따라서 여기서 사용하는 '정직하다'는 말은 늘 옳기만 하다는 것이 아니고 하나님께 그 마음을 솔직히 열어 보인다는 말입니다. 죄가 있으면 죄를 지었다고, 잘못한 것이 있으면 잘못했다고, 있는 그대로 인정하고 고백하는 것입니다. 이런 점에서 보면, 사람이 자기 죄를 인정하고 고백한다는 사실이 명백할 때는 '정직한'으로, 메시아를 예표하는 내용에서는 '올바르다'라는 의미로 번역하는 것이 좋습니다.[20] 메시아는 그 마음에도 죄가 전혀 없기 때문입니다. 우리와 같은 육신을 입으시고, 우리와 같은 시험을 받으셨으나 죄는 없으십니다. 우리는 정직하게 회개해야 하나 메시아는 언제나 옳기만 한 마음을 가지셨습니다.

　그처럼 무죄한 자로 대속의 죽음을 죽으신 메시아는 하나님이 자신의 청원을 받아주실 수밖에 없는 왕의 권세로 하나님께서 악인을 심판해 주시라고 기도하시는 것입니다. 심판은 메시아의 청원대로 이루어질 것입니다. "내게 구하라 내가 열방을 유업으로 주리니 네 소유가 땅끝까지

20　『바른 성경』은 본 구절을 "나의 방패는 마음이 바른 사람을 구원하시는 하나님께 있습니다"로, 회개한 죄인들을 가리키는 구절에서는 "의인들아, 여호와 안에서 기뻐하며 즐거워하여라. 마음이 정직한 모든 사람들아, 너희는 기쁨으로 외쳐라"(시 32:11)라고 구분해서 번역한다.

이르리로다 네가 철장으로 저희를 깨뜨림이여 질그릇같이 부수리라"(시 2:8)고 하셨던 하나님의 말씀이 구체적으로 실현될 것입니다. 세상을 불의와 악으로 물들여 버린 모든 인간을 심판하시되 정직하게 그 마음의 죄까지 회개하고 나아오는 자들은 의인의 회중에 들이실 것입니다. 본문은 메시아가 하나님께 그런 건의를 올릴만한 권한이 있는 분이심을 드러내고 있습니다. 완전히 의로우신 메시아가 사람들에게 비참하게 죽임을 당할 것이나 다시 사신 후에 하나님의 대리통치자가 되어 이와 같은 방식으로 온 세상을 다스리는 통치자의 자리에 올라 심판을 주도하실 것입니다. 그리고 하나님 아버지는 그 아들의 요구대로 무엇이든 다 들어주실 것입니다. 메시아의 요청이 온 세상을 심판하시는 원리요 기준이 될 것입니다. 사람들에게 붙잡혀 처참한 모습으로 십자가에 못 박혀 죽으신 분이 실제로는 영광스러운 구세주이자 심판장이신 것입니다.

Chapter 3

새 통치원리의 확정

하나님은 의로우신 재판장이심이여 매일 분노하시는 하나님이시로다 사람이 회개치 아니하면 저가 그 칼을 갈으심이여 그 활을 이미 당기어 예비하셨도다 죽일 기계를 또한 예비하심이여 그 만든 살은 화전이로다 악인이 죄악을 해산함이여 잔해를 잉태하여 궤휼을 낳았도다 저가 웅덩이를 파 만듦이여 제가 만든 함정에 빠졌도다 그 잔해는 자기 머리로 돌아오고 그 포학은 자기 정수리에 내리리로다 내가 여호와의 의를 따라 감사함이여 지극히 높으신 여호와의 이름을 찬양하리로다 (시 7:11~17)

메시아는 자신의 죽음이 사람들에게 잔혹하게 처형당하는 방식으로 이루어진다는 사실과 그것이 메시아의 죄를 찾지 못한 상태로 이루어진다고 했습니다(1~5). 그와 같이 억울한 죽음을 당하는 중에도 메시아는 오직 하나님께 구원을 청하는 동시에 불의한 세상을 심판해 주시라고 요청합니다(6~10). 무죄한 자로 죄인들을 대신하여 사람들에게 처참하게 죽임당하신 분이 하나님에 의해 세상의 왕으로 세움 받기에 합당하여 이제 왕된 자격으로 세상에 대한 통치를 하나님께 청원하는 것입니다. 2편에서 그 아들에게 약속하신 세상 통치 권세를 메시아는 이처럼 하나님께 아뢰는 방식으로 시행하십니다. 메시아가 사람의 마음까지도 살피는 하나님께 회개하지 않은 악인들을 진노로 심판하여 주시라고 간구하면 하나님께서 그대로 행하시는 것입니다. "여호와와 그의 메시아"(시 2:2)를 대적하는 죄인들 모두에 대한 심판이 그와 같은 방식으로 이루어질 것입니다.

메시아가 그처럼 청원을 올리는 이유는 하나님은 철저히 공의로우신 재판장이심을 알고 있기 때문입니다. **"하나님은 의로우신 재판장이심이여 매일 분노하시는 하나님이시로다"**(11). "의로우신 재판장"으로서 "매일 분노하시는 하나님"이시라고 합니다. 의로우신 하나님은 죄를 묵과하지 않고 반드시 죄인을 찾아내 처벌하는 재판장이라는 뜻입니다. 하나님은 불의와 악에 대하여 철저히 심판하는 분이십니다. 하나님의 의로운 통치는 죄에 대해 진노하시는 것과 별개가 아닙니다. 마치 동전의 양면처럼 하나님의 의로운 통치는 죄를 간과하지 않으시고 모든 불의에 대하여 진노하사 반드시 행하시는 심판을 병행합니다. 물론 모든 죄에 대한 형벌을 즉각적으로 실행하지는 않으십니다. 하지만 그것은 재판 시간을 하나님께서 임의로 정하신 것일 뿐 죄인을 놓친다거나 사건이 잊힌다거나 죄를 발견하지 못해서가 아닙니다. 설령 죽을 때까지 죄를 처벌받지 않는 사람이 있어도 하나님의 공의는 훼손되지 않습니다. 하나님의 재판정은 죽음 이후에 반드시 열려 철저히 심판하실 것이기 때문입니다.

하나님은 죄인을 심판할 모든 준비를 끝내셨습니다. **"사람이 회개치 아니하면 저가 그 칼을 갈으심이여 그 활을 이미 당기어 예비하셨도다 죽일 기계를 또한 예비하심이여 그 만든 살은 화전이로다"**(12,13). 칼을 갈고 활이 이미 당겨져 있다는 말은 그 심판이 언제라도 행할 준비가 되어 있다는 뜻입니다. 메시아의 요구가 하나님께 그대로 받아들여진 결과입니다. 물론 날카롭게 간 칼이 아직 내리쳐지지는 않았습니다. 날아갈 준비를 끝낸 불 달린 화살도 쏘지는 않았습니다. 하지만 심판을 위한 그 모든 준비는 다 끝났습니다. 악인은 누구도 피하지 못하고 엄중한 심판에 처할 것입니다. 그들이 당할 형벌은 단순한 육체의 죽음이 아닙니다.

모든 것을 사르는 뜨거운 불길 속에서 손가락 끝에 묻어있는 물 한 방울만큼의 혜택도 받을 수 없는 고통을 영원히 당하는 지옥의 형벌입니다. 부자가 죽어 장사 지낸 후에 "**저가 음부에서 고통 중에 눈을 들어 멀리 아브라함과 그의 품에 있는 나사로를 보고 불러 가로되 아버지 아브라함이여 나를 긍휼히 여기사 나사로를 보내어 그 손가락 끝에 물을 찍어 내 혀를 서늘하게 하소서 내가 이 불꽃 가운데서 고민하나이다**"(눅 16:23,24)라고 말한 것과 같습니다.

악인들은 그런 엄중한 심판에 처해질 것이 확정되었습니다. 강력한 무기를 갖춘 군대는 대적을 쉽게 제압할 수 있습니다. 마찬가지로 하나님이 회개하지 않는 자들을 심판하사 죽음에 처하게 하시는 일은 전혀 어렵지 않습니다. 하나님의 진노와 형벌은 피할 수 없으며 그 심판을 신속하게 내릴 준비가 다 되었습니다.

그러나 그 심판이 단순히 죄를 지은 사람 모두에게 임하는 것이 아님을 "사람이 회개치 아니하면"이라는 말로 밝히고 있습니다. 심판은 '회개치 않은' 악인에게 임한다는 것입니다. 5편 이후에 계속되었던 의인과 악인의 새로운 정의를 구체적으로 보여줍니다. 비록 죄를 지었어도, 율법을 어겼어도 '주님께 피하는 자가' 의인의 반열에 든다고 하였습니다(시 5:11). 그것을 여기에서는 심판받을 악인에 대해 '회개치 않은' 자라고 함으로 의인의 의미를 분명히 합니다. 회개한 자가 의인입니다. 악인이었는데도 의인이 된 것입니다. 죄를 지은 자라도 반드시 심판받는 것은 아닙니다. 죄인들도 멸망을 피할 길이 있습니다. 회개하는 것입니다. 모두가 악인들이요 죄인들뿐인 이 세상에서 회개한 자들은 의인으로 불리며 심판을 면하게 됩니다.

회개한다는 말은 문자적으로 '돌이킨다'는 의미입니다. 지금껏 잘못 행해왔던 길에서 돌이켜 하나님께로 나아가 자기의 죄와 부정함을 고백하고 하나님이 원하시는 길로 가는 것입니다. 그러면 지은 죄가 아무리 크고 중하다 해도 하나님은 용서의 은혜를 베푸십니다. 그것이 메시아의 요청이기 때문입니다. 메시아가 자기 죽음의 형벌을 대가로 회개하는 죄인들을 용서해 주시기를 하나님께 간청하셨기 때문입니다. 회개는 이렇게 중요하고 복된 것입니다. 죄로 인해 누구도 피할 수 없는 하나님의 진노와 형벌을 모면하게 해 주는 유일한 길이기 때문입니다.

그런데도 끝까지 죄를 고집하며 회개하지 않아 악인으로 남는 자들이 있습니다. 메시아는 마치 법정에서 검사가 피고인의 죄목을 나열하는 것처럼 그들의 죄를 낱낱이 알고 있음을 밝힙니다. **"악인이 죄악을 해산함이여 잔해를 잉태하여 궤휼을 낳았도다"**(14). 출산과 관련된 단어를 사용하여 사람이 죄를 끊임없이 생산하는 모습을 보여줍니다. "죄악"은 '공허함', '헛됨'이란 의미를 지니고 있어서 주로 거짓된 우상숭배와 관련된 죄악을 지적할 때 흔히 쓰입니다(삼상 15:23; 사 66:3). "잔해"는 애써서 남에게 해악을 끼치는 것을 말합니다. "궤휼"은 거짓이나 속임수로 남을 해치고 파괴하는 것입니다. 사람이 율법을 지키지 않음으로써 이루어지는 모든 악행을 가리킵니다. 율법을 무시한 채 계획하고 수고하는 모든 것은 근본적으로 하나님의 통치를 거역하기 위한 죄악에 불과합니다. 그것이 끊이지 않고 계속 이루어지고 있음을 고발합니다. "잉태하여", "낳았도다"의 히브리어는 어떤 상황이 계속된다는 의미입니다. 사람이 사는 동안 계속 죄를 쏟아낸다는 것입니다. 깨끗한 집이라도 쓰레기는 항상 나오게 되어 있듯이 사람은 무엇을 해도 갖가지 죄를 쌓는 결과밖에 낳지 못합니다. 메시아는 회개하지 않는 사람이 계속해서 쏟아내는 그 모든 죄악을 다 아십니다.

그 죄값은 반드시 돌려받게 되어 있습니다. 하나님은 회개하지 않는 사람의 악행에 반드시 보응하실 것입니다. 그러므로 회개하지 않은 채 사는 것이 얼마나 어리석은 일인지를 이렇게 전합니다. **"저가 웅덩이를 파 만듦이여 제가 만든 함정에 빠졌도다 그 잔해는 자기 머리로 돌아오고 그 포학은 자기 정수리에 내리리로다"**(15,16). 회개하지 않은 자가 저지른 악행은 결국 자기에게 형벌로 돌아온다는 것입니다. 죄를 짓는다는 것은 제 무덤을 자원하여 파는 것과 같으며 자기 머리를 과녁 삼아 화살을 쏘는 것처럼 어리석은 일입니다. 회개하여 죄를 용서받는 자와 달리 악인은 자기가 저질렀던 죄에 대한 대가를 고스란히 자기가 받기 때문입니다. 회개하지 않는 자에게는 메시아의 원수 사랑을 위한 대속의 죽음이 적용되지 않습니다. 그에겐 오직 치켜든 칼과 겨냥한 불화살만 준비되어 있습니다. 하나님은 불의를 묵과하지 않으시며 반드시 합당한 보응을 받게 하실 것입니다. 창으로 정수리를 맞고 살아남을 자가 없듯이 하나님의 심판은 철저하고도 치명적으로 회개하지 않는 자들에게 임할 것입니다. 다 같은 죄인이었는데 누구는 은혜가 방패처럼 호위하고, 누구는 칼날 앞에 목을 내밀고 있는 것과 같습니다. 회개했느냐 하지 않았느냐에 따라 결말이 이렇게 큰 차이가 납니다.

회개가 그렇게 중요하고 복됩니다. 회개는 자기가 행한 죄와 불의에 대한 형벌을 받지 않을 수 있는 유일한 길입니다. 그 두려운 하나님의 심판과 죽음의 형벌을 모면케 해 주는 유일한 방편이기 때문입니다. 악인들에게 임할 하나님 진노의 임박함과 결국 제 무덤을 파고 있다는 저들의 어리석음을 이야기하는 본문은 회개가 얼마나 중요한지 분명히 드러냅니다. 회개는 죄의 형벌을 면할 수 있는 유일하고도 은혜로운 길입니다. 사람이 죄에 대한 형벌을 면하고 하나님 나라에 거하는 의인이 되는 것은 죄가 없어서가 아니라 오직 회개를 통해서만 가능합니다.

메시아는 회개하지 않은 자들에게 내리실 하나님의 두려운 심판에 관한 이야기를 마치시고 감사와 찬송을 여호와께 드릴 것이라는 7편이 고백으로 마무리됩니다. **"내가 여호와의 의를 따라 감사함이여 지극히 높으신 여호와의 이름을 찬양하리로다"**(17). "감사함이여", "찬양하리로다"의 히브리어는 둘 다 화자의 의지를 표현합니다. '감사하리라', '찬양하리라'는 뜻입니다. 하나님께서 자신의 요구를 다 들어주셨다는 메시아의 확신을 나타냅니다. 지극히 높으신 하나님께서 세상에 대한 통치를 메시아의 요구대로 하기로 하셨음을 확신하고 있는 것입니다. 한 인간으로 오셔서 죄가 없으심에도 불구하고 죄인들을 대신하여 죽으시고 부활하신 그분의 청원대로 하나님께서 시행하실 것이 분명하다는 것입니다. 이제 온 인류의 운명과 하나님 나라의 통치권은 시온에서 왕으로 세움 받으시되 사람들에게 처참하게 짓밟히고 배척당하여 죽으신 그분의 뜻과 판단에 달려 있습니다. 그분의 뜻대로 영생과 형벌이 정해지고 회개하지 않는 자들은 반드시 그에 합당한 형벌을 받게 하실 것입니다. 메시아는 그 일이 확정되었음을 확신하고 있습니다.

특히 "여호와의 의를 따라" 감사하리라는 말씀은 회개한 자들은 형벌을 면하고 회개치 않은 자들에게만 무서운 심판이 임하는 은혜로운 하나님의 통치 원리를 반영합니다. 즉 회개한 죄인들 자신의 의로움 때문이 아니라 "여호와의 의" 때문에, 곧 하나님께서 그리스도의 피를 대속하는 제물로 삼아 제공하신 "의" 때문에 심판을 면하게 되었음을 상기시키는 것입니다. 심지어 회개했다는 사실도 심판을 면한 이유가 되지 못하며, 오직 여호와 하나님께서 제공하신 의에만 의존하고 있음을 암시합니다. 메시아는 하나님께서 그 일을 허락하사 회개한 죄인들을 살리시고 의의 복된 나라에 거하게 하실 것을 확신하였습니다. 그래서 감사와 찬양을 여호와 하나님께 돌리고 있는 것입니다.

메시아의 죽음과 부활을 근거로 여호와 하나님께 간청하신 하나님 나라의 새 통치 원리가 확정되었습니다. 율법을 지키지 못하여 하나님의 원수가 된 죄인이라도 회개하면 하나님은 죄를 묻지 않으실 것이며, 회개하지 않은 자는 그 죄가 하나님께 낱낱이 보고되어 하나님께서 준비하신 대로 합당한 형벌을 받을 것입니다. 죄 없는 메시아가 사람들에게 붙잡혀 처참하게 십자가에 못 박혀 죽으신 것은 회개한 자를 살리고, 끝까지 회개하지 않는 악인들을 그 죄대로 엄중히 심판하시기 위함입니다. 메시아는 하나님 나라의 통치권한을 받은 아들의 자격으로 여호와 하나님께 구원과 심판을 행하여 주시기를 청원하실 것이요, 하나님은 인간으로 나실 성자 하나님 곧 메시아이신 예수님께서 요구하신 이 원칙대로 세상을 다스려 나가실 것입니다. 메시아는 그 원칙이 확고하게 세워졌음을 확신하시기에 감사와 찬송을 드리는 것입니다.

말씀 묵상하며 시편찬송 부르기

시편찬송 듣기

내 여호와께 내가

시편 7:1-9

LONGWOOD. 10.10.10.10.

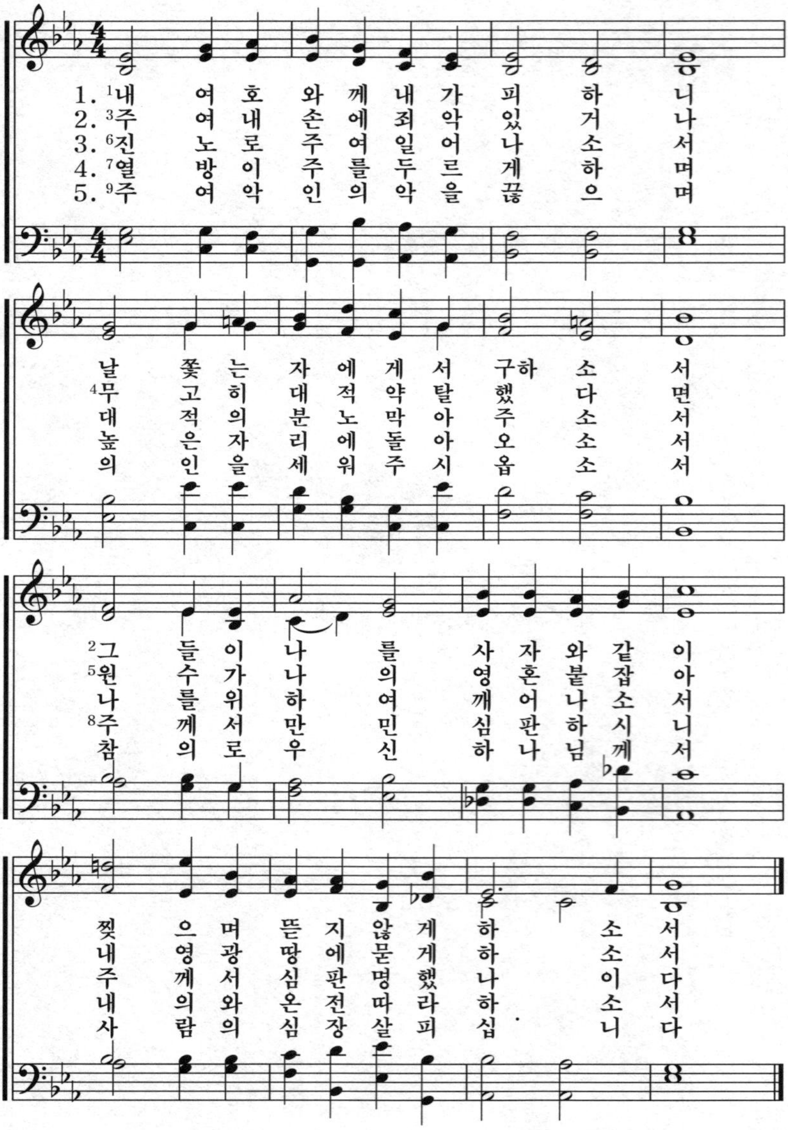

나의 방패는 정직한 자를

시편 7:10-17

BEULAH CHURCH. 10.10.10.10.

6. ¹⁰나의 방패는 정직한 자를 구원하여 시는 주께 있도다
7. ¹²사람이 회개하지 않으면 주께서 살잉 태하시거기 낳으시리로다
8. ¹⁴보라 그는 죄로 진통하며 재앙을 해거 짓낳으리라
9. ¹⁶그 재앙은 제 머리로 오고 강포는 그에게 내리리라

¹¹주님은 의로우신 재판장이여 매일 노하하는 하나님이라
¹³죽일 무기덩이 비파서 심만들고 화살에 불판을 붙이정에 빠진다
¹⁵그가 웅덩이 파서 만들고 자기가 판함에 빠진다
¹⁷나 주의 의로 감사하며 지존하신 주 찬양하리라

말씀 묵상하며 시편찬송 부르기·7편

시편 8편

여호와 우리 주여
어린아이와 젖먹이의 입으로
인자가 무엇이관대
주님과 우리

Psalms

Chapter 1

여호와 우리 주여

여호와 우리 주여 주의 이름이 온 땅에 어찌 그리 아름다운지요 주의 영광을 하늘 위에 두셨나이다 (시 8:1)

8편은 7편까지의 말씀을 바탕으로 접근해야 의미를 풍성히 이해할 수 있습니다. 특별히 7편에 나타난 메시아의 요청과 깊은 연관을 가집니다. 7편에서 메시아는 자신이 원수들에게 처형당하는 형식으로 죽임을 당하되 무죄한 죽음이라는 사실을 밝히며, 그 죽음을 바탕으로 하나님 아버지께 악인들을 심판해 주시라는 청원을 올렸습니다. 단순히 모든 악인을 처벌하는 것이 아니라 악인들 중 회개하지 않은 자들을 심판해 주시라는 기도였습니다. 여호와 하나님은 의로우신 재판장이심을 알았기 때문입니다. 메시아는 하나님께서 그들을 철저히 심판할 준비가 다 되어 있음을 밝히고 감사와 찬양을 올렸습니다. 회개하여 의인 된 자는 살리시고 회개하지 않아 여전히 악인으로 남은 자들만 심판해 주시라는 새로운 통치 원칙에 대한 메시아의 요청을 하나님이 들어주셨음을 확신하였기 때문입니다.

8편의 첫 마디는 **"여호와 우리 주여"**입니다. 이 말은 시편의 현재 시점에서 대단한 의미를 부여합니다. 왜냐하면 여호와를 '우리의 주님'이라고 부르는 호칭이 시편에서 여기 처음 나타나기 때문입니다.[21] 지금까지 메시아 중심으로 설명해 왔던 내용에 비추어 보면 대단한 의미가 있습니다. 7편에서 확인된 것처럼 메시아의 통치권이 확보된 시점에, 곧 세상을 메시아의 요구대로 다스리신다는 사실을 확신하게 된 자들이 여호와를 "우리의 주님"으로 인정한다는 의미이기 때문입니다. 이전까지 모든 사람은 율법을 어겨 하나님과 메시아의 원수요 반역자에 지나지 않았습니다. 하지만 원수까지도 사랑하시는 하나님께서 그와 같이 큰 은혜를 베푸시어 회개한 자들을 구원하사 의인의 회중에 들어가게 하셨습니다. 그리고 회개하지 않는 자는 심판하여 영벌에 처하신다는 새로운 통치 원칙이 확정되었음을 알게 된 자들이 이제 여호와 하나님을 "우리의 주님"이라고 부를 수 있게 된 것입니다.

그들이 **"주의 이름이 온 땅에 어찌 그리 아름다운지요"**라고 고백합니다. 그와 같이 새로운 통치 방식으로 온 세상을 다스리시는 하나님의 위엄을 발견한 어떤 사람들이 감사와 경외심에서 드리는 찬양입니다. "아름다운지요"라고 번역된 히브리어는 '위엄있다, 위대하다, 장엄하다'는 뜻입니다. '주의 이름이 얼마나 위엄있는지요'라는 뜻입니다. 하나님은 회개하는 자들을 구원하시되 회개하지 않는 악인들을 각자의 죄에 따라 철저

---

21 "우리"라는 말은 4장에 처음 나타났다. **"여러 사람의 말이 우리에게 선을 보일 자 누구뇨 하오니 여호와여 주의 얼굴을 들어 우리에게 비취소서"**(시 4:6). 첫 번째 "우리"는 "여러 사람"을 가리키는 말로 메시아가 명령하신 대로 메시아에 대한 믿음과 회개로 여호와 하나님께 자기를 의뢰하는 자들을 의미한다. 온통 하나님과 메시아를 대적하는 무리뿐이었던 인류 중 이같이 메시아의 명령을 따르는 자리로 나아온 자들, 곧 '참된 선'이라는 지극히 복된 상태를 얻게 해 줄 이를 찾는 자들이 나타날 것이라는 뜻이었다. 두 번째 "우리"는 메시아가 자신을 회개하는 그들과 동일시한 상태에서 그들을 대표하여 하나님께 은혜를 구한다는 의미였다.

히 심판하신다는 사실을 발견한 자들이 이런 고백을 하는 것입니다. 그 위엄이 '온 땅에' 드러난다는 말씀은 땅에 속한 사람 중 그 누구도 여호와 하나님이 정하신 법칙대로 다스림 받는 위치를 벗어날 수 없다는 뜻입니다. 모든 인간이 하나님이 정하신 법을 따라 심판받게 될 것이기 때문입니다. 그런 점에서 회개하여 의인의 회중에 들어가게 된 자들은 그처럼 온 땅 위에서 비교할 수 없는 하나님의 위엄을 발견하고 찬송하게 될 것입니다.

그들은 또한 **"주의 영광을 하늘 위에 두셨나이다"**라고 노래합니다. 이 구절은 좀 더 깊은 고찰이 필요합니다. 여기서 "두셨나이다"는 원래 명령형으로 '두소서', 혹은 '두시옵소서'로 표현할 수 있는 말입니다. 그런데 한글 성경을 비롯하여 대부분의 번역 성경이 다 평서문처럼 번역했습니다.[22] 사실 그렇게 이해해도 이 시편의 전체적인 의미를 아는 데는 큰 지장이 없어 보입니다. 그러나 그렇게 되면 명령형을 사용하여 간구의 의미를 나타내려고 했던 본문의 의도는 사라지게 됩니다. 명령형으로 쓰여진 어떤 이유가 있을 것이고 그것을 묵상하며 살피는 것은 우리의 책임입니다. '두소서'라는 말로 이해하면 좋겠다고 생각되는 몇 가지 이유가 있습니다.

우선, 문법적인 측면에서 명백하게 명령형이므로 이것을 간구의 의미로 해석하는 것은 전혀 문제가 없습니다. 그런데 대부분의 번역 성경에서 이 단어를 '단수, 명령형'으로 분해하면서도 해석은 '직설법'으로 하고 있

---

[22] 어떤 주석은 이 말이 옛날부터 주목할 만한 난제였다고 말하며, 명령형이지만 그러면 눈에 거슬린다면서 직설법인 것처럼 번역한다고 하였고, 또 다른 주석은 이 단어를 '부정사형'으로 볼 수 있다고 주장한다. 그러면 직설법인 것처럼 해석하는 게 가능하다는 것이다. 하지만 이 단어가 구약성경에 총 25회 나타나는데 나머지 24개는 명령형으로 분해하고 해석하면서 유일하게 여기 한 군데서만 부정사형으로 분해하고 평서문으로 번역한다는 점은 좀 생각해 볼 과제다.

습니다. 그만큼 이 말을 명령형인 '두소서'라고 번역하면 앞뒤 관계에서 무슨 의미인지 파악하기 쉽지 않기 때문입니다. 그러나 분명히 문법적인 구조는 명령형입니다. 그래서 이 단어를 백성들이 하나님께 간구하는 의미인 '두소서'로 해석하기 위해 문맥에서 타당성이 있는지를 확인해야 합니다. 그런데 감사하게도 시편이 문맥의 흐름을 갖고 있다는 대전제하에 공부해 오고 있으므로 '두소서'라고 할 만한 충분한 이유를 발견할 수 있습니다.

"두셨나이다"를 '두소서'라고 할 때 크게 보면 내용상 별 차이가 없는 듯하지만 결정적인 차이가 하나 있습니다. 그것은 사람들의 고백입니다. '두셨나이다'라고 하면 하나님의 영광과 위엄의 현재 위치에 대해서만 초점이 있습니다. 그러나 '두소서'라고 하면 하나님의 영광과 위엄의 현재 위치에 대한 사람들의 간구에 초점이 있습니다. 여호와를 "우리 주여"로 부르게 된 사람들이 고백한다는 그 점에 관심이 있는 것입니다.

그렇다면 그 고백은 어떤 의미입니까? 그것은 여기서 "우리"라고 불리는 자들이 어떤 변화를 거쳐왔는지를 생각해 봐야 합니다. 여호와를 "우리 주여"라고 부를 수 있게 된 이 사람들은 처음부터 그럴 수 있는 자들이 아니었습니다. 1편부터 흐름을 따라 생각해보면 그 변화를 알 수 있습니다.

1편은 그 주제가 하나님의 세상 통치 원리였습니다. 하나님은 온 세상을 통치하시되 율법을 그 통치 원리와 심판의 기준으로 삼으신다는 사실을 선포하시는 것입니다. 율법을 주야로 완전하게 묵상하면 의인의 회중에 들 수 있습니다. 그러나 그럴 수 있는 사람은 아무도 없습니다. 인류는 율법을 지키지 못하여 죄인이 되었습니다. 2편에서는 그런 자들을 **"여호와와 그 기름 받은 자를 대적하며 우리가 그 맨 것을 끊고 그 결박을 벗어 버리자"**고 말하는 반역자들로 묘사했습니다. 율법이라는 하나님의 통치 원리를 어긴 사람들은 가장 강력한 왕을 보좌에서 끌어내리려는 어리석은 반역자들에 지나지 않는다는 의미입니다. 2편은 계속해서 반역자들에 대한 하나님의 대처방식이 무엇인지를 밝힙니다. 죄인들, 곧 율법을 어겨 거룩한 하나님의 왕권을 반역한 자들은 처형시키되, 여호와를 의지하여 그 아들에게 입 맞추는 자는 구원을 얻게 하시는 것입니다.

시편 전체의 서론 역할을 하는 1, 2편에서 그렇게 하나님의 통치 원리와 그에 대항하는 인간의 구원과 심판에 대해 큰 흐름을 이야기한 후, 3편부터 7편까지는 반역자가 된 인류를 사랑하시는 하나님이 저들을 구원하기 위해 행하신 일을 메시아 중심으로 상세히 설명합니다.

3편의 주제는 하나님을 신뢰하는 메시아라고 할 수 있습니다. 2편에서 말씀하신 대로, 죽음이라는 특별한 방식으로 왕위에 오르실 메시아가 하나님의 계획대로 인류를 위해 자신이 먼저 죽고 부활할 때 성부 하나님께 신뢰와 확신, 그리고 소망을 어떻게 가졌는지를 보여주는 내용입니다. "그 아들 압살롬을 피할 때에 지은 시"라는 제목에서 알 수 있듯이 그 죽음은 자식이 아비를 죽이는 패륜과 같은 형식을 취할 것이요 그럼에도 메시아는 자신의 죽음과 부활을 근거로 죄인들 중 일부를 살리시려는 성부 하나님의 계획에 절대적인 신뢰를 보내신다는 내용이 줄기를 이룹니다.

3편이 메시아의 하나님에 대한 신뢰를 다룬다면 4편은 메시아가 품고 있는 인생들에 대한 소망을 다룬다고 할 수 있습니다. 반역자 된 사람들이 처벌을 면할 수만 있다면 메시아 자신이 죽는 길이라도 무엇보다 큰 기쁨을 가지고 자원하여 순종하겠다는 의지가 표현되어 있습니다. 5편의 주제는 '원수 사랑'입니다. 전체 인류가 멸망 당해야 하지만 그들 중 주께 피난하는 어떤 이들을 자신의 죽음을 근거로 살리되 특별히 8, 9절은 가히 원수 사랑이라고 부를만한 일이었습니다(롬 5:6,8,10). 그리고 6편의 주제는 '스올에서 호소하는 메시아'입니다. 메시아께서 고난의 죽음 한가운데서 드리는 간구입니다.

　그 과정을 거쳐 7편에서는 하나님 나라의 새로운 통치 원칙이 확정되었음을 밝힙니다. 메시아의 죽음은 내적으로는 하나님의 계획과 메시아의 자발적인 순종으로 이루어지는 것이지만 외적으로는 강한 원수들에게 무죄한 자가 처형당하는 형식이 될 것입니다. 메시아는 그 죽음을 제물로 삼아 하나님 아버지께 악인들을 심판해 주시라고 청원하십니다. 여호와 하나님은 의로우신 재판장이심을 알았기 때문입니다. 그 기도는 모든 악인을 단순히 처벌하시는 것이 아니라 악인들 중 회개하지 않은 자들을 심판해 주시라는 것이었습니다. 그리고 마지막 절에서 메시아가 하나님께 감사와 찬양을 올린 것은 회개한 의인은 살리시고 회개하지 않아 여전히 악인으로 남은 자들만 심판하신다는 하나님의 새로운 통치 원칙을 확신하였다는 것입니다.

　이제 세상 통치 원리가 새로워졌습니다. 1편에서는 오직 율법이 최고의 법이었고 그것을 어기면 모두가 죄인이요 오만한 자며 심판받아야 했습니다. 그러나 이제 메시아의 순종과 소망, 그의 죽음과 부활과 호소를 통하여 새로운 길이 열렸습니다. 회개하는 자들을 살리기 위해 그들 대신 죽음을 택하신 메시아를 믿고 하나님께 피하는 자들은 그 화를 면하나, 메시아를 믿지 않고 여전히 회개하지 않는 자들에게는 그 진노가 임하리라는 것입니다. 처음에는 모든 인류가 다 진노를 받아야만 했지만 이제는 회개치 않은 자들에게만 화가 임하게 되었습니다.

　이런 흐름을 따라서 보면 8편 1절에서 **"주의 영광을 하늘 위에 두소서"**라고 말하는 것이 전혀 어색하지 않습니다. 오히려 죽음에서 건짐 받는 은택을 입은 자들이 여호와 하나님의 왕권을 인정하며 찬양하는 것은 당연한 일입니다. 이는 마치 반역자들이 패배했다고 선언하는 항복문서와 같습니다. 2편에 따르면 이들은 **"서로 꾀하여 여호와와 그 기름받은**

자를 대적하며 우리가 그 맨 것을 끊고 그 결박을 벗어버리자"(시 2:2,3) 라고 말하던 대적자들이었습니다. 그때의 "우리"는 하나님의 말씀을 올가미나 족쇄쯤으로 여기는 모든 인류를 가리킵니다. 모든 인류가 하나님의 법을 무시하는 반역자요 대적자였습니다. 그랬던 자들이 여기 8편에 와서는 **"여호와 우리 주여 주의 이름이 온 땅에 어찌 그리 위엄있으신지요 주의 영광을 하늘 위에 두소서"**라고 합니다. 여기의 "우리"는 온 인류 중에서 회개하여 구원을 얻은 자들입니다. 반역자로 처형당해야 마땅했던 자들이 하나님의 자비로 생명을 얻으며 더 나아가 하나님의 자녀 되는 은혜를 얻었습니다. 그들이 "주의 영광을 하늘 위에 두소서"라고 노래한다는 것은 그 일을 이루신 하나님의 위엄이 얼마나 놀랍고 크신지를 확인하고 그 통치권이 영원히 계속되길 바라며 기뻐한다는 의미입니다. 메시아의 죽음과 부활, 그의 소망과 요청을 통하여 새롭게 통치 원칙이 확정됨으로 반역자라는 굴레를 벗고 죽을 자리에서 살아난 사람들이 하나님의 영원하고도 절대적인 왕권을 인정하며 찬송한다는 것입니다. 사람이 스스로 하나님보다 높아지려는 죄에서 다시 하나님만 영원하고 위엄있으신 통치자이심을 고백하는 자리로 돌아와 감사하며 부르는 찬송입니다.

특히 **"사람이 무엇이관대 주께서 저를 생각하시며 인자가 무엇이관대 주께서 저를 권고하시나이까 저를 천사보다 조금 못하게 하시고 영화와 존귀로 관을 씌우셨나이다 주의 손으로 만드신 것을 다스리게 하시고 만물을 그 발 아래 두셨으니"**(4~6)라는 말씀을 히브리서 2장에서 예수 그리스도를 가리키는 말씀으로 설명한다는 사실은(히 2:6~9), 이들이 자기가 받은 구원이 여호와 하나님께서 예수 그리스도를 인간으로 보내신 사실 때문임을 알고 있었다는 의미입니다. 율법을 어김으로 죽을 일밖에 아무것도 남지 않았던 자들이 예수님 안에 허락된 구원의 복을 깨달고 예수를 보내신 하나님의 통치권이 영원하기를 소리 높여 외치는 것입니다.

이와 같은 의미에서 '두소서'라는 명령형 그대로 이해할 가능성이 충분해 보입니다. 어찌 보면 "두셨나이다"라고 말하는 것이나 '두소서'라고 하는 것이나 하나님의 영광을 인정한다는 면에서는 크게 다르지 않습니다. 하나님의 권세는 언제나 항상 하늘 위에 계셨던 권세입니다. 사람들이 거기 두라고 해서 생기는 것도 아니요, 두지 말라고 해서 없어지는 것도 아닙니다. 그럼에도 '두소서'라고 했다는 사실은, 하나님의 통치권에 대한 사람들의 생각이 완전히 변화되었음을 분명히 드러냅니다. 죄에서 돌이킨 자들은 자신들을 구원하신 하나님의 통치권이 얼마나 복되고 위엄있는지를 알고 기뻐하며 노래한다는 것입니다. 8편 전체는 그와 같은 관점에서 하나님의 위엄 있는 통치권을 발견하고 그 앞에 머리 조아리는 자들의 심정을 노래한 찬송입니다. 메시아가 흘리신 피에 담긴 하나님의 은혜와 권세를 깨닫고 회개한 자들은 반드시 이와 같은 고백을 하게 되어 있습니다. 그런 자들이 새로운 통치 원리로 다스리시는 하나님 나라의 백성입니다.

Chapter 2

어린아이와 젖먹이의 입으로

주의 대적을 인하여 어린아이와 젖먹이의 입으로 말미암아 권능을 세우심이여 이는 원수와 보수자로 잠잠케 하려 하심이니이다 (시 8:2)

1절은 하나님의 원수요 반역자였던 자들이 죄에서 돌이킨 후 자신들에게 구원의 은혜를 베푸신 하나님의 위엄을 깨닫고 그 통치권을 인정하며 고백한다는 의미였습니다. '두셨나이다'로 번역된 말이 원문에 '두소서'라는 간구라서 하나님의 영광과 위엄을 인정하는 사람들의 고백에 초점이 있다고 하였습니다. **"우리가 여호와와 그 기름 받은 자를 대적하며 그 맨 것을 끊고 그 결박을 벗어버리자"**(시 2:2,3)라고 말하며 하나님을 하늘에서 끌어 내릴 수 있는 것처럼 기세등등하던 사람 중에서, 어떤 무리는 여호와를 '우리 주님'이라 부르며 하나님의 통치권을 인정하고 고백한다는 것입니다.

그들의 고백은 계속됩니다. **"주의 대적을 인하여 어린아이와 젖먹이의 입으로 말미암아 권능을 세우심이여 이는 원수와 보수자로 잠잠케 하려 하심이니이다"**(2). 하나님이 행하신 일에 관한 언급입니다. 주의 대적, 즉 원수와 보수자를 잠잠하게 하려고 하나님이 어린아이와 젖먹이의 입으로 말미암아 권능을 세우셨다고 합니다. 이는 그들이 하나님을 주님이라 부르며 하나님의 통치권을 온전히 인정하며 찬송하는 이유이기도 합니다. 하나님의 통치권은 어린아이와 젖먹이 같은 사람들이 구원받아 그 은혜를 찬양하게 하는 반면 회개하지 않은 악인들은 심판받을 것이며 아무런 항의도 할 수 없다는 것입니다.

어린아이와 젖먹이의 특징에 대해 성경은 전적으로 의존한다는 점을 언급합니다. 자기 스스로 생명을 유지할 수 없으며 반드시 외부의 도움이 필요하다는 것입니다.

> 천지의 주재이신 아버지여 이것을 지혜롭고 슬기 있는 자들에게는 숨기시고 어린 아이들에게는 나타내심을 감사하나이다(마 11:25)
> 너희가 돌이켜 어린아이들과 같이 되지 아니하면 결단코 천국에 들어가지 못하리라 그러므로 누구든지 이 어린아이와 같이 자기를 낮추는 그이가 천국에서 큰 자니라(마 18:3,4)

하나님은 선행이나 의로움을 공로 삼아 제 힘으로 천국에 들어가고자 하는 자들을 심판하시되 오직 자기를 낮춰 회개하여 하나님께 받은 은혜만을 의지하는 자들을 구원하십니다. 천국은 사람이 자기 노력으로 들어갈 수 있는 데가 아니기 때문입니다. 오직 완전한 의를 가진 자만이 들어갈 수 있습니다. 완전한 의는 흠 없는 제물 되신 예수 그리스도의 피로 죄사함 받을 때만 허락됩니다. 그리고 그 의는 어린아이처럼 자기를 낮추어 회개하는 자에게 값없이 거저 주어집니다. 그러니 주께서 베푸시는 의를 받으려 하는 자, 주님께 철저히 의존하는 자가 오히려 지혜롭고 큰 자라는 뜻입니다. 어린아이를 그와 같은 의미로 사용하십니다.

그런 어린아이들이 주의 대적들, 곧 원수와 보수자들과 대조됩니다.

주의 대적들은 율법을 범하여 하나님을 배역하였을 뿐만 아니라 그리스도가 당하신 대속하는 죽음을 알고 난 후에도 회개하지 않으며 오만한 자리에 계속 남아 있는 자들을 가리킵니다. 그들은 자기를 높이는 데 혈안이 되어 있으며 스스로 천국에 들어갈 수 있을 만큼 율법을 지켰다고 자부하는 자들입니다. 자기 힘과 능력으로 구원받을 수 있다고 믿고 누구의 도움도 필요 없다며 거절하는 교만한 자들이면서 또한 하나님의 영광스러운 이름과 그 계시를 인정하지 않습니다.

처음에 인간은 누구도 예외 없이 이와 같은 의미에서 하나님의 대적자요 원수요 보수자였습니다. 그런데 그중에 어떤 사람들은 어린아이와 젖먹이로 묘사할 만한 자들이 되었습니다. 자기 힘으로 구원 얻을 수 없음을 깨닫고 회개하여 전적으로 하나님의 은혜만 기다리는 것입니다. 자기 지혜나 깨달음, 그리고 자기 능력이나 의의 수준으로 하나님의 대적자요 원수 된 자리에서 스스로 빠져나온 자는 아무도 없습니다. 어린아이는 전적으로 무능력합니다. 특히 젖먹이는 자기 힘으로 먹을 것을 구할 수도 없고 아파도 어떻게 해야 살 수 있는지 알지 못하며, 안다고 해도 실행할 방식이 없습니다. 어린아이와 젖먹이는 전적으로 부모나 외부의 도움을 받아야만 그 생명이 유지되는 자들입니다. 마찬가지로 사람이 율법을 어겨 하나님의 심판을 면치 못하는 처지에서 하나님의 자녀가 되는 일은 오직 하나님의 은혜로만 가능합니다. 요한 사도는 그 점을 이렇게 설명하였습니다. **"영접하는 자 곧 그 이름을 믿는 자들에게는 하나님의 자녀가 되는 권세를 주셨으니 이는 혈통으로나 육정으로나 사람의 뜻으로 나지 아니하고 오직 하나님께로서 난 자들이니라"**(요. 1:12,13). 아이의 출생이 자기 뜻과는 무관하게 순전히 부모의 의사에 의한 것이듯 영적 출생도 마찬가지입니다. 하나님의 은혜로만 거듭납니다. 그렇게 거듭난 자들이 어느 순간 여호와를 "우리 주님"으로 고백하며 하늘과 땅을 다스리시는 하나님의 통치권을 기쁨으로 인정하고 받아들이게 됩니다. 자기 지혜나 능력만으로는 할 수 없는 것입니다. 그처럼 "어린아이와 젖먹이"는 하나님이 이루시는 구원의 특징을 분명히 알려줍니다.

이런 자들이 그들의 입으로 하나님이 권능을 세우시고 그것이 대적들을 잠잠케 한다고 합니다. 하늘과 땅을 지으신 주님이 이 작은 존재들로 자신의 힘과 능력을 나타내는 요새처럼 삼으신다는 말입니다. 대개 제국의 자랑은 크고 강한 군대와 그 능력에 있습니다. 막강한 국력으로 온 세상을 자기 마음대로 좌우할 수 있으며 모든 나라를 자기 밑에 두고 자랑합니다. 얼마나 강한 군대와 무기로 얼마나 많은 나라들을 정복하였는지, 자기가 얼마나 많은 백성과 똑똑한 신하들과 강력한 권세를 소유하였는지, 그런 것들이 자랑거리입니다. 그런데 하나님은 연약한 어린아이와 젖먹이의 "입으로 말미암아" 자신의 권능을 세우십니다.

어린아이들의 힘으로도 아니고 그들의 "입으로" 권능을 세운다고 하십니다. 하나님의 자랑은 단지 어린아이와 젖먹이 같은 백성들의 감사와 찬양이라는 의미입니다. 원수와 같았던 죄인들을 구원하심이 얼마나 큰 은혜와 능력과 희생의 결과인지, 또한 자기가 그 구원을 받은 것이 얼마나 큰 은혜인지를 알고 이제 하나님을 전적으로 의존하며 그 이름을 찬양하는 자들이 하나님의 자랑거리입니다. 하나님은 자신을 인정하는 약자들과 어린아이를 통해 자신의 능력을 나타내십니다.

이들을 통해 원수와 보수자로 잠잠케 하십니다. 하나님이 베풀어 주시는 은혜에도 불구하고 회개하지 않고 여전히 악인의 자리에 남아 대적하는 자들은 구원 얻지 못할 것이며 그 결과에 대해 아무 말도 못 하게 하실 것이라는 뜻입니다. 자기들의 죄가 너무 명백하게 드러날 것이기 때문입니다. 이에 대한 증거는 예수님이 십자가에 못 박히시기 위하여 예루살렘에 입성하실 때의 일입니다. 마태복음 21장에 보면 예수님이 유월절을 앞두고 예루살렘에 들어가실 때 어린 나귀 한 마리를 타고 들어가셨습니다. 이는 구약의 예언을 이루심으로 자신의 존재를 깨닫게 하여 사람들이 구원을 얻게 하고자 하심이었습니다. 그때 **"무리의 대부분은 그 겉옷을 길에 펴며 다른 이는 나뭇가지를 베어 길에 펴고 앞에서 가고 뒤에서 따르는 무리가 소리질러 가로되 호산나 다윗의 자손이여 찬송하리로다 주의 이름으로 오시는 이여 가장 높은 곳에서 호산나"**(마 21:8,9) 하면서 찬송으로 예수님을 맞이하였습니다. 예수님이 맹인과 병자에게 베푸시는 은혜를 보고 아이들조차 찬송하는 것입니다. 그러나 대제사장들과 서기관들은 정반대의 태도를 보였습니다. "대제사장들과 서기관들이 예수의 하시는 이상한 일과 또 성전에서 소리질러 호산나 다윗의 자손이여 하는 아이들을 보고 분하여 예수께 말하되 저희의 하는 말을 듣느뇨"(마 21:15,16). 하나님께 돌려야 할 영광이 볼품없는 예수에게 돌려지는 것이 부당하다며 분개하며 예수님에게 항의한 것입니다.

예수님은 그때 시편 8편을 인용하여 대답하셨습니다. **"예수께서 가라사대 그렇다 어린 아기와 젖먹이들의 입에서 나오는 찬미를 온전케 하셨나이다 함을 읽어본 일이 없느냐"**(마 21:16). 무리가 나를 환영하며 찬송하는 것은 시편 8편의 예언이 성취되는 것으로 지극히 당연한 일이라는 말씀입니다. 예수님을 대하는 모습이 곧 여호와 하나님을 대하는 모습이기 때문에 시편 8편은 메시아를 환영하는 자들과 배척하는 두 부류가 명확하게 나뉜다는 사실을 밝히고 있다는 것입니다. 놀랍게도 시편에서 원수와 보수자에 해당하는 자들이 마태복음에서는 하나님 나라의 가장 큰 일꾼들이요 권위자로 여겨졌던 대제사장들과 서기관들입니다. 하지만 실은 반역자들이었습니다. 그들에 대해 **"그러므로 너희는 하나님의 나라를 빼앗기고 그 나라의 열매 맺는 백성이 받으리라"**(마 21:43)고 하심으로 현재는 하나님 나라의 큰 일꾼처럼 활동하고 있으나 결국은 대적자로 판명받아 심판에 들어갈 것이고 오직 어린아이 같은 자들만 하나님 나라의 백성이 된다는 사실을 밝히십니다. 대제사장들과 서기관들, 그리고 바리새인들은 반역자로 드러난 것입니다. 그들은 여전히 "여호와와 그의 메시아"(시 2:2)를 대적하며 메시아를 통해 마련하신 구원의 길을 거부함으로 악인으로 남아 구원에 이르지 못합니다. 그리고 그 결과에 대해 아무 말도 할 수 없습니다. 지극히 당연한 결과임을 악행에 빠진 본인들이 누구보다 더 잘 알기 때문입니다. 대신에 어린아이와 젖먹이 같은 자들, 곧 회개하고 전적으로 하나님의 도우심만 의존하는 자들이 그 나라의 백성이 됩니다.

구원받은 자들은 하나님께서 연약하고 쓸모없는 자들을 구원하셔서 자신의 권세를 드러내신다는 사실을 알고 하나님을 기뻐하며 **"여호와 우리 주여 주의 이름이 온 땅에 어찌 그리 위엄 있으신지요 주의 영광을 하늘 위에 두소서"**라고 감사와 찬송을 드립니다. 하나님은 약한 자를 통하여 강한 자를 부끄럽게 하시며, 약한 자를 구원함으로 자신의 능력과 영광을 온 땅에 나타내는 분이심을 알게 되었기 때문입니다. 외부의 도움이 아니면 생존 자체가 불가능한 젖먹이 같은 죄인들을 권능과 사랑, 길이 참으심과 자비하심으로 구원하시기를 기뻐하는 하나님이심을 알게 되었기 때문입니다. 반역자 무리가 구원의 은혜를 깨달은 후에 이같이 찬양하는 자로 변화되었습니다.

Chapter 3

인자가 무엇이관대

주의 손가락으로 만드신 주의 하늘과 주의 베풀어 두신 달과 별들을 내가 보오니 사람이 무엇이관대 주께서 저를 생각하시며 인자가 무엇이관대 주께서 저를 권고하시나이까 저를 천사보다 조금 못하게 하시고 영화와 존귀로 관을 씌우셨나이다 주의 손으로 만드신 것을 다스리게 하시고 만물을 그 발 아래 두셨으니 (시 8:3~6)

1, 2절에서 율법을 어김으로 하나님께 반역자가 되어 죽을 수밖에 없었던 자 중에서 자기 죄를 깨닫고 회개하고 돌아온 자들은 "여호와"를 '우리의 주님'이라 부르며 하나님의 통치권을 인정하고 그 이름을 찬송하는 모습을 보여주었습니다. 누군가를 의존하지 않으면 생존 자체가 불가능한 어린아이와 젖먹이처럼 외부에서 주어지는 의가 없으면 영생할 수 없는 죄인들을 구원하시는 하나님의 은혜와 능력이 온 땅 위에 홀로 위대하심을 알게 되었기 때문입니다.

본문은 그들이 찬송하게 된 더 구체적인 내용을 보여줍니다. **"주의 손가락으로 만드신 주의 하늘과 주의 베풀어 두신 달과 별들을 내가 보오니 사람이 무엇이관대 주께서 저를 생각하시며 인자가 무엇이관대 주께서 저를 권고하시나이까 저를 천사보다 조금 못하게 하시고 영**

화와 존귀로 관을 씌우셨나이다 주의 손으로 만드신 것을 다스리게 하시고 만물을 그 발 아래 두셨나이다"(3~6). 얼핏 보면 본문은 먼지보다 작은 것 같은 사람에게 만물을 다스리는 지위를 허락하신 것과 그들을 향해 하나님이 보이시는 관심의 정도에 대해 놀라워하고 그 점을 찬송하는 것으로만 보기 쉽습니다. 그 사실만으로도 큰 은혜를 주는 내용임이 분명합니다. 하지만 본문을 그런 의미로만 이해하면 8편의 주된 의미를 완전히 놓치는 것입니다. 성경이 이 구절을 메시아를 가리키는 것으로 보기 때문입니다. 히브리서 2장은 사람들이 멸시하며 외면하는 예수님이 실제로는 온 세상을 다스리는 진정한 통치자이시기 때문에 그분의 말씀을 두려움으로 순종해야 한다면서 그 증거로 시편 8편을 인용하여 이렇게 말합니다.

> 오직 누가 어디 증거하여 가로되 사람이 무엇이관대 주께서 저를 생각하시며 인자가 무엇이관대 주께서 저를 권고하시나이까 저를 잠깐 동안 천사보다 못하게 하시며 영광과 존귀로 관 씌우시며 만물을 그 발 아래 복종케 하셨느니라 하였으니 만물로 저에게 복종케 하셨은즉 복종치 않은 것이 하나도 없으나 지금 우리가 만물이 아직 저에게 복종한 것을 보지 못하고 오직 우리가 천사들보다 잠깐 동안 못하게 하심을 입은 자 곧 죽음의 고난 받으심을 인하여 영광과 존귀로 관 쓰신 예수를 보니 이를 행하심은 하나님의 은혜로 말미암아 모든 사람을 위하여 죽음을 맛보려 하심이라(히 2:6~9)

"천사보다 잠깐 동안 못하게 하심을 입은 자"를 "죽음의 고난 받으심을 인하여 영광과 존귀로 관 쓰신 예수"라 함으로 시편 8편이 예수님을 가리키는 내용임을 분명히 합니다. 곧 인간이 되어 이 땅에 내려오시어 죽음의 고난 받으심을 인하여 하나님 나라의 참된 통치자로 인정되신 분에 관한 예언이었다는 것입니다. 그런 점에서 이 구절이 다른 피조물들을 다스리고 통치하는 위치에 있는 사람을 빗대어 온 세상을 통치하실 권세를 갖고 계시는 메시아를 설명하는 것으로 이해할 수 있습니다. 얼핏 보기에는 사람이 지닌 독특한 지위를 노래하는 것 같지만 그것을 바탕으로 참 하나님이셨으나 참 사람이 되셔서 죄인들을 대신해 죽음의 고난을 받으신 후 영광과 존귀로 관 쓰신 예수 그리스도를 높이는 말씀입니다. 구원 받은 자들이 하나님께서 회개하는 죄인들을 구원하신 근본적인 이유가 어디에 있는지를 알고 그 사실을 찬송의 중심 내용으로 삼은 것입니다. 그런 점에서 본문은 크게 두 가지 내용으로 나눌 수 있습니다.

첫째, 사람이 되신 메시아를 하나님께서 늘 지켜보고 계셨음을 노래합니다. "**주의 손가락으로 만드신 주의 하늘과 주의 베풀어 두신 달과 별들을 내가 보오니 사람이 무엇이관대 주께서 저를 생각하시며 인자가 무엇이관대 주께서 저를 권고하시나이까**"(3,4). 본문은 사람이 천 년 만 년 변함없이 자기의 영광을 드러내고 있는 하늘의 달과 별들에 비해 안개처럼 짧은 시간만 이 땅에 왔다가 금방 사라지고 마는 덧없는 인생임을 전제하고 있습니다. 타락 후 죄인 된 사람의 존재는 연약하고 허망한 존재일 뿐이라는 말입니다. 그처럼 비천한 인간을 하나님께서 생각 속에 깊이 두시고 주의하여 살피며 돌보신다는 사실을 노래합니다.

그러나 이 구절은 단지 사람에게만 적용되지 않습니다. 히브리서 2장에 따르면 그처럼 비천한 사람이 되신 메시아를 향한 하나님의 관심이 어떠셨는지에 초점이 있다는 것을 알 수 있습니다. 원래는 하나님과 동등한 분이셨으나 우리처럼 비천한 인간이 되신 메시아를 여호와 하나님이 깊이 생각하시고 주의하여 살피고 계신다는 사실에 관심을 두고 있다는 것입니다. 메시아는 먼저 비천한 인간이 되어야 했습니다. 빌립보서 2장에서는 그 진실을 이렇게 말씀합니다. "**그는 근본 하나님의 본체시나 하나**

님과 동등됨을 취할 것으로 여기지 아니하시고 오히려 자기를 비어 종의 형체를 가져 사람들과 같이 되었고 사람의 모양으로 나타나셨으매"(빌 2:6~8). 메시아가 사람과 똑같은 육신을 입은 분이어야 한다는 사실은 구원에 있어서 절대적으로 중요한 문제입니다. 그렇지 않다면 그의 죽음이 우리와 아무런 상관이 없으며, 우리의 대표자가 될 수 없기 때문입니다. 한 사람을 통하지 않고는 어린아이와 같은 자들을 구원하실 수 없습니다. 그처럼 우리를 구원하기 위해 우리와 똑같은 인간의 몸을 입고 완전한 사람이 되신 메시아를 하나님이 늘 생각하며 살피셨음을 강조하고 있습니다. 그에게 하시는 일이 우리에게 하시는 일과 같기 때문입니다. 메시아를 향한 하나님의 관심은 회개한 죄인들을 위한 것이기도 합니다. "사람"과 "인자"는 모든 인간을 품에 안은 메시아를 가리킵니다. 그 메시아를 하나님은 깊이 생각하며 지켜보고 계셨습니다. 늘 그분과 함께 계셨습니다. 회개한 죄인들의 구원이 오직 그분에게 달려 있기 때문입니다. 구원받은 자들이 이제 그 사실을 알고 찬양하는 것입니다.

둘째, 사람이 되신 그분이 십자가의 죽음을 통해 하나님 나라의 왕이 되실 것을 노래합니다. "저를 천사보다 조금 못하게 하시고 영화와 존귀로 관을 씌우셨나이다 주의 손으로 만드신 것을 다스리게 하시고 만물을 그 발 아래 두셨나이다"(5,6). 히브리서 2장은 이 말씀을 이렇게 설명하였습니다. "오직 우리가 천사들보다 잠깐 동안 못하게 하심을 입은 자 곧 죽음의 고난 받으심을 인하여 영광과 존귀로 관 쓰신 예수를 보니 이를 행하심은 하나님의 은혜로 말미암아 모든 사람을 위하여 죽음을 맛보려 하심이라"(히 2:9). 하늘의 영광을 잠시 버리고 연약한 인간의 몸을 입고 이 땅에 오신 그분이 죽음의 고난을 받으실 것이며 그 일을 통하여 모든 만물의 통치자로 인정되리라는 말씀입니다. 달리 말하면 하나님 나라의 통치권이 죽음이라는 기이한 방식을 통해 메시아에게 허락될 것이라는 뜻입니다. 하나님의 섭리로 예수님은 한 때 천사보다 조금 못한 자가 되었습니다. 원문은 "천사"가 아니라 '하나님보다' 조금 못하게 되었다는 뜻입니다. 원래 그분은 하나님이셨다는 말입니다. 그는 영원 전부터 모든 천사 위에 계셨고 모든 만물이 그로 말미암아 지은 바 된 창조주이셨습니다. 원래부터 만물 위에 계셨으며 만물이 그 발아래 있었습니다. 그러나 우리는 '천사들보다 조금 못한' 사람이 되신 메시아를 보게 됩니다. 메시아는 한동안 어떤 특별한 목적을 위해서 자기를 비어 죄인의 위치까지 낮아지기를 택하신 것입니다. 스스로 인성을 취하사 낮은 우리와 같이 되셨습니다. 우리를 구원하기 위해서 우리와 같은 조건과 지위를 받으신 것입니다. 그뿐만 아니라 십자가에 못박혀 죽음의 고난을 받으셨습니다. **"천사보다 잠깐 동안 못하게 하심을 입은 자 곧 죽음의 고난 받으심을 인하여"**라고 하심으로 인성을 취하셨다는 말이 십자가에 못 박혀 당하는 죽음까지 내포하고 있음을 밝힙니다. 인간이 된다는 말은 죄인처럼 죽어야 한다는 의미였던 것입니다.

그런 메시아에게 **"영화와 존귀로 관을 씌우시고 만물을 그 발 아래 두셨다"**(8)고 합니다. 그 죽음을 통하여 완전한 사람이기도 하신 메시아가 하나님 나라의 왕으로 등극하셨다는 말입니다. 히브리서에서 **"영광과 존귀로 관 쓰신 예수를 보니 이를 행하심은 하나님의 은혜로 말미암아 모든 사람을 위하여 죽음을 맛보려 하심이라"**고 설명하는 바와 같습니다. 세상 왕들의 즉위식은 크고 화려하기만 한데, 메시아의 즉위식은 비참한 죽음이었습니다. 온 세상이 그를 죽이려고 악의를 품고 칼을 들고 덤벼들었으며 사랑하는 제자들마저도 그때는 곁에 있지 않았습니다. 아무도 돌보는 이 없고, 아무도 변호해 주는 이 없는 채로 사람들에 의해 십자가에 못박혀 죽으셨습니다. 그런데 기이하게도 그것이 바로 하나님이 보내신 메시아의 대관식이었습니다. 2편에서 예언해 놓은 그대로입니다. "내가 나의 왕을 내 거룩한 산 시온에 세웠다 하시리로다 내가 영을 전하노라 여호와께서 내게 이르시되 너는 내 아들이라 오늘날 내가 너를 낳았도다"(시 2:6,7)라는 말씀이 이렇게 이루어졌습니다.

구원받은 자들은 자기들이 심판을 면하고 하나님 백성이 될 수 있었던 이유가 바로 이와 같은 메시아의 존재와 사역에 절대적으로 의존하고 있음을 알고 이렇게 노래합니다. 누군가를 의존하지 않으면 생존 자체가 불가능한 젖먹이처럼, 외부에서 주어지는 의가 없으면 영생을 얻을 수 없는 가증한 죄인들이 다시 한 번 주의 이름을 높이며 찬송할 수 있는 핵심적인 이유가 메시아의 이와 같은 속성 때문임을 고백하는 것입니다. '우리를 구원하실 메시아는 완전한 사람이 되셨습니다. 그분은 낮고 낮은 이 땅에 육신을 입고 내려오사 사람이 되셔서 십자가에 못박혀 죽으심으로 하나님 나라의 왕으로 등극하셨습니다. 그 은혜로 젖먹이 같고 어린아이 같은 우리가 죽음을 면하고 구원을 얻었습니다'라고 찬양하는 것입니다.

특별히 3절에서 "내가 보오니"라는 1인칭 단수를 사용한 것은 1절에서 "여호와 우리 주여"라는 복수 형태와 대조됩니다. 이것만큼은 성도 개개인의 신앙고백 속에 반드시 분명하게 포함되어 있어야 함을 말하는 것입니다. 구원 얻은 자들은 여기서 밝혀진 사실들, 즉 '메시아는 완전한 한 사람이 되셨다, 죽음의 고난을 통하여 사람들을 구원할 하나님 나라의 통치자로 확증되셨다'는 점을 반드시 개인적인 고백으로 가지고 있어야 할 것을 암시하고 있는 것입니다. 가난한 목수의 아들로 태어나 짧은 생애를 살다가 십자가에 못박혀 죽으신 나사렛 예수를 알고 믿는 믿음이 그토록 중요한 것입니다.

구원 얻은 자들은 찬송의 중심에 반드시 이와 같은 내용이 자리 잡고 있어야 합니다. 사람으로 오셔서 사람의 신분으로 죽으신 그분 때문에 우리 죄인들이 회개하기만 하면 죄사함을 얻고 영생을 얻게 되었다는 바로 그 이유가 모든 성도의 찬송에 중심을 차지하는 내용일 수밖에 없다는 것입니다. 성도는 메시아의 이름을 높이며 찬송하는 자입니다. 8편이 메시아가 하나님 나라의 통치자로 확정되었다는 것을 확언하는 선포인 동시에 찬송이라는 점에서 더욱 그렇습니다.

Chapter 4

주님과 우리

곧 모든 우양과 들짐승이며 공중의 새와 바다의 어족과 해로에 다니는 것이니이다 여호와 우리 주여 주의 이름이 온 땅에 어찌 그리 아름다운지요 (시 8:7~9)

8편은 율법을 어김으로 하나님께 반역자가 되어 죽을 수밖에 없는 자들이 여호와 하나님을 '우리의 주님'이라고 부르는 자가 되었음을 보여줍니다(1). "우리가 그 맨 것을 끊고 그 결박을 벗어 버리자"(시 2:3)라고 하나님을 대적하던 자들이 하나님의 위엄과 그 통치권을 인정하며 그 이름을 높이는 자가 된 것입니다. 7편까지 나타난 모든 과정의 결과로 죄인들이 자기 죄를 깨달아 회개하고 돌아왔기 때문입니다. 누군가를 의존하지 않으면 생존 자체가 불가능한 젖먹이 어린아이처럼, 외부에서 주어지는 의가 없으면 영생이 불가능한 죄인들을 하나님이 오직 그의 권능과 사랑, 길이 참으심과 자비로 구원하셨음을 그들이 알았기 때문이었습니다(2). 또한 그 일의 가장 핵심적인 사건이 바로 예수님의 성육신과 십자가의 죽음, 그리고 다시 하늘의 영광으로 승귀하신 것임을 알았기 때문이었습니다 (3~6). 히브리서 2장이 그 점을 가리켰습니다. 예수님이 죽음과 부활로 만물을 다스리는 통치자가 되시어 젖먹이처럼 무능력한 죄인들을 구원하사 하나님을 우리 아버지라고 부를 수 있게 하신다는 것입니다. 그 사실을 알고 구원받은 백성들이 하나님의 은혜와 그 통치권의 높음을 인정하며 소리 높여 찬양하는 것입니다.

본문은 하나님께서 왕권을 허락하신 메시아가 다스리는 대상을 밝힙니다. **"곧 모든 우양과 들짐승이며 공중의 새와 바다의 어족(魚族)과 해로(海路)에 다니는 것이니이다"**(7,8). "우양"은 소나 양같이 길들인 집짐승들이요, "들짐승"은 길들지 않은 야생동물입니다. 땅에 있는 모든 동물을 다스리게 하셨다는 것입니다. "공중의 새와 바다의 어족과 해로에 다니는 것"들도 마찬가지입니다. 하늘과 땅과 바다와 바다 깊은 곳에 있는 모든 생물체를 다스리게 하셨습니다.

여기서 한 가지 특이한 점을 발견합니다. 3~6절은 히브리서 2장에서 메시아의 통치자 되심을 가리키는 예언으로 해석하고 있음을 확인했습니다. 그런데 그 통치를 받는 대상에 동물들만 언급된다는 점입니다. 메시아의 통치를 받는 대상이라고 하기엔 좀 부족합니다. 1편부터 지금까지 관심의 대상은 율법을 범한 인간들이었고, 메시아는 죽음과 부활을 통하여 반역을 저지른 인간들을 그 뜻대로 심판하실 권세가 있는 분이시라는 사실이 드러났기 때문입니다. 그렇다면 메시아의 통치 대상은 무엇보다 사람들이어야 할 것입니다. 최소한 모든 사람을 다스리는 권세를 가진 분임을 밝히는 것이 자연스럽습니다. 하지만 7, 8절에 나타난 대로 통치 대상은 사람이 없는 모든 생물체입니다. 즉 사람이 다스리는 대상들만 언급되어 있습니다. 창조 때 하나님께서 사람에게 만물을 다스리는 권세를 맡기신 범위를 넘지 않습니다. 게다가 6절과 단절된 것처럼 보입니다. 앞에서는 메시아의 통치권이라는 큰 주제를 찬양하다가 갑자기 사람 수준의 통치권으로 내려앉은 것 같습니다.

그러나 메시아의 통치권이 다시 세워졌음을 고백하며 찬송한 다음 통치 대상에 대해 이처럼 사람이 다스리는 대상인 동물들만 언급한 데에는 깊은 의미가 있습니다. 지난 과에서 확인한 대로 시편 8편이 예수님을 가리킨다고 설명한 히브리서 2장 말씀에 나타납니다. 히브리서는 "만물을 그 발아래 두셨으니"(시 8:6)라는 말씀이 가리키는 바를 이렇게 설명합니다.

> 만물을 그 발아래 복종케 하셨느니라 하였으니 만물로 저에게 복종케 하셨은즉 복종치 않은 것이 하나도 없으나 지금 우리가 만물이 아직 저에게 복종한 것을 보지 못하고 오직 우리가 천사들보다 잠깐 동안 못하게 하심을 입은 자 곧 죽음의 고난 받으심을 인하여 영광과 존귀로 관 쓰신 예수를 보니 이를 행하심은 하나님의 은혜로 말미암아 모든 사람을 위하여 죽음을 맛보려 하심이라(히 2:8,9)

시편 8편은 메시아의 왕권을 예언한 말씀이요 그에 따라 만물이 예수님께 복종해야 마땅하나 현실에서는 그렇게 되지 않았음을 언급하며 그저 "천사들보다 잠깐 동안 못하게 하심을 입은 자 곧 죽음의 고난 받으심을 인하여 영광과 존귀로 관 쓰신 예수를" 볼 뿐이라 하였습니다. 만물이 그에게 복종하는 것은 메시아가 죽음의 고난을 받으셨다는 사실 자체가 영광과 존귀로 관 쓰신 왕이심을 확인해 주는 증거라는 의미였습니다(시 2:6~9). 더 나아가 히브리서는 그 죽음이 모든 사람을 위한 하나님의 은혜로 허락된 일이라고 하였습니다. 메시아가 죽음의 고난을 받으시는 일이 왜 일어나야 하는지, 또한 그것이 어떻게 하나님의 은혜로 이루어진 일이라고 할 수 있는가에 대해서는 다음 구절이 설명합니다.

> 만물이 인하고 만물이 말미암은 자에게는 많은 아들을 이끌어 영광에 들어가게 하시는 일에 저희 구원의 주를 고난으로 말미암아 온전케 하심이 합당하도다 거룩

하게 하시는 자와 거룩하게 함을 입은 자들이 다 하나에서 난지라 그러므로 형제라 부르시기를 부끄러워 아니하시고 이르시되 내가 주의 이름을 내 형제들에게 선포하고 내가 주를 교회 중에서 찬송하리라 하셨으며(히 2:10,11)

많은 아들을 영광에 들어가게 하려면 메시아가 반드시 죽음의 고난을 받아야 했음을 밝히며, 그들이 받을 영광은 예수님과 구원받은 사람들이 형제 관계가 되는 영광이라 합니다. 예수님이 회개한 죄인들을 향하여 한 하나님에게서 난 형제요, 또한 교회라 부르시며 자신도 교회의 머리로서 형제이자 지체된 교회와 함께 주님을 찬송할 것이라고 합니다. 회개하여 성도 된 자들이 예수님의 영광에 동참하며, 통치자 된 위치에 함께 서게 된다는 뜻입니다. 하나님은 그들을 통하여 그의 나라를 새롭게 세워가실 것입니다.

이는 시편 8:7 이하의 본문이 예수 그리스도를 말하는 것이면서도 동시에 우리에 대해 말하는 것이기도 하다는 점을 알려줍니다.[23] 메시아의 통치권이 세워졌다고 하면서 그 다스림의 대상이 **"모든 우양과 들짐승이며 공중의 새와 바다의 어족과 해로에 다니는 것"**이라고 한 것은 그처럼 메시아의 통치권이 메시아 한 분만의 권세가 아니라 그를 믿는 모든 사람에게 동시에 주어졌음을 함축합니다. 그 사실을 창조 때 하나님께서 사람에게 부여하셨던 권한의 수준으로 재차 언급하신 것은 아담의 범죄로 잃어버렸던 사람의 영광을 메시아의 죽음으로 되찾게 된다는 의미입니다. 창조 때 하나님 보시기에 선한 세상을 만드시고 사람을 다스리는 자로 두셨으나 타락한 인간은 세상을 강포와 이기심, 폭력과 반역으로

---

23 김성수, p.256.

특징되는 곳이 되게 했습니다. 세상을 파멸로 이끌고 자신도 죽음의 형벌을 받을 수밖에 없었습니다.

    그러나 히브리서에 따르면, 하나님께서 메시아의 죽음과 부활을 통하여 회개하는 자들에게 다시 한 번 다스리는 영광을 허락하시고, 만물 위에 그들을 두사 메시아와 한가지로 통치하게 하는 은혜를 베푸셨습니다. 즉 첫 사람 아담과 그 후손들의 죄로 말미암아 잃어버린 하나님 나라의 통치권을 마지막 아담 예수 그리스도와 그를 믿는 믿음의 후손들에게 다시 허락해 주신다는 것입니다. 회개한 자들에게 다시 세상을 맡기신다는 것입니다. 복된 연합관계가 예수님과 회개한 자 사이에 형성되었기 때문입니다. 예수님의 것이 우리의 것이 되며 우리의 것이 예수님의 것이 되는 연합입니다. 하지만 주고받는 내용은 정반대입니다. 우리는 예수님께 우리의 죄를 짊어지게 하고 예수님은 우리에게 영광을 함께 누리게 하는 연합입니다. 예수님은 우리의 죄짐을 지고 고난의 죽음을 당하셨으며 우리는 주님의 의와 영광까지 거저 받아 누리는 복을 얻었습니다. 영광에 들어갈 자격은커녕 죄로 죽어야 했던 자들이 마치 처음부터 거룩한 사람이었던 것처럼 예수님의 영광을 내 영광인 것처럼 함께 누리게 된 것입니다.[24]

    더 나아가 이 영광은 단지 생물을 다스리는 통치권으로만 한정되지 않습니다.

> 성도가 세상을 판단할 것을 너희가 알지 못하느냐 세상도 너희에게 판단을 받겠거든 지극히 작은 일 판단하기를 감당치 못하겠느냐 우리가 천사를 판단할 것을

---

[24] 앞의 책, p.258.

너희가 알지 못하느냐 그러하거든 하물며 세상 일이랴(고전 6:2,3)

이기는 자와 끝까지 내 일을 지키는 그에게 만국을 다스리는 권세를 주리니 그가 철장을 가지고 저희를 다스려 질그릇 깨뜨리는 것과 같이 하리라 나도 내 아버지께 받은 것이 그러하니라(계 2:26,27)

회개한 자들은 그 나라의 왕이신 예수 그리스도의 형제들이요 그와 함께 만국을 다스리는 하늘나라 왕족들이라는 뜻입니다. 성도는 세상과 천사도 판단할 것이며, 만국을 다스리는 권세를 가질 것입니다. 영원한 하나님 나라의 통치에 동참하는 영광을 얻은 것입니다. 그 크고 놀라운 통치권이 메시아의 죽음을 통해 회개한 사람들에게도 허용되었음을 밝히고 있습니다. 왕 되신 예수님과 형제 사이라면 그 또한 왕족이기 때문입니다. 히브리서가 시편 8편을 이렇게 증거하고 있습니다.

시편 8편은 구원받은 자들이 이 모든 사실을 알고 하나님께 감사로 올리는 찬송입니다. 마지막 절에서도 1절의 반복을 통해 그 점을 분명히 합니다. **"여호와 우리 주여 주의 이름이 온 땅에 어찌 그리 아름다운지요"**(9). 율법을 어김으로 "여호와와 그 기름 받은 자를 대적하는" 반역자였다가 회개하여 메시아의 죽음을 통해 죄를 용서받은 자들이 이러한 찬송을 부릅니다. 메시아가 받은 고난을 통해 자신이 메시아와 형제 되는 은혜를 입었으며 만물을 다스리는 메시아의 권세와 영광을 함께 누리게 된 사실을 알았기 때문입니다. 곧 예수님께서 잠깐 동안 천사보다 못하게 되셨다가 후에 높임 받으신 것은 회개하는 모든 사람을 위한 일이며, 그 안에 자신도 포함되었다는 사실이 너무나도 놀랍기 때문입니다. 그런 이유로 반역자의 무리에서 돌이켜 구원받은 백성들이 입을 모아 여호와 하나님을 "우리 주여"라고 부르며 그 위엄 있는 이름을 소리높여 찬송합니다. 하나님 나라의 백성들은 누구나 다 이같이 찬송하는 것이 마땅합니다.

말씀 묵상하며 시편찬송 부르기

시편찬송 듣기

주 이름이 어찌 그리

시편 8 (1)

DUNFERMLINE. C.M.

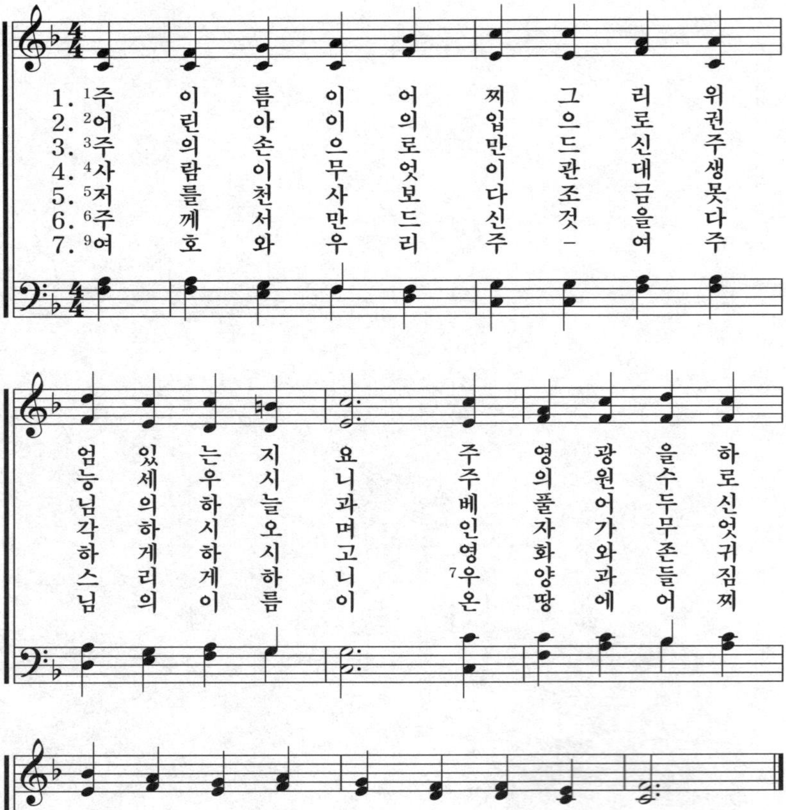

4) 개역성경에서 '두셨나이다'로 번역된 말은 원문에서 간구형인 '두소서', '놓으소서'라는 뜻이다. 하나님과 그의 메시아를 반역하여 심판에 놓였던 자들이(시편 2편), 메시아의 사역을 통해(시편 3-7편) 회개하고 돌아온 후 하나님의 영광과 위엄을 높여 고백한다.

시편찬송 듣기

주의 이름 어찌 그리

시편 8 (2)

AMSTERDAM. 76.76.77.76.

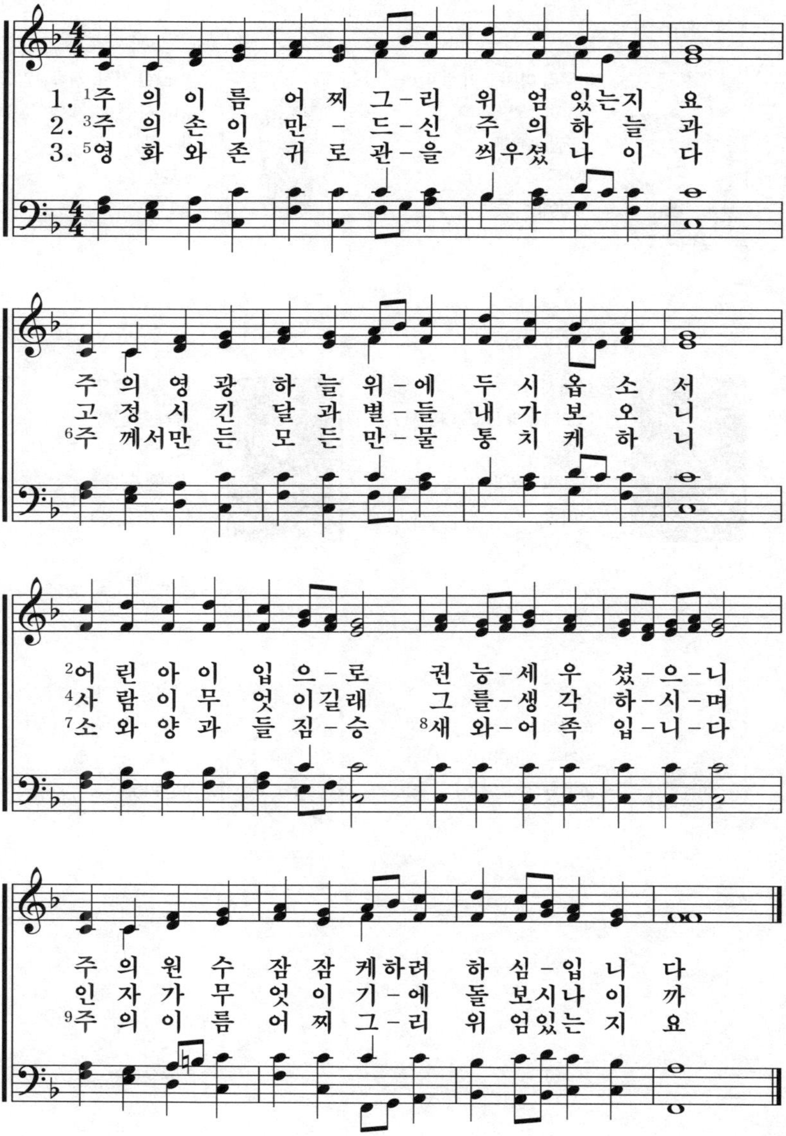

크리스천르네상스 도서 목록

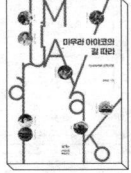
미우라 아야코의 길 따라
아사히카와 문학기행
권요섭(지은이)
168쪽
16,000원

스물한 가지, 기독교강요
21가지 주제로 읽는 해설집
박동근(지은이)
732쪽
38,000원

목회서신
디모데전서 / 디모데후서 /
디도서
송영찬(지은이)
496쪽
27,000원

**한 권으로 읽는
튜레틴 신학**
이신열, 권경철, 김은수,
김현관, 문병호, 유정모,
이은선(지은이)
344쪽
25,000원

성품
하나님의 형상을 찾아서
임경근(지은이)
296쪽
21,000원

신학은 삶이다
서창원(지은이)
344쪽
16,000원

웨스트민스터 신앙고백, 삶을 읽다(상)
웨스트민스터신앙고백
해설서
정요석(지은이)
540쪽
27,000원

기욤 파렐과 종교개혁
16세기 스위스 로망드 지역
종교개혁사
권현익(지은이)
806쪽
50,000원

웨스트민스터 신앙고백, 삶을 읽다(하)
웨스트민스터신앙고백
해설서
정요석(지은이)
548쪽
27,000원

수난당하시는 그리스도
클라스 스킬더 설교집 1
클라스 스킬더(지은이)
손성은 (옮긴이)
647쪽
34,000원

칼빈의 예정론과 섭리론
그의 중간개념(medium quiddam)을 중심으로
김재용(지은이)
300쪽
20,000원

기독교역사 이해를 돕는 <안경말 시리즈>

언더우드와 함께 걷는 정동 - 시리즈 1
양신혜 (지은이)
388쪽
24,000원

**<워크북>
언더우드와 함께 걷는 정동 워크북**
양신혜 (지은이)
80쪽
8,000원

아담스와 함께 걷는 청라언덕 - 시리즈 2
양신혜 (지은이)
352쪽
24,000원

말씀 이해를 돕는 <XR 성경강해>

민수기 - 시리즈 1
이광호 (지은이)
424쪽
24,000원

예배를 돕는 <찬송가>

시편찬송가
크리스천르네상스(지은이)
448쪽
25,000원

시편 강해 I
그 아들에게 입맞추라

2024년 09월 27일 초판 인쇄
2024년 10월 17일 초판 발행

지은이 신 혁
펴낸이 정영오
펴낸곳 크리스천르네상스
출판등록 제2019-000004호(2019. 1. 31)
주소 경기도 안산시 단원구 와동로 5길 3, 301호(와동, 대명하이빌)
표지디자인 디자인집(02-521-1474)

ⓒ 신혁, 2024

신저작권법에 의하여 한국 내에서 보호받는 저작물이므로 무단 전재와 무단 복제를 금합니다.
잘못된 책은 구입처에서 교환하여 드립니다.

ISBN 979-11-94012-04-7

값 19,000원